中世日朝関係と大内氏

須田牧子

東京大学出版会

The Roles of the Ouchis in Japan-Korea Politico-Cultural Relations during the Medieval Ages

Makiko SUDA

University of Tokyo Press, 2011
ISBN 978-4-13-026227-9

中世日朝関係と大内氏　目次

凡例

一、年表記は、基本的に、日本史料に依拠した場合は、史料の年号に従い（ ）で西暦を示し、韓国・中国史料に依拠した場合は年号を省き、西暦のみとした。月日はおのおの依拠した史料の記載に従っている。西暦とはもちろん、日本・韓国・中国間でもずれが生じることもあるが、統一しなかった。

一、史料引用に際しては、正字・異体字は適宜常用漢字に改め、読点と返り点を付した。また傍注は、説明注については（ ）、校訂注については〔 〕で示した。出典表記は各章初出に付し、同じ章のなかで再出する場合は省略した。刊本があれば、原則としてそちらを挙げたが、東京大学史料編纂所架蔵の写真帳・謄写本などで適宜校正を施している。なお『妙智院所蔵史料』（東京大学史料編纂所架蔵写真帳）として挙げたものの多くは、大日本仏教全書ならびに牧田諦亮『策彦入明記の研究』（法蔵館、一九五五年）に翻刻が所収されている。

一、先行研究の引用は、原則として、序章については初出論文に拠り、論集に収録されている場合は、その旨注記した。第一章以降については適宜とした。

序章　中世対外関係史論の現在と本書の課題

はじめに

中世対外関係史研究は、一九八〇年代以降急速な進展を遂げ、東アジア海域史研究という新たな分野を開拓し、日本中世史研究においても新しい研究視点と新たな事実を提供してきた。この中世対外関係史研究の実証部分を担ったのは、これまでは主に日朝関係史研究であり、二〇数年間に膨大な研究成果を生み出した。本書はその研究成果を踏まえつつ、中世日朝関係の実態を地域権力の視点から分析することで、中世対外関係の多様な現実を明らかにするとともに、対外関係史研究の成果を「国内」政治史に位置づけていくことを目指すものである。具体的な素材として西日本の大守護たる大内氏を取りあげる。

中国西部・九州北部を勢力圏とした大内氏は、室町政権下の有力守護としてトップクラスの実力を保持するとともに、その滅亡に至るまで活発な朝鮮通交を行なっていた。本書では、この大内氏の対朝関係の変遷と内実とを、それが大内氏と大内氏を取り巻く当時の政治状況、とりわけ当該期の中央政権たる室町政権との関係上に、いかに位置づけられるものなのかに留意しつつ検討していく。これにより中世日朝関係の特質と大内氏の対朝関係の位置が明確化されることとなる。室町政権を構成する一権力の外交関係の特質は、そのままその権力を構成体として内包する室町政権の性格の一部でもある。その追究は、中世の国政の重要な一面を明らかにし、中世後期国家像を構築していく上で欠かせない要素となりうるであろう。

以下本章では、本書の導入として、中世対外関係史研究の現状と課題を簡潔に述べて本書の目的を示し、併せて本書の構成を述べることにする。なお本書における中世後期とは、一四世紀後半期—一六世紀後半期、一四世紀内乱が終息に向かい室町政権が確立する頃から戦国末期までを想定している。

一　中世対外関係史の現状と課題

(1)　帝国主義国家のなかの対外関係史研究——戦前の動向

中世対外関係史研究は、戦前より厚い研究史を持っている。その嚆矢は、一八九二年に刊行された菅沼貞風『大日本商業史』であろう[2]。これは「商業史」と銘打つものの、古代から近世初頭に至るまでの外国との貿易の通観が主たる内容であり、対外関係史研究としての性格が強いものと言える。中世後期部分については「明並に朝鮮の交通貿易」・「海賊大将軍及「バハン」船」・「当時商業の形勢如何」と題し、国家間外交の変遷を簡潔に述べ、貿易港として栄えた博多・坊津・堺などの紹介を行なっている。

その後、日明関係については、一九一四年から一九一五年にかけて、栢原昌三氏が「日明勘合貿易に於ける細川大内二氏の抗争」と題して、義満による朝貢・義持による断交・義教による復活・細川氏と大内氏の利権争いと大内氏の勝利・大内氏の滅亡による遣明船貿易の終焉という流れを叙述し、以後の研究の基礎となる日明関係史理解の大枠を示した[3]。また同時期に後藤秀穂氏が倭寇研究を開始し、貿易商人としての倭寇という観点から、主として中国沿海部で活動した一六世紀の倭寇（＝後期倭寇）の実態についての研究を行なった[4]。

一方、日朝関係については、一九一〇年、韓国併合の年に臨時発刊された『歴史地理・朝鮮号』に田中義成・渡辺世祐両氏がそれぞれ「倭寇と李成桂」・「足利氏季世における朝鮮との交通」を寄せ、次いで一九一五年には瀬野馬熊氏が「倭寇と朝鮮の水軍」を発表[5]、一九一六年には三浦周行氏が「応永の外寇」を、一九一七年には「朝鮮の倭寇」を発表するなど[6]、倭寇の動向に留意しながら国家間外交の変容を詳細にたどる視点のもとに研究が蓄積され始めた。

こうした動向のもと、一九一七年には主として日明関係を扱いながら日朝関係の諸史実をも紹介した辻善之助『海外交通史話』が発刊され[7]、一九二六年・二七年には日中関係を僧侶の往来に絞った文化的な側面から論じようとした木宮泰彦『日支交通史』上・下が出された[8]。一九二二年・三〇年に出された三浦周行『日本史の研究』は、日本史の総合叙述のなかに対外関係という項目を立てて、日朝・日明関係を通観するとともに、天龍寺船派遣・大蔵経求請など、論点を絞った考察を行ない、昭和初期までの対外関係史研究の到達点を簡潔に示している[9]。

一九三〇年代になると、中村栄孝・秋山謙蔵両氏による日朝関係史研究が、次々に発表された。秋山氏は、室町将軍をはじめ九州探題・島津氏・宗像氏などの朝鮮通交、琉球の朝鮮通交の変遷を明らかにしている[10]。また、後に『日鮮関係史の研究』上・中・下にまとめられる中村氏の論文は、『海東諸国紀』の検討をはじめとする史料研究、受職人・受図書人に関する研究、偽使研究など多岐にわたり、交渉を通観するのみならず、交渉を支え、あるいは規制した外交制度・外交政策の成立と変容を実態的に問うた研究が多いのが特徴である[11]。日朝関係史研究に専念して、その内実を深める方向に向かった中村氏に対し、秋山氏は前近代日本の対外関係を広く見渡すという視点から、日明関係、シャム・ジャワなど南方地域との通交についても精力的に研究を広げ、その成果は一九三五年に『日支交渉史話』、一九三九年に『日支交渉史研究』としてまとめられた[12]。これらの研究を踏まえて、一九四一年に出された小葉田淳氏による『中世日支通交貿易史の研究』は、基本史料を網羅し、通交の変遷を詳細に明らかにして、戦前の日明関係史研究の集大成とも言うべき内容となっている[13]。

以上のような対外関係史の隆盛と蓄積は、現実に東アジア・東南アジア方面へ戦線が延び、植民地が広げられていく時代状況とは無関係ではありえなかった。だが、日本人の海外雄飛という視点から自由ではないという憾みを残すにせよ、史料の博捜と精密な実証は、現在でもなお乗り越えがたい高い水準を保っている。

(2)「孤立」の時代——一九七〇年代まで

敗戦後、中世史研究の一つの柱としての対外関係史研究の位置は後退した。田中健夫氏はこの状況を「敗戦は対外関係史の分野に、他の分野には見られないような大きな打撃を与えたようである。情勢は一変し、対外関係史研究分野の孤立化がここにはじまった[14]」と評している。ただ、一九四五年以降、七〇年代までの研究状況を中世後期に限って見れば、戦前以来の中村栄孝氏の研究は継続されており[15]、黒田省三氏や佐久間重男氏、また田中健夫氏・田村洋幸氏・長正統氏・長節子氏など、戦後世代による研究も重ねられていた[16]。堅実な実証成果の蓄積が多くなされ、一九八〇年代以降の対外関係史研究の基盤となったことは留意しておきたい。岩波講座の『日本歴史』が、必ず各巻にそれぞれの時代の対外関係史の総説を入れていたことに象徴されるように[17]、諸外国との交流の実態を考えるという意味での対外関係史は、着実に戦後歴史学の一潮流として存在していた。一九六〇—七〇年代には三浦圭一・佐々木銀弥両氏によって商業史分野における対外的影響の分析の必要が説かれ[18]、また佐藤進一氏によって義満の日本国王号問題が議論されて[19]、政治史における対外的契機の重要性が認識された。

しかしながら、こうした一九八〇年代以前の研究が、以降の研究のようなインパクトを中世史研究に持ちえたかというと、それにはやはり否定的にならざるを得ない。対外関係史は総体としての日本中世を叙述しようとしたときに必ず入れなければならない一要素ではあったが、日本中世を分析する上での不可欠な視点ではなかったように思う。

その意味で、一九七〇年代までの対外関係史は、確かに田中氏の言うように「孤立」的な性格を帯びていた。

この時期の中世後期対外関係史研究を支えていたのは田中氏である。田中氏は一九五九年、『中世海外交渉史の研究』を上梓して、博多商人の研究・倭寇の研究・日朝関係における諸制度の変遷の研究・『善隣国宝記』『籌海図編』といった史料研究など、多岐にわたる視点からなされた対外関係史研究の論文を一書にまとめ[20]、一九七五年には『中世対外関係史』を上梓して、鎌倉期から戦国末期に至る対外関係史の通史的叙述を試みた[21]。

田中氏の研究の特徴は、第一に史料の博捜と精密な実証を基礎としながら、東アジアという舞台の上で展開されていた日本の国際関係を総体的に把握しようという志向を濃く持つことである。二国間外交ではなく、日朝・日明・明朝・琉日・琉朝・琉明など複数の関係が互いに交差しながら営まれていた東アジアの歴史を、日本に視点を据えて叙述しようとする氏の研究は、八〇年代以後の、線の歴史ではなく面の歴史を志向する研究動向の中でも、まずは依拠するべき基本研究として位置づけられている。

田中氏の研究の特徴の第二は、研究史整理の論文の多さである。明治・大正・昭和初期に至る対外関係史の動向を、倭寇研究を中心に整理した「日本中世海賊史研究の動向」が一九五九年に[22]、続いて「中世対外関係史研究の動向」が一九六三年に出され[23]、また一九七五年に発刊された『中世対外関係史研究』には緒言として、改めて明治初期以降一九七五年当時までの動向を概観した研究史整理が付されていた[24]。一九八五年には「私の対外関係史研究」と題して自身の研究の総括を行ない[25]、一九九七年には瀬野精一郎氏・村井章介氏によるインタビュー形式で、戦後の中世対外関係史研究の動向がまとめられた[26]。二〇〇一年には「対外関係史研究の課題」と題し、八〇年代以降の動向をも含んだ明治期以降の対外関係史研究の総論的な整理を行なっている[27]。今日、対外関係史研究の研究史整理の多くが、八〇年代の村井章介氏の登場前後から起筆し、それ以前を田中氏の研究で代表させることが多いのは、五〇年代・六〇年代・七〇年代と積み重ねられた田中氏の研究史整理によって、戦前・戦後七〇年代までの蓄積は総括されているという認識にも拠るであろう。

（3）分析視点としての対外関係――一九八〇年代―九〇年代

一九八〇年代前半期における村井章介氏による一連の研究は、中世史研究における対外関係史研究の位置を一変させた。

村井氏は、一九七七年に征西府と明との交渉を描いた「日明交渉史の序幕[28]」、一九八二年には「高麗・三別抄の叛乱と蒙古襲来前夜の日本」を発表し[29]、対外関係史的視点を「日本史」に導入することで、国内の政治過程をよりダイナミックに描きうることを実践的に示してみせた。この三別抄の論文において村井氏は、戦後の中世史研究はアジアのなかで日本史をとらえ返すという視点が希薄であり、その結果、近代日本の《脱亜論》的発想の克服に寄与してこなかったと批判した。同一九八二年には、これをうけて中世日本人の国際意識を限界付ける枠組としての顕密主義を指摘し、近代日本の国際意識の源流を探る試みを行なった[30]。

一方、一九八四年には「《東アジア》というわくぐみも、なお中国・朝鮮・日本という三つの国家およびそれら相互の関係をかたちづくる世界、という発想が強く、民族の独自の意味を認識するためにはあまり有効ではない。《常識のウソ》ともいうべき単一民族国家観を克服するには、国家のわくぐみをできるだけ相対化し、そのかわりに自由な発想に基づくフレキシブルな《地域》をあらたな認識のてだてとして設定する必要がある[31]」と述べて、アジアのなかの日本という視点が、いわゆる国民国家としての「日本」を東アジア世界のなかで検討することをめざすのではないことを明確に主張した。そして、中世における日本列島の地域構造を、京都と鎌倉をそれぞれ中核とする二つの同心円を囲む楕円モデルに、「環シナ海地域」・「環日本海地域」の二つの地域モデルが双曲線状にかさなりあい、互いに干渉しあう構造として、とらえる見方を提起した[32]。ここで、「環シナ海地域」・「環日本海地域」と名づけられた二つの地域は、国境を超えて、九州・朝鮮半島南部・中国沿海部が東シナ海を通じて結びつき、あるいは日本海沿海部の諸地域が日本海を通じて結びつき、国家の求心力に抗しつつ、国家との対抗の中でゆがめられつつ、ひとつの地域として形成されてくるものとして、設定されていた。

この一九八〇年代前半期における村井氏の一連の業績に先行する動向として、ここでは三浦圭一氏に注目してみたい。

和泉国をフィールドにした地域史研究で知られる三浦氏は、一九七〇年に「一〇世紀―一三世紀の東アジア」・「日宋交渉の歴史的意義」、一九七八年に「中世後期における日本の内と外」と題する三本の対外関係についての論文を発表している[33]。これらの論文で三浦氏は、日宋関係については、日本の海商集団が宋商人の主導の下に日宋両国人混成団を形成し、それぞれの国家の枠をはみ出ようとする性格を有していたと論じ、また後期倭寇の性格については、「東アジア・東南アジアの諸国に根拠地を持ち、巨大な商業資本と造船技術集団を育て、海上交通業者を編成する国際的な知識の豊富な貿易業者が、分散的な守護勢力と連携しながら激しい競合を繰り返しつつ、アジアの海を廻航している姿を想像すべきではなかろうか[34]」と述べている。ここには、人・物が国家の枠組を超えて交流し、国境を超えた形でのひとつの地域を形成していくとする、「環シナ海地域」論に通底する思考が示されている。

三浦氏の研究は、分業流通と対外関係を相互に不可分のものとして追究する姿勢が顕著であり、右の論文のほか、流通経済を扱った論文の中にも以上のような発想を認めることができる[35]。すなわち、三浦氏の流通経済史研究においては、京都にとりこまれずにそれと対立して自律的な発展を遂げている地域経済圏を重視されるが、その一類型として、京都、すなわち日本「国家」にとりこまれていかない経済圏のひとつとして、東アジア地域が構想されているのである。三浦氏の地域史研究は、人と物の流れを追うことにより国郡を超えた地域社会の動きを見出したところに特徴があるが、日本「国内」の国郡を超える動きを見出したことと、日本「国家」を超える動きを想定することとの間には発想として共通するものがあるように思う。

三浦氏の研究に、このように国境をまたぐ地域という思考があったことについては、榎原雅治氏がすでに指摘しているが[36]、三浦氏のほかにも、同時期の地域史研究のなかに、そのような発想の萌芽を見出すことができる。たとえば摂津の渡辺党や肥前の松浦党の分析をするなかで、視野を東アジアに広げていった戸田芳実氏の「御厨と在地領主」およびその続編である「平安初期の五島列島と東アジア」[37]、あるいは大石直正氏の「外が浜・夷島考」[38]に代表される北方社会史研究などがそれである[39]。これらの研究は、国家（あるいは中央政権）からではなく、地域の動向に視点を据え、地域から歴史を描こうとしたものである。その意味で、八〇年代における村井氏の「環シナ海地域」・「環日本海地域」という発想は、突如として現れたものではなく、七〇年代の中世史研究の動向の延長線上にあるものとしてとらえることができよう。村井氏の最初の論文が、鎌倉期の武士団研究という、戦後中世史研究の極めてオーソドックスなテーマであったことは[40]、村井氏の研究が戦後中世史研究の流れの必然として位置づけうるものであることを象徴している。村井氏が研究対象とした武士団が、松浦党という五島列島に割拠する武士団、すなわち地理的必然として、東アジア的視野での検討を要求する武士団であったことが、氏の国境をまたぐ地域という発想の淵源にあるように思う。

村井氏の提起した「環シナ海地域」・「環日本海地域」概念は、以上の研究動向を背景に、また、網野善彦氏の東日本・西日本論に代表されるように[41]、日本という枠組を自明なものとする無意識の前提に再検討をうながす動向と相俟って、急速に受け入れられた。一九八〇年代後半以降、村井氏が作業仮説として設定したこの二つの地域モデル、特に「環シナ海地域」の実像を追究する研究が相次いだ。多元的日朝関係の内実の追究（後述）や、多島海地域における海民の交流[42]、一六世紀の「倭寇的状況」の諸相の解明[43]、外交官としての禅僧研究[44]などが、その具体的な成果である。また、北方史・琉球史研究が中世考古学研究の進展と相俟って、活況を呈した[45]。日本中世社会を考察する上で欠かせない方法として生まれた「環シナ海地域」論は、対外関係史研究を日本史の外縁から日本史研究に不可欠な視点へ定置し、同時に一国史の観点からは「辺境」とみなされる地域を表舞台へ引き出したのである。このようにして、「八〇年代以後の日本中世史で最も急速な進展をみた分野[46]」とされるような、対外関係史研究の隆盛状況が生まれた。

(4) 近年の動向と今後の課題

以上の動向のなかで、とりわけ多様な研究が蓄積されたのは、いわゆる日朝関係史の分野であった。「環シナ海地域」論は、東シナ海とそれをとりまく沿海部を一個の地域として措定することで、線の関係史から面の交流史への転換を志すという視点を持っていた。その具体的な実践として、「日朝関係」という線の歴史から、「玄界灘地域」あるいは「日朝海域」とよばれる範囲を面としてとらえ、その面における人間の動態をとらえようとする研究が積み重ねられた[47]。一九九三年に発刊された村井章介氏の『中世倭人伝[48]』や、二〇〇二年に著書としてまとめられた関周一氏の一連の業績[49]は、その代表的な成果である。さらに九〇年代末に相次いで発表された橋本雄氏・米谷均氏の「偽使」研究[50]、伊藤幸司氏の禅僧研究[51]などは、対馬宗氏を中心として、日朝関係に関わった人々の虚々実々の通交の実態をより精密に分析し、日朝関係史研究に深みを与えた。

以上の研究成果によって、国境をまたいで活動した人々の存在が自明なものとなり、その実態が解明されてくるなかで、次に問われるべきは、このような「地域」の出現によって日本の「国家」はどのような影響を受けたのか、「地域」と日本の「国家」はいかなる関係にあるのか、という点であろう。別の言い方をすれば、このような「地域」を措定することで日本の「国家」像や「国内」政治史はどのように変わるのか、ということである。

しかしながら、この点についてはいまだじゅうぶんに取り組まれてきたとは言えない。一九九四年に関氏が指摘したように、八〇年代以来重ねられてきた中世日朝関係史研究は、「国境」を超えて、「国家」に囚われずに動き回る人々の諸相を描き出し、それと朝鮮王朝との相克を明らかにしてきたものの、日本「国家」との関係についてはほとんど論ぜずにきた[52]。このため日朝関係史研究の成果は、「国内」の政治・社会状況に位置づけられていかず、ことに「国内」政治史とは乖離した状況にある。

この点の克服を目指して、室町政権の外交体制の解明を試み、その変容と崩壊過程とを政治史の変動に即して論じようとしたものに、橋本雄氏の「符験外交体制」研究がある。一九九八年の論文で提起され[53]、二〇〇五年発刊の著書によって明確に打ち出されたこの研究[54]は、室町政権の保持した外交権を通商権と定義し、通商権の具体的な中身を日明関係においては勘合、日朝関係においては牙符といった符験に求め、その符験が明応の政変後の将軍権力の分裂という政治状況を背景に、室町殿の手元から分散していく状況の検討を通じて、対外関係史と「国内」政治史とを関連づけようとしたものである。この過程で、符験によって、日本国王ならびに在京守護名義の「偽使」の派遣を阻止しようとする中央政権の動きと、それに対抗して朝鮮通交の権益を維持しようと図った対馬―博多の「偽使」派遣勢力の動きとが詳細に描き出された。このことは、真偽の弁別に偏り、個別化への傾向を見せていた近年の「偽使」研究[55]を、もういちど広やかな文脈へと位置づけるものとして重要である。橋本氏はその上で、符験の分散先であり、対馬―博多の「偽使」派遣勢力ともかかわりつつ独自に通交を展開した、細川氏・大内氏・大友氏などを、「国家」・「地域」のいずれにもかかわる「中間層」的・両義的な地域権力と定義し、「国家」・「地域」との相関関係を考える際には、これら西国の地域権力の動向が極めて重要であると指摘している[56]。

日本の「国家」と「地域」を問う際の視点として、西国の地域権力が注目されるのは、当該期日朝関係が持つ特質に起因している。すなわち朝鮮王朝は、通交者としてやってくる倭人勢力を基本的には受け入れ、敵礼（＝対等）関係に基づき、日本国王である室町殿を儀礼的には最も優遇した。しかし朝鮮王朝が現実に重視したのは、日本国王ではなく、倭寇禁圧に効力を発揮すると考えられた宗氏・少弐氏・九州探題・大内氏といった九州北部の諸勢力であった。彼らは守護・探題として、日本の「国家」権力の一部を構成するとともに、「環シナ海地域」内の重要な一員でもあったのである。したがってその存在実態の研究は、日朝関係史研究の成果を「国内」史に位置づけていくための格好の素材なのである。

しかし、従来、日朝関係に登場する、これら守護クラスの西国の地域権力の通交について、各権力自身に即してその実態と意義を検討することは、荒木和憲氏の対馬宗氏研究(57)・川添昭二氏の九州探題研究(58)を除いては、ほとんどなされてこなかった。上述の研究史を踏まえるならば、西国の地域権力が、地理的必然として「環シナ海地域」に属し、あるいはかかわっていたこと自体が、彼らの「日本国内」における動向にどのような影響を与えたのか、また彼らの「国内」における動向が「環シナ海地域」とのかかわりをいかに規定したのかという点を個別主体に即して追究することこそが、今日求められている課題と言えるだろう。このことは、八〇年代以来の研究成果を日本中世史研究の中に位置づけ、対外関係史を再び「孤立」した研究分野にしないための有効な方法でもある。

近年の対外関係史研究は、村井章介氏が最初に「環シナ海地域」論を提起したころのような関係諸分野との緊張感・密接さが欠如しつつあるのではないかと思う。出版社のシリーズものの企画に象徴的に見られるように、あたりまえのようにテーマとして設定される一方、独立した分野として扱われる傾向があり、かつてのような中世史研究全体に対する提言力を失って自己完結化し、一つの領域としての内的深化を遂げ始めているように感じられる。対外関係史が「東アジア海域史」としての内実を備えていくことも、一つの方向としてありえるとは思うが、中世史研究をとらえかえす分析視角としての性格も失うべきではないのではないか。そのためには、今一度、対外関係史の研究成果を中世史研究のなかに、いかに位置づけていくべきかを考えていく必要があるだろう。

しかしながら、対外関係史の成果を当該期の政治・社会に位置づけようとしたとき、その前提となる中世後期の国家像が、不明瞭であることも事実である。

久しく個別拡散傾向を示してきた中世後期の政治史研究は近年、川岡勉氏の「室町幕府―守護体制」論の再提起[59]や、「室町殿」論の活発化により[60]、統合へ向かいつつあるように思う。だが現段階においては、公武統一政権としての室町政権の政権構造、および「室町幕府―守護体制」と称される当該期の政治体制について、基礎的研究と議論を積み重ねていく必要が、なお存在すると考える。特に鎌倉府の検討を通じて厚い研究史を持つ東国方面だけではなく、現在も比較的手薄な状況にある西国・九州方面の守護と政権との関係についての検討が必要である。

こうした状況を踏まえれば、特に多元的通交形態が可能であったがゆえに、個々の権力の特徴が出やすい日朝関係に焦点を当て、西国有力守護である大内氏の動向を当該期の政治状勢のなかで検討することは、対外関係史・政治史双方の研究成果を統合・発展させるために有効である。本書が、中国西部・九州北部を勢力圏とする大内氏の対朝関係の特質を、その対朝関係が日本の「国家」内の一権力として存立している大内氏にとっていかなる意義を持つものであったのかという点に留意しつつ、解こうとする理由はこの点にある。

二　大内氏研究の現状

(1)　概　略

次に本書が素材とする大内氏について、その概略と研究状況を紹介しておきたい。

大内氏は、中世前期に周防の在庁官人として初出し、一四世紀内乱を経て、中国西部・九州北部を勢力圏とするようになった。その地理的環境から即座に想定されるように（図1参照）、一五―一六世紀東アジア海域において重要な位置を占めた。朝鮮・明・琉球のいずれとも関係を持ち続け、その関係そのものを権力存続の一つの要素としている

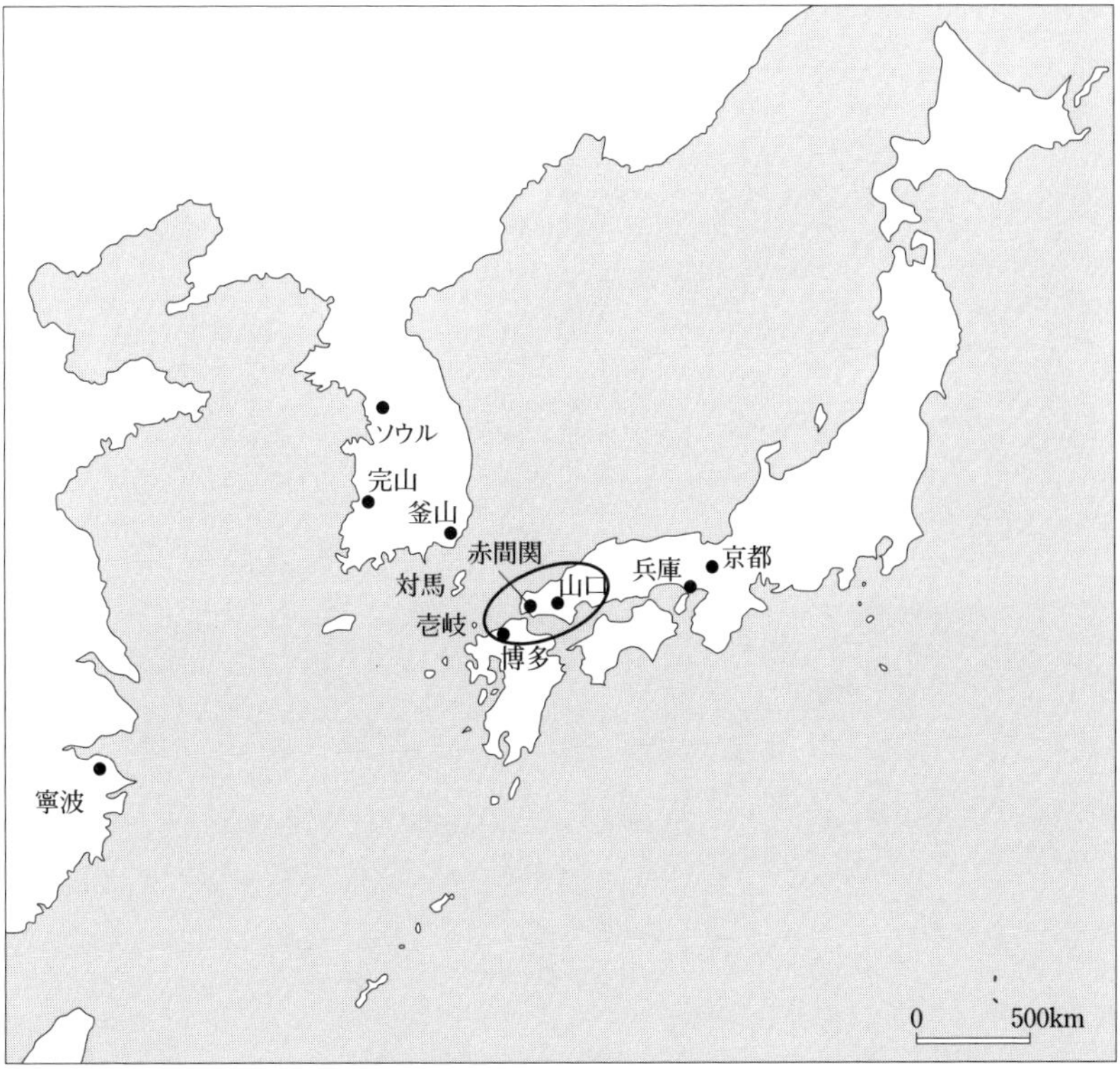

図1　東アジアのなかの大内氏

と見られるという意味で、当該期の「環シナ海地域」の実態をとらえる上で欠かせない検討素材の一つである。

また、当該期の日本の中央政権である室町政権においては、足利一門ではないが、最有力守護の一人として位置づけられる。観応の擾乱のなかで南朝方として勢力を伸ばした大内氏は、貞治二年（一三六三）、南北朝期に確立した領国（周防・長門）をそのまま追認される形で、室町政権に参加した。守護を兼帯する国は周防・長門・豊前、のちに筑前の四ヵ国に及び、石見・安芸の分郡守護も兼ねた。明徳の乱（一三九一年）から応永の乱（一三九九年）までの一時期には和泉・紀伊の守護を兼ね、永正五年（一五〇八）から一五年（一五一八）には山城国守護をも兼ねた。天文二〇年（一五五一）の陶隆房のクーデターを経て、弘治三年

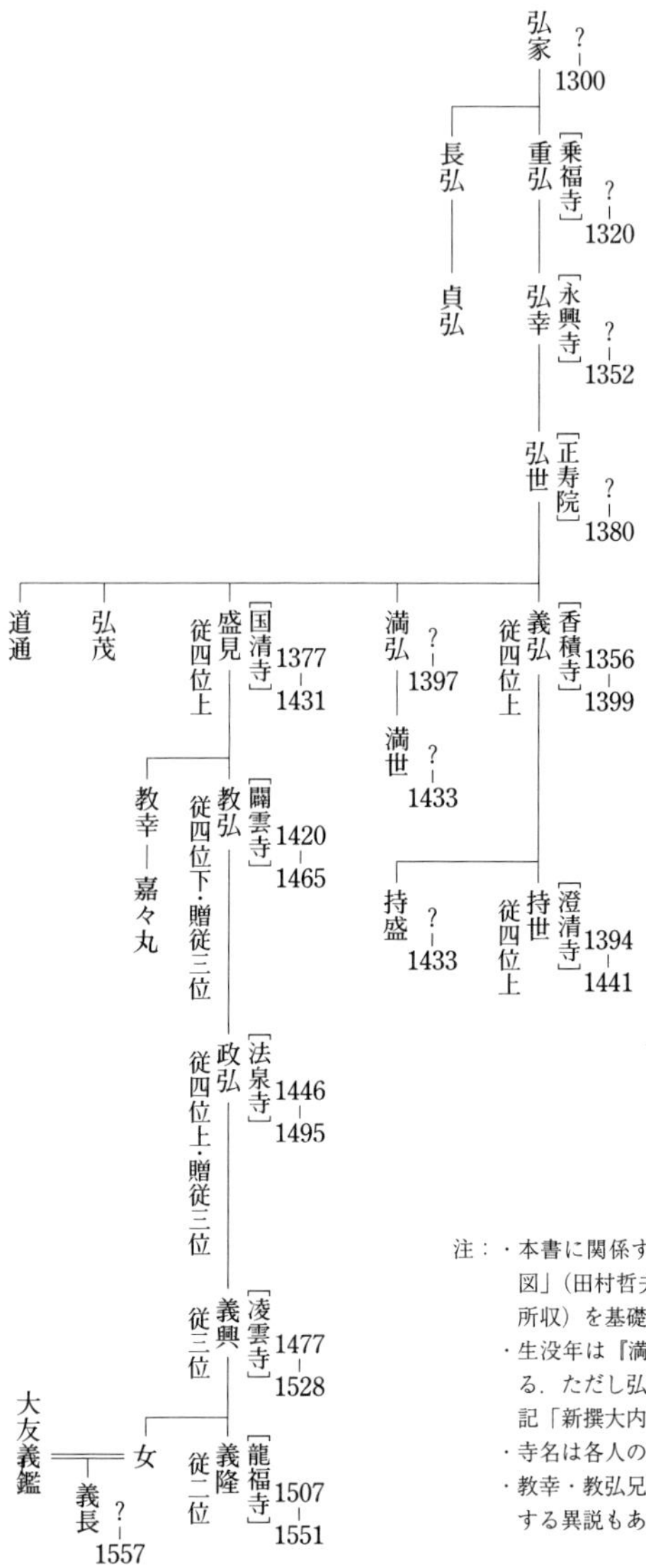

注：・本書に関係する大内一族を掲載．御薗生翁甫著「新撰大内氏系図」（田村哲夫編『近世防長諸家系図総覧』マツノ書店，1980年所収）を基礎とし，『興隆寺文書』などを参考に作成．
・生没年は『満済准后日記』などの古記録，『公卿補任』などによる．ただし弘家・重弘の没年および義弘・盛見・教弘の生年は上記「新撰大内氏系図」の説による．
・寺名は各人の菩提寺．位階は『興隆寺文書』などによる．
・教幸・教弘兄弟は盛見の子とするのが通説であるが，持盛の子とする異説もある（第四章補論参照）．

図2　大内氏略系図

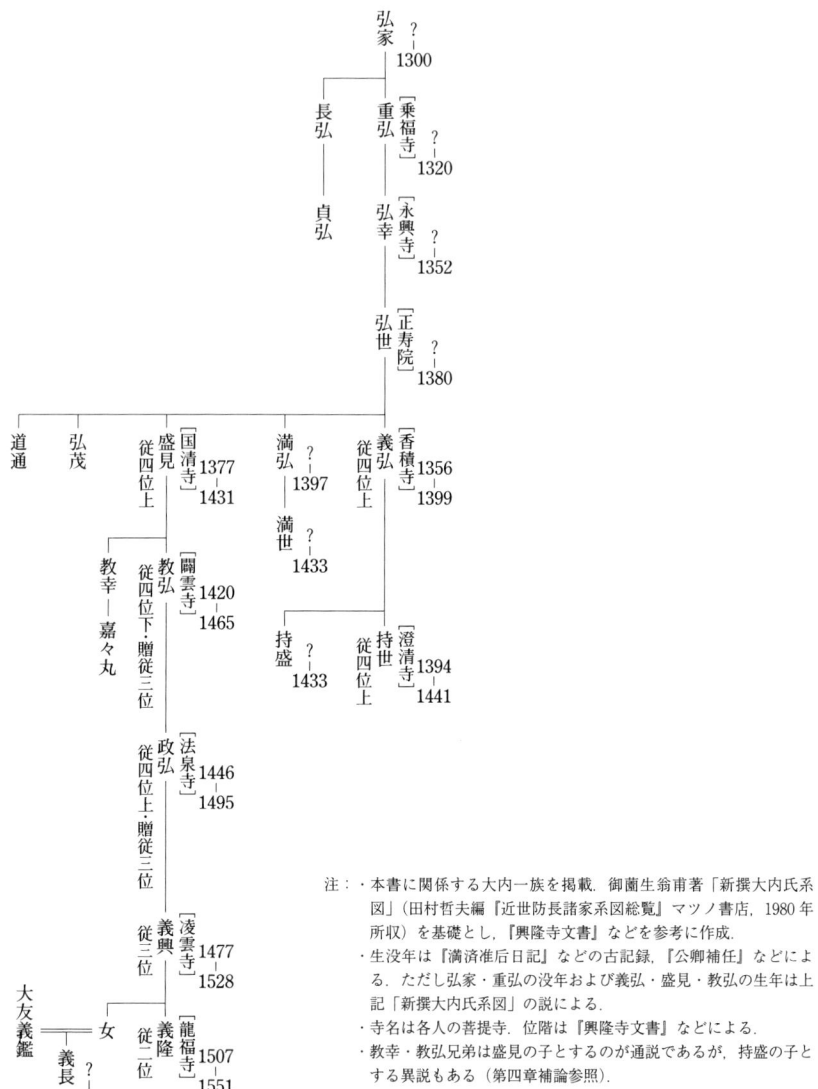

（一五五七）毛利元就との合戦に敗れた大内義長の自害により滅亡に至る。

(2) 研究史

大内氏研究はまず郷土史研究として行なわれた。その先駆は、明治初期に行なわれた近藤清石氏によるものであり、その成果は『大内氏実録』・『大内氏実録土代』にまとめられている[61]。『大内氏実録』は紀伝体を採り、大内義弘から義隆にいたる大内氏歴代の事績が記される。なお最後の当主義長は叛臣伝に入っている。『大内氏実録土代』には近藤氏が『大内氏実録』を書くにあたって引用した史料が並べられている。少数だが同書にしか見られない史料も含まれ、重要である[62]。この近藤氏の研究を引き継ぎ、さらに詳細な歴代当主の事績研究を行なったのが、一九五〇年代になされた御薗生翁甫氏の『大内氏史研究』である[63]。同書は、近藤著作と異なり紀伝体を採らず、また南北朝期の記述に力点を置き、一五世紀後半以降については論述されないという点で、情報の広さは近藤著作に劣るが、その分詳細なものになっている。二氏の研究は、南朝至上主義・嫡流至上主義とも言うべき立場をとり、勧善懲悪的色彩が濃いものではあるが、大内氏各代の事績を網羅し現在においても基礎研究としての価値は高いものとなっている。大内氏各代の人物にかかわる個別研究には、このほかに、一九六六年の松岡久人『大内義弘』、一九五九年の福尾猛市郎『大内義隆』、一九七九年の熱田公『大内義隆』がある[64]。ことに福尾氏の著作は、大内氏研究の基礎として必ず参照される基礎的文献となっている。

戦前の研究としては、ほかに瀬野馬熊氏・三坂圭治氏・臼杵華臣氏の研究が挙げられる。いずれも大内氏の日朝関係についての知見を述べたものである[65]。これについては第一章で再論することにする。

守護権力としての大内氏についての検討は、一九六〇年代から七〇年代にかけて松岡久人氏・佐伯弘次氏・川岡勉氏によって活発になされた。松岡氏・佐伯氏は守護領国制の立場から、大内氏の筑前・豊前・石見・安芸支配の実情、大内氏の家臣団構造の研究を蓄積した(66)。両氏の研究は、大内氏発給文書を丹念に集め、宛所の分布と文書文言の分析から、当該期の大内氏の権力の深浅を測るという方法でなされており、重要である。しかしながらこのような方法に基づく大内氏研究は、筑前・石見・安芸という大内氏領国の外縁部のみにおいてなされ、大内氏領国の中枢である周防・長門については、手がつけられていない。これはひとつには、当該地域の史料収集の困難さに起因するものであったろう。結果として、大内氏の領国支配の概要はいまだ不鮮明なままである。しかもこのような研究は、一九八〇年代にいったん途絶えてしまった。

川岡氏は「守護」大内氏の性格の位置づけを試みて、大内氏御家人制・知行制を抽出してその性格を分析し、「室町幕府―守護体制」に規定された守護権力としての本質を大内氏は最後まで失わなかったのだとされた(67)。しかし、この論の根幹たる大内氏御家人の規定については下村效氏による反論が提出されている(68)。また、領国統治機構や家臣団秩序については、川岡氏のほかにも、田村哲夫氏の奉行人にかかわる研究、佐伯氏の評定衆にかかわる研究、寺社奉行を検出した山田貴司氏の研究などがあるが(69)、全貌を示すには遠い状況にある。総じて大内氏の領国支配研究は、基礎的な研究がまだまだ不足しているのが現状と言わざるを得ない。そのなかで、大内氏関連史料の丹念な翻刻と検討を続け、その結果、大内氏の特に奉行人に関する知見、また大内氏の庶族にかかわる知見を蓄積している和田秀作氏の研究は重要である(70)。

大内氏研究は、一九九〇年後半より盛り上がりを見せている。まず、伊藤幸司氏が対外関係にかかわる禅僧研究の素材として大内氏を扱い(71)、その結果、大内氏の外交を担当する禅僧たちの実態ならびに大内氏領国内の禅宗寺院の研究が蓄積された。また中世後期における武家官位の実態の検討という視角から、大内氏ならびに家臣団の叙位任官にかかわる研究が蓄積されつつある(72)。ことに大内義隆の大宰大弐任官については、今谷明氏・池享氏・山田康弘氏・山田貴司氏によって検討され、活発な論争もなされている(73)。また室町政権の特質を考える視点から、桜井英治氏が大内氏を室町将軍の「影の直轄軍」と評価し、(74) 森茂暁氏は足利義持・義教政権を支えた三宝院満済を論述する過程で、大内氏の取次を務めたのが、はじめは山名氏、のちに満済、そしてまた山名氏と変遷することを明らかにした。(75) 古野貢氏は、一六世紀初頭の細川京兆体制において大内氏が決定的に重要であったことを示そうとした。(76) 室町政権の分析が深まるにつれ、大内氏の存在を政治的に理解することの重要性が認識されるようになってきていると言える。それとともに、大内氏の領国支配そのものにかかわる研究も再び現れるようになり、三村講介氏・藤井崇氏らによって、かつて論じ残されてしまった周防・長門の領国支配研究についても検討が進められ、(77) また奉行人・御家人といった大内氏家臣団についても、成果が蓄積されつつある。(78) こうした動向には一九九〇年代末から『山口県史』史料編の中世部分の刊行が開始され、二〇〇八年に完結を見たという史料状況の飛躍的向上が寄与していることは間違いないだろう。

近年の動向としてもうひとつ特筆すべきは、考古学の成果が積み上げられてきた結果、大内氏権力の性格およびその変遷を描くことができる段階に達してきていることである。ことに一九九〇年代末から、大内氏館・関連寺社などの発掘が一定の成果を蓄積し、それをもとに、さらに継続的に進展したことにより、新知見が次々に得られた。古賀信幸氏・山村亜希氏はその成果を取り入れながら考古学・歴史地理学の視点から、「中世都市山口」の空間復元とその時期的変遷の検討を試みている。(79) 増野晋次氏は大内氏館の発掘成果から、山口における「みち」の特性を丹念に分析し、(80) 佐藤力氏は大内弘幸の菩提寺である乗福寺址から発掘された瓦が、日本で生産された朝鮮式瓦であることを明らかにした。(81) この瓦はその後、様式としては高麗王朝の末期の様式を色濃く反映したものだと新たに位置づけなおされた。(82) 一四世紀末の山口に高麗の技術を受け継ぐ職人がいたことがうかがわれる事例である。こうした考古学的成果に対する文献史学の側からの位置づけの提言が必要とされている。

大内氏の対朝鮮交渉の変遷と内実を明らかにし、大内氏の対朝鮮関係が大内氏自身に与えた影響を検討することは、対外関係史研究に資するだけではなく、大内氏に関する基礎的研究としての意味をも持つのである。

三　本書の構成

以上述べてきたように、本書は対外関係史と「国内」政治史との架橋を意識し、西日本の守護権力である大内氏の対朝関係と、それが「国内」において持った意味について論じていこうとするものである。東アジア海域史研究という視角がもたらす歴史像の豊饒さは、たとえば榎本渉氏の近業に凝縮されて示されているが[83]、本書では、東アジア海域史研究がもたらした成果を「国内」にフィードバックさせた時に、当該期「日本国家」像をより複眼的・重層的にとらえていけるのではないかという期待をもって分析を進める。

なお、本書でいう「日本」・「国家」あるいは「国内」という語は、近代国民国家としての「日本」「国家」の「国内」とはもちろんイコールではない。国民国家的な「国家」・「国境」観の自明性を突き崩し、中世日本の「国家」「国境」のフレキシブルなあり方を明らかにしてきたのが、本章で「分析視点としての」と述べた、八〇年代以来の対外関係史研究の真骨頂であった。琉球王国の独自性や蝦夷地に広がる北方社会の独自性は、すでに自明のことに属する。一方で、室町政権は京都に拠点を置き、中央政権として、少なくとも一五世紀を通じてふるまっており、恒常的に在京することこそなかったものの、九州の諸権力も、守護として室町政権に把握されてはいた[84]。日本列島は、たとえば行基式日本図に見られるように、「日本国」だとゆるやかに観念されていた[85]。その強弱は地域や状況によって変化し、一様のものではなかったと考えるが、ともかくもそこが「日本」であると認識されるだいたいの範囲は、中世にもあった。本書でいう「日本」や「国内」は、このような、やや茫漠とした範囲を指し、「国家」とは、この範囲を統治しようとする志向を持つ政治権力と機構の総体を想定して使用している。東アジア海域世界の一員である西日本の地域権力は、同時に室町政権の一員として、このような意味での「日本」の国政の一部を構成した。本書では、大内氏という西日本の地域権力に視点を据え、彼の対朝関係の変遷を「国内」での動向とかかわらせながら検討していくことで、その具体的な有様を描いてみたい。

第一章では、基礎的な作業として、中世日朝関係の概略を先行研究によりつつ示した上で、大内氏の対朝関係の変遷を明らかにする。時期区分を試み、それぞれの時期の特質を、中世日朝関係、とりわけ室町殿の対朝鮮外交との関係に留意しながら解いていく。大内氏にとって、日朝関係が対外関係の基盤的な地位を占めていたことが明らかになるとともに、中世日朝関係に占めた大内氏の存在感と、室町殿の対朝鮮外交における大内氏の重要性が明らかにされることとなるだろう。

第二章では、第一章の検討の結果、浮かび上がってくる、日朝関係上、大内氏が占めていた位置を、通時的な視点ではなく、朝鮮使節の護送問題という具体的な素材を切り口として論じていく。一五世紀前半期、室町殿と朝鮮国王の間には、頻繁に使者の往来がなされ、国家間外交というべき関係が生まれていた。本章ではこのなかで、来日した朝鮮使節の接待がどのように行なわれたのか、そこで大内氏はいかなる役割を果たしたのかという視点から、日朝の国家間外交における大内氏の特殊な位置を抽出する。併せて、大内氏膝下の港湾赤間関《あかまがせき》（現・下関）の機能を検討し、古来の要衝であるこの港が、大内氏の対外関係の展開のもとで、どのような歴史的特質を持ったかについて検討していく。

第三章では、第二章に引きつづき、日朝関係上、大内氏が占めていた位置を、モノに視点を据えることで明らかにしていく。具体的には大蔵経を取り上げる。大蔵経は、日本側通交者が輸入を切望した物品であり、朝鮮王朝から大蔵経を引き出すために展開した各通交者たちの虚々実々の交渉は、当該期日朝関係において顕著な特徴をなしている。本章では、日朝関係における大蔵経輸入の全体像を概観し、そのなかで大内氏が朝鮮からの大蔵経獲得という面においてどの程度の存在であったのかを明らかにする。次いで、輸入された大蔵経の納入先を追究し、大内氏は大蔵経をどのように利用したのか、ひいては、大内氏権力にとって、対朝関係はどのような「国内」的意義を持ったのかを論じていく。

第四章においては、第一章から第三章までの検討で明らかになった、大内氏の対朝関係の変遷と特質、日朝関係に占めた位置を踏まえた上で、百済王を始祖とする大内氏の特異な先祖観の形成過程を分析する。大内氏の対朝関係の特質を言説の面からとらえるとともに、言説の背景を探ることで、大内氏権力にとっての対朝関係の「国内」的意義についての考察を深めていく。

終章では、本書で述べてきたことをまとめ、今後の展望を示す。

（1）本書では、一四世紀末から一六世紀中葉における日本の中央政権を、朝廷と室町幕府の相互依存または融合関係のもとに形成されている公武統一政権という意味をこめて、「室町政権」と呼ぶ。これは主として富田正弘氏によって提唱され、新田一郎氏によって整理・発展された議論に依拠している。富田正弘氏は、「室町殿と天皇」（『日本史研究』三一九、一九八八年）で、「室町殿との関係で天皇をどう政治構造上に位置づけるか」という問題を立て、「律令的天皇の室町殿に対する関係は、旧来の天皇と「治天」との関係と異ならなかった」と結論づけた。そして室町期の政権は公武統一政権であり、公家政権内の「治天」の地位は室町殿に引き継がれている、しかし室町殿の王権は公武対等には高められず、人格的力量によっては公武関係が逆転する恐れも含んでいたとする。新田一郎氏は、義満による政権掌握・専制権力の樹立を、富田正弘氏のように武家政権による公家政権の吸収とは見なさず、「義満の政権は、朝廷とともに幕府をも傘下に収める統一政権であり、その頂点に立った義満の権能が、公家政権の長たる「治天」のそれに准える形で構成され行使されたことは、武家・公家を統一的に記述する言説としての国制の枠組が、「治天」を頂点とした、公家政権をモデルとして構成され、幕府がその下位システムとして位置づけられたことを意味する」と述べている（「日本中世の国制と天皇」『思想』八二九、一九九三年）。ここでは、室町期の政権は、治天を頂点とし、室町幕府と朝廷を一機関としてその支配下に置く政権として位置づけられている。理念としては新田一郎氏のいう三角形のモデルのもとに、実態としては富田氏のいうように、政治状況によって公武の力関係がゆれる部分を含みながら、当該期の政権は構成されていたのであろう。室町期の政権構造は、室町殿論の盛り上がりにもかかわらず、いまだ十分に展開されているとは言えず、「室町政権」自体も十分熟している言葉とは言えないように思うが、本書では、幕府と朝廷を対立的に見、守護の官位への執着を幕府に対抗した朝廷権威の浮上ととらえる今谷明氏のような議論（同著『戦国大名と天皇』福武書店、一九九二年。のち講談社、二〇〇一年）を避ける意味でも、「室町政権」という言葉を使用することにしたいと思う。

（2）菅沼貞風『大日本商業史』（岩波書店、一九四〇年。初出一八九二年）。

（3）栢原昌三「日明勘合貿易に於ける細川大内二氏の抗争」一―五（『史学雑誌』二五―九・二五―一〇・二五―十一・二六―二・二六―三、一九一四年・一九一五年）。

（4）後藤秀穂「予が観たる倭寇」（『歴史地理』二三―五・二三―六・二四―一・二四―二、一九一四年）・「膠州湾を中心としたる山東の倭寇」（『史学雑誌』二五―一二、一九一四年）・「最も深く内地に侵入したる倭寇の一例」（『歴史地理』二五―一、一九一五年）・「姑蘇城外に於ける倭寇」（『史学雑誌』二七―二、一九一六年）・「倭寇と日本刀」（『歴史地理』二八―二、一九一六年）など。ほかにも連年数多くの論考を発表しているが、ここではこの時期の代表的なものを挙げるにとどめておく。

（5）瀬野馬熊「倭寇と朝鮮の水軍」（『史学雑誌』二六―一、一九一五年）。

（6）三浦周行「応永の外寇」（『史林』一―一、一九一六年）・「朝鮮の倭寇」（『史林』二―二、一九一七年）。

（7）辻善之助『海外交通史話』（東亜堂書房、一九一七年）。のち『増訂海外交通史話』（内外書籍、一九三〇年）として増補再版。

（8）木宮泰彦『日支交通史』（金刺芳流堂、一九二六年）。

（9）三浦周行『日本史の研究』（岩波書店、一九二二年）・『日本史の研究』第二輯（岩波書店、一九三〇年）。

（10）秋山謙蔵「室町時代に於ける西部日本の朝鮮への通交」（『歴史地理』五六―三、一九三〇年）・「李氏朝鮮と琉球との通交」（『史学雑誌』四一―七、一九三〇年）・「室町初期に於ける九州探題と朝鮮との通交」（『史学雑誌』四二―四、一九三一年）・「室町初期に於ける倭寇の跳梁と応永外寇事情」（『史学雑誌』四二―九、一九三一年）・「朝鮮使節の観たる室町初期の社会経済事情」（『歴史教育』六―七、一九三一年）・「室町前期に於ける宗像氏と朝鮮との通交」（『青丘学叢』七、一九三二年）。

(11) 中村栄孝「海東諸国紀の撰修と印刷」(『史学雑誌』三九―八・三九―九、一九二八年)・「海東諸国紀とその地図に就いて」(『朝鮮』一六四、一九二九年)・「室町時代の日鮮交通と書契及び文引」(『史学雑誌』四二―一〇・四三―一一、一九三一年・一九三二年)・「受職倭人の告身に就いて」(『歴史と地理』二八―一・二八―二、一九三一年)・「鮮初の日本貿易に就いて」(『東亜経済研究』一五―三、一九三一年)・「太平記に見えた高麗人来朝の記事に就いて」(『青丘学叢』四、一九三一年)・「倭人上京道路に就いて」(『歴史地理』五六―二、一九三〇年)・「鮮初受図書人考」(『青丘学叢』七・八、一九三二年)・「鮮初に於ける歳遣船定約」(『青丘学叢』一〇、一九三二年)・「鮮初の対日関係と浦所の制限」(『朝鮮』二〇一、一九三二年)など。のちいずれも同著『日鮮関係史の研究』上・中・下(吉川弘文館、一九六五年・一九六六年)所収。

(12) 秋山謙蔵『日支交渉史話』(内外書籍、一九三五年)・『日支交渉史研究』(岩波書店、一九三九年)。

(13) 小葉田淳『中世日支通交貿易史の研究』(刀江書院、一九四一年)。

(14) 田中健夫「中世対外関係史研究の動向」(同著『対外関係史研究のあゆみ』吉川弘文館、二〇〇三年、九〇頁。初出一九六三年)。

(15) 中村栄孝『日鮮関係史の研究』上・中・下〔前掲〕。

(16) 黒田省三「朝鮮貿易の本質に就て」(『日本歴史』一〇、一九四八年)・「中世朝鮮貿易に於ける輸出物資に就て」(児玉幸多編『日本社会史の研究』吉川弘文館、一九五五年)。佐久間重男「明代の外国貿易」(『和田博士還暦記念東洋史論叢』講談社、一九五一年)・「明代海外私貿易の歴史的背景」(『史学雑誌』六二―一、一九五三年)・「明初の日中関係をめぐる二、三の問題」(『北海道大学人文科学論集』四、一九六六年)、のちいずれも同著『日明関係史の研究』(吉川弘文館、一九九二年)所収。田中健夫『中世海外交渉史の研究』(東京大学出版会、一九五九年)・『倭寇と勘合貿易』(至文堂、一九六一年)・『中世対外関係史』(東京大学出版会、一九七五年)。田村洋幸『中世日朝貿易の研究』(三和書房、一九六七年)。長正統「中世日鮮関係における巨酋使の成立」(『朝鮮学報』四一、一九六六年)。長節子「対馬島宗氏世系の成立」(『日本歴史』二〇八、一九六五年*)・「『おふせん』論考」(『朝鮮学報』三六、一九六五年)・「対馬島主の継承と宗氏系譜」(『史学雑誌』七五―一、一九六六年*)・「対馬島宗氏領国支配の発展と朝鮮関係諸権益」(『朝鮮学報』三九・四〇、一九六六年*)、*はのち同著『中世日朝関係と対馬』(吉川弘文館、一九八七年)所収。

(17) 一九六〇年代刊行の岩波講座は、四巻に旗田巍「十～十二世紀の東アジアと日本」、六巻に中村栄孝「十三、四世紀の東亜情勢とモンゴルの襲来」、七巻に小葉田淳「勘合貿易と倭寇」を所収する。一九七〇年代のものには、川添昭二「鎌倉時代の対外関係と文物の移入」と佐々木銀弥「東アジア貿易圏の形成と国際認識」が所収される。また一九七〇年の『講座日本史』（東京大学出版会）の二巻には三浦圭一「一〇世紀～一三世紀の東アジアと日本」、三巻には佐々木銀弥「海外貿易と国内経済」が所収されている。

(18) 三浦圭一「書評　田中健夫『中世海外交流《（ママ）》史の研究』」（『歴史学研究』二四一、一九六〇年）。佐々木銀弥「海外貿易と国内経済」（『講座日本史』三、東京大学出版会、一九七〇年）・「東アジア貿易圏の形成と国際認識」（『岩波講座日本歴史』七、岩波書店、一九七六年）、のちいずれも同著『日本中世の流通と対外関係』（吉川弘文館、一九九四年）所収。

(19) 佐藤進一『南北朝の動乱』（中央公論社、一九七四年）。

(20) 田中健夫『中世海外交渉史の研究』（東京大学出版会、一九五九年）。

(21) 田中健夫『中世対外関係史』（東京大学出版会、一九七五年）。

(22) 田中健夫「日本中世海賊史研究の動向」（『史学雑誌』六八―一二、一九五九年）。のち同著『中世海外交渉史の研究』（前掲）所収。

(23) 田中健夫「中世対外関係史研究の動向」（『史学雑誌』七二―三、一九六三年）。のち同著『対外関係史研究のあゆみ』（前掲）所収。

(24) 田中健夫『中世対外関係史』（前掲）。

(25) 田中健夫「私の対外関係史研究」（『日本歴史』四四〇、一九八五年）。

(26) 田中健夫・瀬野精一郎・村井章介「戦後の中世対外関係史研究」上・下（『日本歴史』五八六・五八七、一九九七年）。

(27) 田中健夫「対外関係史研究の課題」（『史学雑誌』一一〇―八、二〇〇一年）。のち同著『対外関係史研究のあゆみ』（前掲）所収。

(28) 村井章介「日明交渉史の序幕」（『東京大学史料編纂所報』一一、一九七七年）。のち「室町幕府の最初の遣明使について」（今枝愛真編『禅宗史の諸問題』雄山閣出版、一九七九年）と併せ、「日明関係史の序幕」と改題の上、同著『アジアのなかの中世日本』（校倉書房、一九八八年）所収。

(29) 村井章介「高麗・三別抄の叛乱と蒙古襲来前夜の日本」（『歴史評論』三八二・三八三、一九八二年）。のち同著『アジアのなかの中世日本』所収。

(30) 村井章介「中世日本の国際意識について」（『歴史学研究』大会別冊特集、一九八二年）。のち「中世日本の国際意識・序説」と改題の上、同著『アジアのなかの中世日本』所収。

(31) 村井章介「建武・室町政権と東アジア」（同著『アジアのなかの中世日本』七四頁。初出一九八五年）。

(32) 村井章介「中世日本列島の地域空間と国家」（『思想』七三二、一九八五年）。のち同著『アジアのなかの中世日本』所収。

(33) 三浦圭一「一〇世紀―一三世紀の東アジア」（『講座日本史』二、東京大学出版会、一九七〇年）・「日宋交渉の歴史的意義」（『国史論集』小葉田淳教授退官記念事業会、一九七〇年）・「中世後期における日本の内と外」（『日本史』三、有斐閣、一九七八年）。のちいずれも同著『日本中世の地域と社会』（思文閣出版、一九九三年）所収。

(34) 三浦圭一「中世後期における日本の内と外」（同著『日本中世の地域と社会』一六九頁。初出一九七八年）。

(35) たとえば「中世の分業流通と社会」（『大系日本国家史』二、東京大学出版会、一九七五年）・「戦国期の交易と交通」（『岩波講座日本歴史』八、岩波書店、一九七六年）。のちいずれも三浦圭一『日本中世の地域と社会』（前掲）所収。

(36) 榎原雅治「書評　三浦圭一著『日本中世の地域と社会』」（『史学雑誌』一〇三―六、一九九四年）。のち「三浦圭一著『日本中世の地域と社会』に接して」と改題の上、同著『日本中世地域社会の構造』（校倉書房、二〇〇〇年）所収。

(37) 戸田芳実「御厨と在地領主」（木村武夫編『日本史の研究』ミネルヴァ書房、一九七〇年）・「平安初期の五島列島と東アジア」（岩見宏編『東アジアにおける国際秩序の形成と展開』科研報告書、一九八〇年）。のちいずれも同著『初期中世社会史の研究』（東京大学出版会、一九九一年）所収。

(38) 大石直正「外が浜・夷島考」（関晃教授還暦記念会編『日本古代史研究』吉川弘文館、一九八〇年）。のち同著『中世北方の政治と社会』（校倉書房、二〇一〇年）所収。

(39) 戸田芳実氏の「中世南海の水軍領主」（田名網宏編『古代国家の支配と構造』東京堂出版、一九八六年。のち同著『初期中世社会史の研究』（前掲）所収）は、村井章介氏が「環シナ海地域」論を唱えたあとの研究であり、「海上活動の地域史としての〝海域史〟的視点が、今後必要となる」と述べられて、明らかに村井氏の論を意識した叙述がなされている。ただし、内容は基本的に戸田氏の「御厨と在地領主」（前掲）・「平安初期の五島列島と東アジア」（前掲）で示されている方向性の延長にあるものととらえることができる。また大石直正氏の「外が浜・夷島考」（前掲）・「北の海の武士団安藤氏」（網野善彦ほか編『日本海と北国文化』小学館、一九九〇年。のち同著『中世北方の政治と社会』（前掲）所収）も、「環日本海地域」論と非常に近い志向性を持つ論文であり、特に後者は村井氏の論を明らかに取り込んでいる。ただ、これらも大石氏が七〇年代から行なっていた北方社会史研究から生まれた論文と位置付けうる。中世対外関係史研究の分野では十分意識されていないように思うが、村井氏の「環日本海地域」論・「環シナ海地域」論は、七〇年代から盛んになる、いわゆる地域史研究と共通の基盤を持っており、それゆえにこそ広汎に受け入れられ、影響力を持ったと考える。

(40) 村井章介「在地領主法の誕生――肥前松浦一揆」(『歴史学研究』四一九、一九七五年)。続編として「今川了俊と上松浦一揆」(『日本歴史』三三八、一九七六年)。いずれものち同著『中世の国家と在地社会』(校倉書房、二〇〇五年)所収。

(41) たとえば網野善彦『東と西の語る日本の歴史』(そしえて、一九八二年。のち講談社、一九九八年)。

(42) 代表的なものとして、高橋公明「中世東アジア海域における海民と交流」(『名古屋大文学部研究論集』三三、一九八七年)・「中世の海域世界と済州島」(網野善彦他編『東シナ海と西海文化』小学館、一九九二年)、佐伯弘次「海賊論」(荒野泰典ほか編『アジアのなかの日本史』Ⅲ、東京大学出版会、一九九二年)・「中世対馬海民の動向」(秋道智彌編『海人の世界』同文館、一九九八年)、藤田明良「中世「東アジア」の島嶼観と海域交流」(『新しい歴史学のために』二二二、一九九六年)・「「蘭秀山の乱」と東アジアの海域世界」(『歴史学研究』六九八、一九九七年)など。

(43) 代表的なものとして、田中健夫『倭寇』(教育社、一九八二年)、荒野泰典「日本型華夷秩序の形成」(朝尾直弘ほか編『日本の社会史』一、岩波書店、一九八七年。のち同著『近世日本と東アジア』東京大学出版会、一九八八年所収)など。

(44) 代表的なものとして、村井章介「春屋妙葩と外交」(同著『アジアのなかの中世日本』(前掲)。初出一九八七年)・『東アジア往還』(朝日新聞社、一九九五年)、西尾賢隆『中世の日中交流と禅宗』(吉川弘文館、一九九九年)、上田純一『九州中世禅宗史の研究』(文献出版、二〇〇〇年)、伊藤幸司『中世日本の外交と禅宗』(吉川弘文館、二〇〇二年)など。

(45) 一九九〇年代までの一連の成果を手際よくまとめたものとして、大石直正・高良倉吉・高橋公明『周縁から見た中世日本』(講談社、二〇〇一年)、入間田宣夫・豊見山和行『北の平泉、南の琉球』(中央公論新社、二〇〇二年)を挙げておく。講談社「日本の歴史」シリーズでも、中央公論新社「日本の中世」シリーズでも、単独の巻を割り当てられていることは、琉球史・北方史の厚い研究蓄積および琉球史・北方史研究の重要性が、広く認知されていることを端的に示している。

(46) 久留島典子・榎原雅治編『展望日本歴史一一　室町の社会』(東京堂出版、二〇〇六年)一四頁。

(47) 高橋公明「夷千島王遐叉の朝鮮遣使について」(『年報中世史研究』六、一九八一年)・「外交儀礼よりみた室町時代の日朝関係」(『史学雑誌』九一―八、一九八二年)・「朝鮮遣使ブームと世祖の王権」(田中健夫編『日本前近代の国家と対外関係』吉川弘文館、一九八七年)・「朝鮮外交秩序と東アジア海域の交流」(『歴史学研究』五七三、一九八七年)・「十六世紀の朝鮮・対馬・東アジア海域」(加藤榮一ほか編『幕藩制国家と異域・異国』校倉書房、一九八九年)、佐伯弘次「国境の中世交渉史」（網野善彦ほか編『玄海灘の島々』小学館、一九九〇年）など。
(48) 村井章介『中世倭人伝』（岩波書店、一九九三年）。
(49) 関周一「一五世紀における山陰地域と朝鮮の交流」（『史境』二〇、一九九〇年＊）・「倭寇による被虜人の性格をめぐって」（『日本歴史』五一九、一九九一年＊）・「壱岐・五島の交流と朝鮮」（『年報中世史研究』一六、一九九一年＊）・「一五世紀における朝鮮人漂流人送還体制の形成」（『歴史学研究』六一七、一九九一年＊）・「香料の道と日本・朝鮮」（荒野泰典ほか編『アジアのなかの日本史』Ⅲ、東京大学出版会、一九九二年）・「中世の日朝関係」（『歴史と地理』四五七、一九九三年）・「中世山陰地域と朝鮮の交流」（内藤正中編『山陰地域における日朝交流の歴史的展開』報光社、一九九四年＊）・「倭人送還交渉と三浦の形成」（『社会文化史学』三三、一九九四年＊）・「朝鮮半島との交流　対馬」（網野善彦ほか編『中世の風景を読む』七、新人物往来社、一九九五年）・「東アジア海域の交流と対馬・博多」（『歴史学研究』七〇三、一九九七年＊）・「室町幕府の朝鮮外交」（阿部猛編『日本社会における王権と封建』東京堂出版、一九九七年）・「対馬・三浦の倭人と朝鮮」（『朝鮮史研究会論文集』三六、一九九八年＊）・「朝鮮王朝官人の日本観察」（『歴史評論』五九二、一九九九年）など。＊は、のちに同著『中世日朝海域史の研究』（吉川弘文館、二〇〇二年）所収。
(50) 橋本雄「中世日朝関係における王城大臣使の偽使問題」（『史学雑誌』一〇六―二、一九九七年）、のち「王城大臣使の偽使問題と日朝牙符制」と改題の上、同著『中世日本の国際関係』（吉川弘文館、二〇〇五年）所収。米谷均「一六世紀日朝関係における偽使派遣の構造と実態」（『歴史学研究』六九七、一九九七年）・「漂流民送還と情報伝達から見た一六世紀の日朝関係」（『歴史評論』五七二、一九九七年）。
(51) 伊藤幸司「大内氏の対外交流と筑前博多聖福寺」（『仏教史学研究』三九―一、一九九六年）・「中世後期地域権力の対外交渉と禅宗門派」（『古文書研究』四八、一九九八年）・「大内氏の日明貿易と堺」（『ヒストリア』一六一、一九九八年）・「中世後期の臨済宗幻住派と対外交流」（『史学雑誌』一〇八―四、一九九九年）・「一五・六世紀の日明・日朝交渉と夢窓派華蔵門派」（『朝鮮学報』一七一、一九九九年）。のちいずれも同著『中世日本の外交と禅宗』〔前掲〕所収。
(52) 関周一「中世「対外関係史」研究の動向と課題」（『史境』二八、一九九四年）。
(53) 橋本雄「室町・戦国期の将軍権力と外交権」（『歴史学研究』七〇八、一九九八年）。のち「「二人の将軍」と外交権の分裂」と改題の上、同著『中世日本の国際関係』〔前掲〕所収。
(54) 橋本雄『中世日本の国際関係』〔前掲〕。とりわけ序章・終章。

(55)「偽使」論は、近年の日朝関係史研究の最大の論点であり、主要な柱として扱われることが多い。「偽使」と題に冠した論文も数多く、「偽使」論が日朝関係史研究を牽引してきたことは認めなければならない。ただ、多様な現実を「偽使」という名で括ってしまうことによる弊害も率直に言ってあったのではないかと思う。

「偽使」論は、本来的には通交構造論である。すなわち、「〇〇が××を遣わして△△を献じた」という『朝鮮王朝実録』の簡潔な一文の下にある、通交の現実を丁寧に解きほぐし、〇〇なる人物は誰か、××なる人物はどういう系譜の人間かなどを検討することを通じて、通交が現実にはどのように行なわれていたのか、通交を実際に担っていたのは誰なのかを明らかにし、虚実の錯綜する中世日朝関係の多元的・重層的な具体相を明らかにしてきた。

しかしながら、史料に厳密であろうとするあまり、しばしば「偽使」かもしれない可能性を積み重ねて「偽使」認定するという傾向があったのも事実である。〇〇という人間は存在しない、もしくはその時期朝鮮通交をなしうるような立場になかった、あるいは××は対馬宗氏の関係者であるから、これは〇〇を騙って宗氏が出したもので「偽使」であるといった類である。守護クラスの動向でさえ一年単位で明確にならず、守護の一族の実名が何かさえ、しばしば議論の対象になる日本中世史研究の現実をふまえれば、本来的には「真使」である可能性が排除されていって、「偽使」と判断せざるを得ないという論証であるべきだと考えるが、「偽使」論においてはしばしば、「偽使」の特徴を挙げていき、それにあてはまれば「偽使」であるという認定がなされがちである（偽使のパターンを示したものに、橋本雄『中世日本の国際関係』〔前掲〕終章・伊藤幸司「日朝関係における偽使の時代」〈日韓歴史共同研究委員会編・発行『日韓歴史共同研究報告書　第二分科篇』二〇〇五年〉がある。多様な「偽使」の形態を整理する上で重要な指針ではあるが、偽使認定基準として使うには個別のケースごとの慎重な配慮が必要であると考える）。

また現行の「偽使」論においては、対馬宗氏が仕立て上げた本来の名義人とは何の関係もない「偽使」だけではなく、名義を借りる「偽使」というのも、当然、想定はされている。ただ、通交そのものは対馬宗氏が遂行し、本来の名義人はなにもしない、いくばくかの礼品と引き換えに名前だけ貸す、という請負関係にあったとして、それを論証するのは極めて難しい。そのゆえか否か、「偽使」認定をする場合に、この請負の可能性について考慮されることは実際にはまれであるように見受けられる。しかしこの請負の可能性は潜在的には相当数あったのではないかと考える。かつて長節子氏が論証された塩津留氏の例（長節子「壱岐松山源正と松浦党塩津留氏の朝鮮通交権」『中世日朝関係と対馬』吉川弘文館、一九八七年）は、その貴重な事例である。これは名義料をめぐって塩津留氏と牧山氏の間に諍いが生じ、それが対馬宗氏のもとに持ち込まれたために、史料として記録が残ったものである。請負が順調に遂行されていれば当然その実態は記録されない。従来まったくの「偽使」とされてきたもののなかに、請負形態が混じっている可能性はあるのではないか。もっと言えば、こうした請負形態までを「偽使」と呼ぶべきなのだろうか。

現行の「偽使」論の多くは、「偽使」ということばの持つ強さによって、白か黒か的な議論に誘導され、かえって日朝関係の多様な現実を見失う結果になってはいないだろうか。大筋として、「朝鮮通交権」が対馬宗氏に集中し、対馬宗氏が「偽使」を派遣して行く流れを想定するにしても、そこに至る過程ひとつひとつは一様ではないはずである。中世日朝関係を、「偽使の時代」とレッテル張りをすることは、営々と積み重ねてきたはずの通交構造研究を単調なものとし、玄界灘地域を往来した人間活動の営みを極めて限定的な視野から評価することにつながりかねない。本書で偽使という単語のほとんどに「　」を付したのは、こうした立場によるものである。本書で「　」をつけずに使用する偽使は、同時代に通交当事者にニセモノだと主張されたか、真使である可能性が完全に否定されてしまっていると判断されるものに限っている。なお、現行の「偽使」論の到達点と課題については、荒木和憲「一六世紀日朝交流史研究の学説史的検討」（日韓歴史共同研究委員会編・発行『第二期歴史共同研究報告書　第二分科篇』二〇一〇年）に簡潔かつ明快にまとめられている。

(56)　橋本雄『中世日本の国際関係』（前掲）二九八頁。

(57)　荒木和憲「対馬島主宗貞茂の政治的動向と朝鮮通交」（『日本歴史』六五三、二〇〇二年）・「中世後期における対馬宗氏の特送船」（『九州史学』一三五、二〇〇三年）・「一五世紀対馬宗氏の権力形成と朝鮮通交権」（『年報中世史研究』三〇、二〇〇五年）・「一六世紀前半対馬の政変と三浦の乱」（『東アジアと日本』二、二〇〇五年）・「中世対馬の朝鮮貿易と領国経済」（『〈九州大学〉韓国研究センター年報』五、二〇〇五年）、のちいずれも同著『中世対馬宗氏領国と朝鮮』山川出版社、二〇〇七年所収。以上の論考によって、宗氏権力の形成・維持のために、朝鮮通交に関わる権益がいかに重要であったかが実証的に明らかになった。

(58)　川添昭二「今川了俊の対外交渉」（『九州史学』七五、一九八二年）・「九州探題と日朝交渉」（『西南地域史研究』一、一九七七年）。のち「九州探題今川了俊の対外交渉」・「九州探題渋川満頼・義俊と日朝交渉」と改題の上、同著『対外関係の史的展開』（文献出版、一九九六年）所収。

(59)　川岡勉『室町幕府と守護権力』（吉川弘文館、二〇〇二年）。とりわけ序章。なお、拙稿「書評　川岡勉著『室町幕府と守護権力』」（『史学雑誌』一一四―一、二〇〇五年）。

(60) 数多くの論考が発表されているが、一例として「小特集　室町殿論――新しい国家像をめざして」(『歴史学研究』八五二、二〇〇九年)を挙げておく。

(61) 近藤清石『大内氏実録』(マツノ書店、一九七四年。初出一八八五年)。近藤清石『大内氏実録土代』巻一―二〇(山口県文書館近藤文庫所収。東京大学史料編纂所に巻一〇―二〇については謄写本がある)。

(62) 和田秀作「『大内氏実録引用書』目録」(一)・(二)(『山口県文書館研究紀要』三一・三四、二〇〇四年・二〇〇七年)に詳しい。

(63) 御薗生翁甫『大内氏史研究』(山口県地方史学会、一九五九年)。

(64) 福尾猛市郎『大内義隆』(吉川弘文館、一九五九年)。松岡久人『大内義弘』(人物往来社、一九六六年)。熱田公『大内義隆』(平凡社、一九七九年)。

(65) 瀬野馬熊「大内義弘と朝鮮の関係に就て」(『史学雑誌』三〇―一、一九一九年)・「今川大内二氏と朝鮮との関係」(『朝鮮史学』一―三、一九二六年。のち中村栄孝ほか編『瀬野馬熊遺稿』私家版、一九三六年に所収)。三坂圭治「大内氏の海外発展」(一)・(二)(『防長史学』五―一・五―二、一九三四年)。臼杵華臣『大内氏の対鮮交易』(山口県協和会、一九四二年)。ほかに、大内氏が朝鮮通交を行なっていた事実を簡単に紹介したものに、松田甲「大内氏と朝鮮関係の一斑」(同著『日鮮史話』二、朝鮮総督府、一九二六年)がある。

(66) 松岡久人「大内氏の発展とその領国支配」(魚澄惣五郎編『大名領国と城下町』柳原書店、一九五七年)・「戦国期大内・毛利両氏の知行制の進展」(『史学研究』八二、一九六一年)・「大内氏の豊前国支配」(『広島大学文学部紀要』二三―二、一九六四年)・「大内氏の安芸国支配」(『広島大学文学部紀要』二五―一、一九六七年)・「鎌倉末期周防国衙領支配の動向と大内氏」(竹内理三博士還暦記念会編『荘園制と武家社会』吉川弘文館、一九六九年)・「室町戦国期の周防国衙と大内氏」(福尾教授退官記念事業会編『日本中世史論集』、一九七二年)・「南北朝室町期石見国と大内氏」(『広島大学文学部紀要』三二―一、一九七三年)・「西国の戦国大名」(永原慶二ほか編『戦国時代』吉川弘文館、一九七八年)。佐伯弘次「大内氏の筑前国支配」(川添昭二編『九州中世史研究』一、文献出版、一九七八年)・「大内氏の筑前国守護代」(川添昭二編『九州中世史研究』二、文献出版、一九八〇年)・「大内氏の筑前国郡代」(『九州史学』六九、一九八〇年)。

(67) 川岡勉「大内氏の軍事編成と御家人制」(『ヒストリア』九七、一九八二年)・「大内氏の知行制と御家人制」(『日本史研究』二五四、一九八三年)。のちいずれも同著『室町幕府と守護権力』(前掲)所収。

(68) 下村效「義隆の領国経営」(米原正義編『大内義隆のすべて』新人物往来社、一九八八年)。川岡勉氏が「御家人」を大内氏の家臣団総体ととらえたのに対し、下村效氏は「御家人」は大内氏家臣の中でも最下級の給人を指し、大内氏の有力家臣の被官となっていく層と同じ、在地の小領主であるとしている。
(69) 田村哲夫「守護大名『大内家奉行衆』」(『山口県文書館研究紀要』五、一九七九年)。佐伯弘次「大内氏の評定衆について」(『古文書研究』一九、一九八二年)。山田貴司「大内氏の別奉行」(『七隈史学』三、二〇〇二年)。
(70) 和田秀作「『都濃郡中須村百姓所持御判物写』について」(『山口県史研究』七、一九九九年)・「大内氏家臣安富氏の関係史料について」(一)・(二)(『山口県文書館研究紀要』二七・二八、二〇〇〇年・二〇〇一年)・「『阿武郡衆』とその周辺」(『山代街道』山口県教育委員会、二〇〇二年)・「大内武浩及びその関係史料」(『山口県文書館研究紀要』三〇、二〇〇三年)など。なお大内氏の庶族に関しては、奉公衆の大内氏について論じた拙稿「加賀の大内氏について」(『山口県地方史研究』九九、二〇〇八年)もある。
(71) 伊藤幸司『中世日本の外交と禅宗』(前掲)。
(72) 山田貴司「室町・戦国期の地域権力と武家官位」(『福岡大学大学院論集』三六―一、二〇〇四年)・「中世後期地域権力の官位獲得運動」(『日本歴史』六九八、二〇〇六年)。
(73) 今谷明『戦国大名と天皇』(前掲)。池享『戦国・織豊期の武家と天皇』(校倉書房、二〇〇三年)。山田康弘「大内義隆の大宰大弐任官と将軍」(『戦国史研究』四七、二〇〇四年)。山田貴司「大内義隆の大宰大弐任官」(『地方史研究』五六―一、二〇〇六年)。
(74) 桜井英治『日本の歴史一二　室町人の精神』(講談社、二〇〇一年)。
(75) 森茂暁『満済』(ミネルヴァ書房、二〇〇四年)。
(76) 古野貢「室町幕府―守護体制と細川氏権力」(『日本史研究』五一〇、二〇〇五年)。のち同著『中世後期細川氏の権力構造』(吉川弘文館、二〇〇八年)に分割して所収。
(77) 三村講介「大内氏の半済制」(『古文書研究』五六、二〇〇二年)・「中世後期における大内氏の直轄領」(『九州史学』一三六、二〇〇三年)・「大内氏奉行人家の存在形態」(同、一五三、二〇〇九年)。藤井崇「盛見期の大内氏分国支配システム」(『ヒストリア』二〇一、二〇〇六年)・「持世期の大内氏分国支配システム」(『史潮』五九、二〇〇六年)・「大内政弘の権力構造と周防・長門支配」(『年報中世史研究』三二、二〇〇七年)・「義弘期大内氏の分国支配について」(阿部猛編『中世の支配と民衆』同成社、二〇〇七年）・「教弘期大内氏の分国支配と「御家人制」」（『歴史評論』七〇〇、二〇〇八年）・「南北朝期長門国における厚東氏権力と弘世期大内氏権力」（『鎌倉遺文研究』二一、二〇〇八年）。

(78) 川下倫央「大内氏の奉書および奉者」（『九州史学』二〇〇七年）、萩原大輔「大内氏の袖判下文と御家人制」（『古文書研究』六八、二〇一〇年）。

(79) 山村亜希「守護城下山口の形態と構造」（『史林』八二―三、一九九九年。のち同著『中世都市の空間構造』吉川弘文館、二〇〇九年所収）。古賀信幸「防州山口における城・館・寺」（中世都市研究会編『都市の求心力』新人物往来社、二〇〇〇年）。

(80) 増野晋次「山口における戦国期のみちとまち」（藤原良章編『中世のみちと橋』高志書院、二〇〇五年）。

(81) 佐藤力『乗福寺跡Ⅲ』（山口市教育委員会、二〇〇四年）。

(82) 高正龍「山口乗福寺跡出土瓦の検討」（『喜谷美宣先生古稀記念論集』喜谷美宣先生古稀記念論集刊行会、二〇〇六年）。

(83) 榎本渉『僧侶と海商たちの東シナ海』（講談社、二〇一〇年）。

(84) 室町の守護の在京状況については、山家浩樹「室町幕府守護の在京と在国」（『歴史と地理』五二七、一九九九年）に簡潔にまとめられている。

(85) 黒田日出男『龍の棲む日本』（岩波書店、二〇〇三年）。

第一章　大内氏の対朝関係の変遷

はじめに

中世日朝関係は、多元的形態をその特質とする。すなわち日明関係が、日本国王が明皇帝に朝貢するという形態を唯一の正当な交渉としたのに対し、日朝関係においては、日本国王を含む多様な勢力が個別に朝鮮王朝と交渉を持っていた。倭寇禁圧に心を砕いた朝鮮王朝は当初、基本的に平和な通交者として通交を願ってくる者については、受け入れる方針をとっていた。この結果、日朝関係は日本国王のもとに一元化されない多元的な様相を呈した。朝鮮通交を行なおうとする、主として九州各地の諸勢力にとって、朝鮮通交にあたって必要なのは、朝鮮王朝の許可であり、当該期日本の全国政権の長である室町殿の許可ではなかったのである。朝鮮王朝と直接交渉を行なっている九州各地の諸勢力の全貌について、「日本国王」たる室町殿は形式的にも実質的にも把握していなかった。そもそもすべてを把握しようなどという志向はなかったであろう。

以上のような特質を持つ日朝関係のなかに、大きな位置を占めていたのが大内氏である。早くから日朝関係に参入した大内氏は、日本国王に次ぐ待遇を受ける巨酋使に分類され、そのなかでも特に優遇されていた。本章では、本書全体に関わる基礎的な作業として、中世日朝関係を先行研究によりつつ簡単に概観した上で、大内氏の対朝関係の変遷を、時期区分しながら、通時的に論じていくことにする。

一　中世日朝関係の概観

中世後期の日麗・日朝関係は、一四世紀後半、倭寇が猛威を振るうという状況のなかで高麗王朝が倭寇禁圧を要求したことから始まる。[1] 倭寇によって高麗王朝が滅亡したとする説は、今日すでに否定され、高麗王朝の政策により、一四世紀末ころには倭寇活動が衰退に向かったことが指摘されているが、[2] それでもなお倭寇の禁圧は、高麗王朝、続く朝鮮王朝にとって主要な対日交渉の課題でありつづけた。

高麗王朝ははじめ、幕府に倭寇禁圧を求めたが、次第に九州探題今川了俊や大内義弘など、中国・九州地方のより現実的な実力者に倭寇禁圧を求めるようになった。朝鮮王朝もこの方針を受け継ぎ、さらに降伏した倭寇勢力（向化倭人）を優遇し、平和な通交者としてやってくる倭人勢力（使送倭人・興利倭人）を歓待した。この結果、日朝関係は、形式的には「日本国王」に一元化された日明関係と異なり、さまざまな勢力が、さまざまな形で通交を行なう多元的様相をその特徴とした。

この政策は、倭寇が、貿易を求める倭人勢力と同一母体から出ているという朝鮮側の認識に由来するものである。したがって、朝鮮は、通商を求めてくる倭人の要求をできるだけ聞いてやり、倭寇再発防止に努めた。通商そのものが極めて有利な条件であった上に、倭人の上京のための費用・その帰路の費用などは、すべて朝鮮持ちであったため、倭人は朝鮮に殺到し、朝鮮の国庫を次第に圧迫するようになっていった。

一四一九年の応永の外寇直後、書契制の導入を図ったのを皮きりに、朝鮮は以後、拡大する倭人の通商を統制する方向へと、政策を転換させていく。書契制とは、渡航証明書として、九州の者が通交する際には九州探題の書契を、対馬の者が通交する際には対馬島主の書契を、携行することを義務づけるものであった。しかし九州探題が無力であったため、あまり有効に機能しなかったとされる[3]。

次いで導入されたのが文引制で、文引とは、対馬宗氏が発行する渡航証明書である。朝鮮に渡航する船は必ずこの文引を所持することになった。ただし、当初は日本国王使・大内殿使・少弐殿使・その他功ある受職人は、この限りではなかった。文引制は、対馬の要請で始められた。朝鮮としては、対馬を使って、一般倭人の通交を制限しようという狙いがあったが、対馬としては、文引制を梃子として対馬島内の統制を進めるとともに、島外勢力に対しても、朝鮮貿易上有利な地位を占めようとした[4]。したがって、通交拡大の防止には、やはりあまり効果はなかった。

そこで朝鮮は一四四三年、対馬と癸亥約条を結び、対馬が一年間に発遣する使船の数を制限した。研究史では歳遣船定約と呼ばれるものである[5]。このような定約は、以後、次第に、対馬以外の諸勢力とも個別に結ばれるようになり、『海東諸国紀』[6]の書かれた一四七〇年頃には、①日本国王使・大内殿使ら巨酋使は来れば必ず接待、②対馬島主の船は年間五〇隻以内、③それ以下の諸酋使は年間一乃至二隻まで、という状況にあった[7]。定約を結んだ者には、通交証明としての図書が与えられた[8]。これは受給者一代限り有効で、代が変わると新たに支給されることを必要とした。この体制のなかで先に定められていた文引制は、定約に則した通交のためのチェック機能を持つに至った。

このようにして一五世紀の中頃から、対馬を中心とした通交統制体制が形作られるようになった。この通交統制をいかにして緩め、自己に有利なように展開するかが、この後の対馬の課題となっていく。

一五世紀後半になると、偽巨酋使の横行を防ぐため、牙符制の導入が足利義政によって提案され、一四七四年より実施された。偽巨酋使の横行は、巨酋使が、通交統制のなかで有利な地位を占めていたことによる。牙符制とは、通交の際、通常所持される書契・文引のほかに、朝鮮側が支給した牙符とよばれる通交証明の携行を義務づけるものである。牙符は、象牙で作られ、それぞれに一から一〇までの番号が振ってあった。朝鮮側は、義政の手によって、この牙符が各巨酋使に振り分けられることを期待したが、義政はこの牙符を握りこみ、申請に従って順番に付与することで、自己の求心性を高めようとしたと言われる(9)。しかし、大内氏はこれに先立つ一四五三年、独自に通信符とよばれる銅印を朝鮮側から賜与されていたため、この牙符制の規制の外に存在することが可能であった。

一六世紀の通交は、対馬による通交名義の集積と「偽使」の横行によって、特徴づけられる。一五一〇年の三浦の乱は、その当初の目的と違い、締めつけを強めつつあった朝鮮の通交統制をさらに厳しいものにした。年間の歳遣船の数も大幅に減らされた。対馬は朝鮮との交渉を通じて、その回復に努力する一方、さまざまな名目で、新たに図書を申請し、あるいは島外から集め、あるいは偽造した(10)。この対馬の画策は、宗家から、二三個もの図書と、七個の図書の模造印・大内氏の通信符の模造印・日本国王の国書に用いられる印(徳有隣)の模造印・朝鮮国王の国書に用いられる印(為政以徳)の模造印が発見されたことで、具体的に明らかになった(11)。

以上述べてきたように、中世日朝関係は、多元的な特徴を有し、その特徴を決定づけたのは、倭寇の存在であった。朝鮮王朝は倭寇の再発を警戒しながらも、膨張していく日朝通交を制限しようと努力した。しかしその一方で、日本国王使・巨酋使など日本国内において政治的に高い地位にある通交主体の通交は基本的に優遇するという方針は、堅持した。

このなかで、大内氏は、日本国王使に次ぐ巨酋使として優遇される地位にあった(12)。『海東諸国紀』によれば、諸使は四段階にランクづけされ、それに従って待遇の質も差があった。一番優遇されるのが日本国王使、次が巨酋使(畠山・細川・左武衛(斯波)・京極・山名・大内・小二(少弐)等)、次が九州節度(九州探題)使と対馬島主特送で、その他の使人は一番下であった。大内氏は日本国王使に次ぐ待遇を受けるべきグループに位置づけられ、ほかの巨酋使が、牙符制によって統制されようとしたときも、独自の通交証明＝通信符を有していたゆえに、その枠内には入らなかった。橋本雄氏が明らかにしたように、巨酋使の大半を占める畠山・細川・斯波・京極・山名といった在京守護勢力（「王城大臣使」）ははじめからほとんど実体のない通交主体であったし[13]、その通交数も大内氏とは比較にならないくらい少ない。また少弐氏は、永享元年（一四二九）、筑前国が幕府料国化されてから漸次勢力を失い、一五世紀後半には、大内氏に圧倒されて肥前に没落してしまう[14]。したがって、大内氏は事実上、日本国王使に次ぐ政治権力として対朝交渉を行ない、さらにその通交の密接さは、日本国王使を凌ぐものがあった。

　こうした特性ゆえに、日朝関係を論じる先行研究においては、必ずといってよいほど、大内氏について言及がある。しかし、大内氏そのものに視点を据えて、その対朝関係について論じた研究は多くはない。戦前に書かれた臼杵華臣氏の『大内氏の対鮮交易[15]』、戦後の松岡久人氏による「大内氏の朝鮮貿易研究序説[16]」、佐伯弘次氏の「中世後期の博多と大内氏[17]」は、貴重な研究成果である。

　臼杵氏の研究は、『朝鮮王朝実録[18]』に基づき、大内氏の対朝関係の推移を義弘から義隆まで時間軸に沿ってまとめられたものである。瀬野馬熊氏・三坂圭治氏による一四世紀末―一五世紀初頭の大内氏の対朝関係の研究成果を踏まえ[19]、一六世紀半ばまでの大内氏の対朝関係を網羅し、戦前における到達点を示す。一九四二年という出版年から、ただちに想像がつくように、「内鮮協和」のキャッチフレーズの下になされた研究ではあるが、内容は極めて実証的である。

　松岡氏は、『朝鮮王朝実録』を中心に、『善隣国宝記』その他の史料を丹念に集め、大内氏の対朝貿易についての詳細な年表を作成している。そしてその上で、大内義興の代に対朝交渉が低調になった感があるが、それは利潤の大きい対明貿易の実権を握るに至ったことと関連するのではないかとしている。

　佐伯氏の論文は、大内氏と博多との関係について論じているものである。大内氏の対朝関係の全体像を把握することを目的としたものではないが、主題にかかわる基礎的作業として、大内氏の対外関係の推移について時期区分を試みている。それによると大内氏の対外関係は、①応永から文安年間、すなわち、盛見から教弘初期段階においては、朝鮮を中心として営まれ、②宝徳から寛正年間、すなわち、教弘の時期には明が中心、③文明から延徳年間、すなわち、政弘の時期には再び朝鮮との関係が活発になり、④永正から天文年間、義興・義隆期には明が中心となる、という。また、①から②への推移は、筑前を守護領国化し博多を掌握したことが大きな契機となっており、また③期は明貿易から排除されたための代替という性格を持つ、とする。

以上三氏の研究のなかで、大内氏の対朝関係の全体像について論じているのは、臼杵氏のみである。佐伯氏は、時期区分を試みているが、先述のような論文の性格から概論的であり多分に検討の余地を残している。また、松岡氏・佐伯氏は、対朝関係の変遷について、対明関係が活発化すると対朝関係は衰退すると論じる。しかし利潤の大きい貿易を始めたからといって、それまでの事業から手を引く必然性はないだろう。大内氏の対朝関係の変遷は、いったん遣明船経営の問題と切り離し、独自に論じる必要がある。

表1は、『朝鮮王朝実録』から、大内氏に関係する記事を抜き出し、そのなかに見られる通交の内容を編年順にまとめたものである。

表1をもとに、通交上の特徴を析出し、独自に時期区分を試みると以下のようになる。

第一期　一三七九—一四二三年（大内義弘・盛見期）
第二期　一四二四—一四四二年（大内盛見後期・持世期）
第三期　一四四三—一四六五年（大内教弘期）
第四期　一四六六—一四七八年
第五期　一四七九—一五五七年（大内政弘—義長期）

以下、この時期区分に従い、各時期における大内氏の対朝関係が、大内氏自身にとってどのような意味を持ったか

表 1　大内氏の朝鮮通交一覧

年 月*	和年号	通交者	通交名義	通交理由	使者名	同行者
1395. 12	応永 2	義弘	日本大内多多良	土物を献ず	—	—
1396. 3	応永 3	義弘	日本国左京権大夫多多良義弘	大蔵経求請ほか	通竺・永琳	—
1397. 7	応永 4	義弘	日本六州刺史多多良朝臣義弘	禁賊を約す	—	—
1397. 11	応永 4	義弘	日本国六州牧義弘	土物を献ず	永範・永廓	—
1398. 12	応永 5	義弘	日本六州牧多多良義弘	相国大夫人の命により大蔵経を請う	霊智	—
1399. 5	応永 6	義弘	大内殿義弘	土田等の賜与を請う	—	朴惇之・大相国・大相国母
1403. 2	応永 10	—	大内殿	—	—	日本大相国・一岐島志佐殿・対馬宗鳥・宗府郎
1404. 7	応永 11	盛見	日本国防長刺史大内多多良盛見	礼物を献ず	—	日本国王源道義
1407. 2	応永 14	盛見	三州刺史大内多多良徳雄	奉書	—	日本国王
1407. 7	応永 14	盛見	日本国大内多多良徳雄	大蔵経求請	—	—
1408. 7	応永 15	盛見	日本大内殿	被虜人送還ほか	—	崔在田
1409. ④	応永 16	盛見	日本大内殿多多良徳雄	大蔵経求請ほか	周鼎	—
1411. 10	応永 18	盛見	大内殿多多良徳雄	大蔵経求請	—	日本国王
1413. 9	応永 20	盛見	日本大内殿	土物を献ず	—	—
1414. 7	応永 21	盛見	大内多多良道雄	大般若経・大鍾を請う	—	一岐上万戸道永
1415. 7	応永 22	盛見	日本大内殿	大蔵経求請	—	—
1416. 8	応永 23	盛見	大内多多良道雄	大蔵経求請	—	対馬島宗貞茂
1417. 9	応永 24	盛見	大内多多良道雄	大蔵経求請ほか	—	—
1418. 8	応永 25	盛見	日本国大内殿徳雄・多多良道雄	大蔵経求請ほか	—	—
1422. 7	応永 29	盛見	日本国防長豊三州太守多多良道雄	土宜を献ず	—	対馬島左衛門大郎
1422. 7	応永 29	盛見	日本国大内多多良道雄	土宜を献ず	—	九州前総官源道鎮・総管源義俊
1423. 10	応永 30	盛見	日本九州多多良徳雄	太宗弔問	建幢首座	筑前州管事平満景
1430. ⑫	永享 2	盛見	日本国大内殿	米・豹皮を請う	—	—
1440. 8	永享 12	持世	大内殿多多良持世	新造寺のために大蔵経を請う	一照	—
1443. 12	嘉吉 3	教弘	日本国大内多多良教弘	大内持世の賻に対する謝礼・香積寺のために大蔵経を請う	徳模・慶柔	—

年 月*	和年号	通交者	通交名義	通交理由	使者名	同行者
1444. 7	文安 元	教弘	日本国大内殿多多良	大蔵経賜与の礼	慶恬	—
1445. 2	文安 2	教弘	日本大内殿多多良教弘	前年の厚慰・大蔵経賜与の礼	所吾古（宗香）	対馬島宗貞盛
1446. 6	文安 3	教弘	日本国大内殿多多良教弘	大蔵経求請	徳模	—
1447. 12	文安 4	教弘	日本国大内殿多多良教弘	王妃への弔問	聖孫	—
1452. 3	宝徳 4	教弘	日本国大内殿	土物を献ず	宗香・宗三郎	—
1453. 5	享徳 2	教弘	日本国大内殿左京兆多多良教弘	進香，琳聖太子入日本之記を求める	有栄	—
1457. 3	康正 3	教弘	日本国大内殿多多良教弘	土物を献ず	徳模	日本国王
1459. 正	長禄 3	教弘	日本国大内殿	土物を献ず	—	—
1459. 2	長禄 3	教弘	日本国大内殿	遣使告糶	—	—
1461. 10	寛正 2	教弘	日本国大内殿	朝鮮の要請に従い水牛を献ず	能緐	—
1461. 12	寛正 2	教弘	日本国防長豊筑四州太守大内佐京比多多良教弘	土物を献ず	三郎右衛門家次	平茂続
1464. 8	寛正 5	教弘	日本国防長豊筑四州太守多多良教弘	土物を献ず	僧通譯・船主刑部	—
1473. 8	文明 5	偽使	日本国防長摂泉四州太守大内別駕多多良政弘	清水寺再建のために助縁・大蔵経を請う	源周徳・沈通事	—
1474. 7	文明 6	偽使	日本国防長摂泉四州太守大内別駕多多良政弘	遣明船準備のための資を請う	都音非多・吾衛老愁戒	—
1478. 正	文明 10	偽使	日本国大内殿政弘	綿紬・綿布 1 万匹を請う	—	—
1479. 4	文明 11	政弘	日本国大内左京兆尹中大夫政弘	長門安国禅寺のために大蔵経を請う	瑞興・徳恩・瑞秀（『佔畢齋集』）	対馬州太守宗貞国
1483. 9	文明 15	政弘	日本国大内左京兆尹中大夫兼防長豊筑州太守多多良政弘	1479 年の大蔵経賜与の礼・承天寺助縁を請う	定林寺住持清鑑・船主江戒	—
1485. 8	文明 17	政弘	日本国大内左京兆尹中大夫兼防長豊筑四州大守多多良政弘	普門禅寺のために大蔵経を請う	元粛・朱村	—
1487. 6	文明 19	政弘	日本国左京兆尹中大夫兼防長豊筑四州太守多多良政弘	長谷寺のために大蔵経を請う	妙光長老鉄牛和尚	—
1490. 9	延徳 2	政弘	日本国大中大夫左京兆尹兼防長豊筑四州太守多多良政弘	紀州安楽寺のために大蔵経を請う	慶彭首座	—

年 月*	和年号	通交者	通交名義	通交理由	使者名	同行者
1493. 8	明応 2	政弘	日本国大内大中大夫左京兆尹兼防長豊筑四州太守多多良政弘	軍資を請う	元叔西堂	—
1494. 11	明応 3	政弘	日本国大内大中大夫左京兆尹兼防長豊筑四州大守多多良政弘	軍資を請う	宝光院尭信・大照院宗模	—
1499. 4	明応 8	義興	日本国大内防長豊筑四州太守多多良朝臣義興	土宜を献ず	—	—
1502. 12	文亀 2	義興	日本国僧義興	猿・馬を献ず	太白西堂	—
1511. 4	永正 8	義興	日本国王使臣（受日本国大内殿書契而来）	三浦の乱後の処理	弸中・月江	—
1512. 9	永正 9	義興	大内殿	—	康楽西堂	—
1516. 5	永正 13	義興	日本国大内殿	進香	東陽西堂	—
1524. 8	大永 4	義興	大内殿	寧波の乱の処理に関係ヵ	仁叔西堂	—
1525. 4	大永 5	義興	大内殿	—	愚室首座	日本国王・対馬島特送
1528. 7	大永 8	義興	日本国大内殿	袁希玉らの転達を請う	東雲西堂	—
1535. 7	天文 4	義隆	日本国大内殿	—	孤窓西堂	—
1537. 10	天文 6	義隆	日本国大内殿義隆	—	松屋禅師	—
1539. 8	天文 8	義隆	日本国大内殿義隆	—	龍穏東堂	—
1540. 12	天文 9	義隆	大内殿	—	正俔首座	—
1547. 11	天文 16	義隆	日本国大内殿義隆	—	稽囿西堂	—
1551. 10	天文 20	義隆	日本国大内殿	—	梵怡西堂	—

注：『朝鮮王朝実録』で判明するもののみ．当主名義のみ．
*年月の○数字は閏月（以下同じ）．

『朝鮮王朝実録』以外を出典とする国書一覧

年 月	年記	差出	差出／宛所	通交理由	使者名	典拠*	使行との対応
1407. 4	応永十四年四月日	盛見	日本国防長豊州刺史大内多多良徳雄／朝鮮国議政府左右政丞閣下	大蔵経求請	通文・通玉・仁方	『興隆寺文書』	1407. 7
1410. 8	応永十七年秋八月廿六日	盛見	日本国防長豊三州刺史多々良道雄／朝鮮国議政府左右政丞閣下	大蔵経贈与の礼・求請華厳経清涼疏鈔	—	『不二遺稿』	1411. 10

年 月	年記	差出	差出／宛所	通交理由	使者名	典拠*	使行との対応
1497. 10	明応陸年拾月	義興	日本国大内防長豊筑四州大守多多良朝臣／朝鮮国礼曹参判足下	鷹匠の派遣	—	続善 19 号	1499 年ヵ
1497. 11	明応陸年十一月参日	義興	日本国大内防長豊筑肆州大守多多良義興／朝鮮国礼曹参判足下	豊前崇聖寺の修補助縁を請う	太白西堂正麟首座	続善 18 号	1502 年ヵ
1506. 2	永正参年二月十日	義興	日本国防長豊筑肆州大守大内左京兆尹多多良朝臣義興／朝鮮国礼曹参判足下	亀山八幡宮の修補助縁（綿紬・綿布各1000 匹）を請う	安中西堂	続善 15 号	不詳
1506. 2	永正参年二月日	義興	日本国大内左京兆多多良朝臣義興／朝鮮国礼曹参判足下	旧例の如き修好を求む	宗梵首座	続善 16 号	不詳
1510. 11	永正庚午仲冬日	義興	日本防長豊筑雍芸石七州大守大内多多良左京兆中大夫義興／朝鮮国礼曹参判足下	（三浦の乱関連）	—	続善 17 号	1511 年日本国王使が持参ヵ
1516. 8	永正十三年捌月日	義興	日本国防長豊筑雍芸石七州大守大内従三位行左京大夫多多良朝臣義興／朝鮮国礼曹参判足下	豊前万寿寺のために助縁を請う	退閑軒雲英光悦首座・本立軒石堂清閑首座	続善 22 号	不詳 1525 年 5 月，日本国王使臣万寿寺改創助縁を請う
1536. 2	天文五年二月日	義隆	日本国王臣左京兆尹兼都督長史武衛次将多多良朝臣義隆／朝鮮国礼曹参判足下	厳島社のために大蔵経を請う・天文 3 年春艤船の船が帰国しないことについての問い合わせ	— （尊海）	『大願寺文書』	1539 年龍稳
1538. 2	天文七年弐月日	義隆	日本国王臣左京兆尹兼都督長史武衛次将多々良朝臣義隆／朝鮮国礼曹参足下	厳島社のために大蔵経を請う	— （尊海）	『異国出契』	1539 年龍稳（下書きヵ，或いは写し間違いヵ.『大願寺文書』伝来のものの異本）

年 月	年記	差出	差出／宛所	通交理由	使者名	典拠*	使行との対応
1538. 10	天文七年冬十月日	義隆	日本国大内左京兆兼太宰大弐防長豊筑雍芸石七州太守多多良朝臣義隆／朝鮮国礼曹参判大人足下	前送五経と寺額の礼・朱氏新註と漏匱漏壺渇烏箭盆などを求む	正覌首座	『鴟庵遺藁』・『異国出契』	1540年正俔
1539. 9	嘉靖十八年九月日	朝鮮国	朝鮮国礼曹参判姜顕／日本国王臣左京兆尹兼都督長史武衛次将多多良朝臣義隆足下	厳島社のために大蔵経を請うたことに対する返答・さきに求められた五経・寺額等は回使に付した旨を返答	—	大願寺文書	1539年の返書
1541. 正	嘉靖二十年正月日	朝鮮国	朝鮮国礼曹参判任権／日本国大内都督大卿兼兵部侍郎防長豊筑雍芸石七州太守多多良朝臣義隆足下	前送五経・寺額の礼に対する返答・朱氏新註各全部と漏櫃漏壺渇烏箭盆などを求めたことに対する返答	—	毛利博物館蔵.金安国『慕斎集』巻10・『異国出契』	1540年の返書

注：* 続善＝『続善隣国宝記』（本章注38書所収）.

に注意しながら、大内氏の対朝関係の変遷を述べていくことにする。

二　第一期—開始と展開

（1）日麗関係のなかの大内氏

高麗・朝鮮史料に大内氏が登場するのは、一三七九年、軍勢を朝鮮に送り倭寇と戦わせた記事からである。この軍勢派遣は前年、倭寇禁圧を請うために日本に派遣された韓国柱の帰国と同時期であることから、韓国柱の要請によりなされた可能性が高い。

［史料1］『高麗史』巻一三四「辛禑二」五年（一三七九）五月条

韓国柱、還レ自二日本一、大内殿義弘、遣二朴居士一、率二其軍一百八十六人一、偕来、

［史料2］『高麗史』巻一一四「河乙沚伝」

（前略）初日本大内義弘、謂三其先出二於百済一、以レ我為二宗国一、嘗欲レ禁三諸島倭侵二擾我疆一、会

本国使韓国柱、如二九州一、請二禁賊一、義弘遣二麾下朴居士一、以二其兵一百八十六人一与レ之偕、謂二国柱一曰「以二我軍一為二先鋒一、貴国師継レ之、海賊不レ足レ平也」、至レ是、倭寇二雞林一、居士率レ兵与戦、乙沚逗遛不レ救、居士軍大敗、得レ脱者纔五十余人、

史料1・史料2から、大内義弘は韓国柱の禁賊要請に応え、朴居士なる人物に軍勢を率いさせて、高麗に派遣したことがわかる。朴居士は、実際に慶尚道で、倭寇と交戦したが、高麗軍の協力が得られず惨敗した（史料2）。『高麗史』は翌閏月、尹思忠が報聘のために日本に遣わされたことを伝えている[20]。この尹思忠の報聘先が大内氏であった可能性は高いであろう。以下、この前後の日麗関係について概観しつつ、大内氏の対高麗通交の様相について見ていこう。

一三世紀末のモンゴル戦争以降、高麗―日本間は断交状態にあった。この状況が変化するのは、貞治六年（一三六七）、禁賊を求めて元の征東行中書省の使者との名目で金龍が、次いで高麗王朝の派遣として金逸が来京したことによる。室町政権は禁賊を約する旨の返書を作成し、天龍寺僧梵盪らを使者として派遣した[21]。表2として日本国王の朝鮮通交一覧、表3として日本国王宛高麗・朝鮮使節一覧を示す。

高麗王朝は一三七五年二月、羅興儒を派遣し、再び禁賊を要求した。羅興儒は、博多を経由しておそらく九州探題今川了俊と接触し、諜者と間違われて拘束されるなどの苦労を経ながらも上京し（羅興儒を上京させるようにとの足利義満の御教書が永和元年（一三七五）一一月六日に出ていることが確認される）、臨川寺僧徳叟周佐による返書を携え、室町政権の発した使者良柔とともに、一三七六年一〇月に帰国した[22]。なお、今川了俊の九州探題着任は応安四年（一三七一）、大宰府掌握は応安五年（一三七二）のことである。一三七七年六月、高麗王朝はさらに安吉祥を禁賊要求のために遣わした。この安吉祥は日本で客死したため、その使節行の詳細は不詳である[23]。一三八〇年になって、探題将軍五郎兵衛らが安吉祥の使節団の一人房之用とともに高麗へやってきて、安吉祥の病死を伝えた[24]。探題将軍五郎兵衛は不明だが、探題の将軍、すなわち九州探題今川了俊の幕下とも考えられよう。

表 2　日本国王の朝鮮通交一覧

年 月*1	和年号	通交者	通交名義*2	通交理由	使者名	同行者
1399. 5	応永 6	義満	日本国大将軍	—	—	大相国母・大内義弘
1403. 2	応永 10	義満	日本大相国	—	—	大内盛見・志佐氏・宗氏
1404. 7	応永 11	義満	日本国王源道義	—	周棠	大内盛見
1405. 6	応永 12	義満	日本国王源道義	禽賊を告げる	—	—
1405. 12	応永 12	義満	日本国王	—	周棠	—
1406. 2	応永 13	義満	日本国王源道義	大蔵経求請	—	源道鎮
1406. 6	応永 13	義満	日本国王	—	—	—
1407. 2	応永 14	義満	日本国王	姦寇の禁絶を告げる	—	大内盛見
1408. 10	応永 15	義満	日本国王源道義	草竊の禁制を告げる	—	—
1409. 12	応永 16	義持	日本国王	義満の死を告げる	—	—
1411. 2	応永 18	義持	日本国王源義持	梁需の遭難を詫びる・象を献ず	—	—
1411. 10	応永 18	義持	日本国王	大蔵経求請	—	大内盛見
1414. 6	応永 21	義持	日本国王	大蔵経求請	圭籌	—
1419. 12	応永 26	義持	日本国源義持	大蔵経求請（応永外寇の処理）	亮倪	—
1422. 11	応永 29	義持	日本国王及其母后	大蔵経求請	圭籌	—
1423. 12	応永 30	義持	日本国王	被虜人送還・大蔵経板求請	圭籌・梵齡	—
1425. 4	応永 32	義持	日本国道詮	大蔵経板求請	虎厳・梵齡	—
1430. 2	永享 2	義教	日本国王	—	宗金・道性	—
1432. 5	永享 4	義教	日本国王	大蔵経 2 部求請	梵齡・而羅	—
1443. 11	嘉吉 3	義勝	日本国王	大蔵経求請	光厳・祐椿	大内教弘
1448. 4	文安 5	義政	日本国	太上皇后弔問・南禅寺のために大蔵経を請う	文渓正祐	—
1450. 2	宝徳 2	義政	日本国源義成	大蔵経求請	景楞	—
1452. 4	宝徳 4	義政	日本国王	大蔵経求請ヵ	定泉	—
1456. 3	康正 2	義政	日本国源義政	承国寺のために大蔵経を請う	承伝・梵準	—
1457. 3	康正 3	義政	日本国王源義政	建仁寺再興資金五万緡銭を求む	全密・永嵩・慧光	—
1458. 10	長禄 2	義政	日本国源義政	明への通信のための口添えを請う	盧円・柴江	—
1459. 6	長禄 3	義政	日本国王	求請大蔵経	秀弥	—
1462. 10	寛正 3	義政	日本国王源義政	大和の寺（多武峯）のために大蔵経と銅銭を請う	順恵	—

年 月*1	和年号	通交者	通交名義*2	通交理由	使者名	同行者
1463. 7	寛正 4	義政	日本国王	漂没した宋処倹らを天龍寺で供養したことを告げる・天龍寺のために再興助縁を請う	俊超・梵高	左武衛将軍源義廉・光禄卿源生観・九州都元帥元教直
1468. 3	応仁 2	義政	日本国王	薬師寺のために助縁を請う	融円・宗礼	—
1471. 10	文明 3	義政	日本国王	成宗即位を賀し，旧印の焼失と新刻を告げる	光以	—
1474. 10	文明 6	義政	日本国王源義政	牙符制の提案，高野山西光院のために助縁を請う	正球	—
1475. 8	文明 7	義政	日本国王源義政	明への通信のための口添えを請う	性春	—
1482. 4	文明 14	義政	日本国王源義政	円城寺のために助縁・大蔵経を請う	栄弘	夷千島王
1487. 4	文明 19	義政	日本国王源義政	越後安国寺のために大蔵経を請う	等堅	—
1489. 8	長享 3	義政	日本国王源義政	般舟三昧院のために大蔵経を請う	恵仁・片剛	—
1491. 8	延徳 3	義稙	日本国源義材	筑前妙楽寺のために大蔵経・木綿若干を請う	慶彭・雪艇	—
1494. 4	明応 3	義稙	日本国王源義材	竜宮秘典・珍禽等の礼，妙勝寺のために助縁を請う	元匊・禅智	—
1497. 2	明応 6	義澄	日本国源義高	寺のために助縁を請う	等慶	—
1501. 8	文亀 元	—	日本国	大蔵経求請	弸中・智瞻	—
1502. 4	文亀 2	—	日本国王源義高	大蔵経・珍禽ほかを請う・鶴法師・国次の加職要求	周般・昌琇	—
1511. 5	永正 8	—	日本国王	三浦の乱の処理	弸中	—
1512. ⑤	永正 9	—	日本国王	三浦の乱の処理	弸中	—
1515. 正	永正 12	—	日本国王	歳遣船の増加ほかを請う	南湖・景雪	—
1517. 8	永正 14	—	日本国王	大蔵経・助縁を請う	太藤	—
1521. 4	永正 18	—	日本国	浦所の回復ほかを請う	易宗	—
1522. 3	大永 2	—	日本国王	三浦への還居ほかを請う	太原	小二殿・対馬島主
1523. 5	大永 3	—	日本国源義晴	歳遣船の増加を請う	一鶚・尭甫	—
1525. 4	大永 5	—	日本国王源義晴	袁璡らの明への転達・万寿寺改創助縁を請う	景林	—
1528. 10	大永 6	—	日本国王	大友氏図書の改給などを請う	一鶚	—
1537. 正	天文 6	—	日本国王	大蔵経求請	東陽	—
1542. 4	天文 11	—	日本国王	漂流明人の送還を請う	安心	—
1543. 3	天文 12	—	日本国王	弘治勘合の盗難を明に転達することを請う	受竺	—
1545. 3	天文 14	—	日本国王	蛇梁倭変の処理	安心	小二殿・対馬島主

年 月*1	和年号	通交者	通交名義*2	通交理由	使者名	同行者
1546.10	天文 15	—	日本国王 源義晴	中宗・仁宗弔問	安心・菊心	小二殿
1548.10	天文 17	—	日本国王	—	—	—
1552. 9	天文 21	—	日本国王	—	安心	—
1556.10	弘治 2	—	日本国王	—	天富・景轍	—
1563. 4	永禄 6	—	日本国王	—	景轍	—

以下略

注：『朝鮮王朝実録』で判明するもののみ.

*1 年月は，釜山入港から入京まで記事がある場合には，入京の月を採用した.

*2 通交名義は日本国王からの国書が引用されている場合にはそれに従った.

表 3　日本国王宛高麗・朝鮮使節一覧

発遣年月	和年号	通交主体	通交理由	正使名	その他の使者名	備考	典拠*
1366.11	貞治 5	恭愍王	倭寇禁圧要請	金逸	金龍		『高麗史』・『師守記』・『後愚昧記』
1375. 2	永和 元	辛禑王	倭寇禁圧要請	羅興儒	—		『高麗史節要』・『高麗史』・『東寺文書』
1377. 6	永和 3	辛禑王	倭寇禁圧要請	安吉祥	房之用		『高麗史節要』・『高麗史』・『東寺文書』
1392.—	明徳 3	—	倭寇禁圧要請	覚鎚（僧）	—	1392 年仲冬日本着	『善隣国宝記』
1397.12	応永 4	太祖	（大内氏への回礼）	朴惇之	—		『実録』
1399. 8	応永 6	定宗	報聘	崔云嗣	—	壱岐で漂没	『実録』・『老松堂』
1402. 7	応永 9	太宗	崔云嗣の漂没を告げる	（趙漢カ）	—		『実録』・『老松堂』
1404.10	応永 11	太宗	報聘	呂義孫	—		『実録』
1406. 2	応永 13	太宗	報聘	尹銘	—		『実録』
1410. 2	応永 17	太宗	報聘・義満弔問	梁需	尹仁甫		『実録』・『老松堂』
1413.12	応永 20	太宗	—	朴賁	—	1414 年中止	『実録』
1420.①	応永 27	世宗	応永外寇の処理	宋希璟	通事：尹仁甫		『実録』・『老松堂』
1422.12	応永 29	世宗	回礼	朴熙中	副使：李芸 書状官：呉敬之 通事：尹仁甫		『実録』
1424. 2	応永 31	世宗	回礼	朴安臣	副使：李芸 従事官：孔達・崔古音・朴忱		『実録』

発遣年月	和年号	通交主体	通交理由	正使名	その他の使者名	備考	典拠*
1428. 12	応永 35	世宗	義持弔問・義教即位の賀	朴瑞生	副使：李芸 書状官：金克柔・ 通事：尹仁甫		『実録』
1432. 7	永享 4	世宗	回礼	李芸	副使：金久冏 従事官：房九成 通事：金元		『実録』
1439. 7	永享 11	世宗	修好	高得宗	副使：尹仁甫 書状官：金礼蒙		『実録』
1443. 2	嘉吉 3	世宗	義教弔問・義勝即位の賀	卞孝文	副使：尹仁甫 書状官：申叔舟 通事：尹仁始		『実録』
1459. 8	長禄 3	世祖	回礼	宋処倹	副使：李宗実 書状官：李覲		『実録』
1479. 4	文明 11	成宗	種々あり	李亨元	副使：李季仝 書状官：金訢		『実録』
1590. 3	天正 18	宣祖		黄允吉	副使：金誠一 書状官：許筬		『実録』

注：*　『実録』＝『朝鮮王朝実録』,『老松堂』＝『老松堂日本行録』.

安吉祥の派遣から二ヵ月後の一三七七年八月、「日本国」が使者信弘を派遣して禁賊の困難なことを告げている記事が『高麗史』に見られる。高麗王朝はこれに対し、翌九月、鄭夢周を派遣して禁賊を要求させた[25]。この「日本国」の主体が今川了俊であったことは、鄭夢周の日本行を送る壮行詩の序文に、日本国覇家台《はかた》（＝博多）の使者の禁賊の申し出に対して鄭夢周を報聘として遣わした旨の記載が見えることから明らかである[26]。鄭夢周は翌年七月、被虜人尹明・安遇世ら数百人をともない、了俊の使者周孟仁とともに帰国した。これに先立つ同年六月、「日本九州節度使源了浚（ママ）使僧信弘」が、軍勢六九人を率いてやってきて、倭寇と戦った[27]。すなわち了俊は、安吉祥の来日に即応する形で信弘を派遣し、鄭夢周の来日を受けて被虜人送還に尽力するとともに、再び信弘に今度は軍勢を率いさせて高麗に派遣し、高麗国内で倭寇討伐に従事させるという対応をとったのである。高麗王朝がこれを転機に室町政権ではなく、九州の実力者に禁賊要求をするようになったことは、先行研究の多く指摘するところである[28]。信弘はこの年一一月まで高麗に滞在し、倭寇と戦った[29]。

ところで、長門二宮の忌宮神社には、信弘が高麗国内で倭寇討伐に従事していた同じ年、永和四年（一三七八）四月一六日付で、「高麗渡水手」の賦課を免除する旨の大内氏奉行人奉書が残されている。

［史料3］「永和四年四月一六日大内氏奉行人連署奉書」（『忌宮神社文書』三、東京大学史料編纂所架蔵写真帳、三一丁）

長門国符分高麗渡水手事、被レ閣レ之候、不レ可レ有二催促一候、当宮二宮御近辺異国水手事、尤可レ有二斟酌一事候、然者被レ閣者也、可レ被レ得二其意一之由候也、仍執達如レ件、

四月《永和四》十六日

弘高《（陶山）》（花押）

喜快（花押）

永久左近将監殿

福江左衛門□□殿

［史料4］「永和四年四月一七日某遵行状」（同右、三二丁）

長門国符分異国水手事、為二公方一被レ閣候了、此旨可レ被二相触一之由候也、仍状如レ件、

四月《永和四》十七日　□□（花押）

立戸新左衛門尉殿

史料3は大内氏奉行人が、長門国衙領に対する「高麗渡水手」役の免除を命じたもの、史料4はそれを受けての遵行状である。ここから、大内氏領国内、少なくとも長門国一帯に、永和四年四月以前に、守護大内氏から一円に「高麗渡水手」と呼ばれる役が掛けられ、忌宮神社は「異国水手」役は負担しないという慣例により、これを免除されたことが判明する。来日した高麗人に対する警固などは、「高麗仁送夫・伝馬」役と、区別して表現されているから、(30)「高麗渡水手」とは、実際に高麗に渡る水手の徴集と判断できる。のちに水手の徴発から銭での徴収に変化した。一五世紀前半、大内氏が頻繁に朝鮮王朝に使者を派遣していた時期に、忌宮神社に対し「高麗渡水手銭」の徴収を免除した

文書が現存する[31]。

ただし、永和四年（一三七八）段階では、大内氏による高麗への使者派遣という事実はない。高麗側の史料に大内氏が登場するのは、翌一三七九年五月、大内義弘が、韓国柱の禁賊要請に応え、朴居士に軍勢一八六人、すなわち前年の今川了俊派遣になる軍勢の二倍以上の人数を率いて高麗に赴かせ倭寇と戦わせた、史料1・史料2の記事が初である。

この韓国柱の日本派遣は、『高麗史』によれば一三七八年一〇月のことである。「遣㆓版図判書李子庸・前司宰令韓国柱㆒、如㆓日本㆒請㆓禁賊㆒」とあって禁賊要求のために、李子庸とともに日本に派遣されたことがわかる[32]。李子庸は、韓国柱の帰国より二ヵ月遅れの一三七九年七月に帰国した。このときの記事には「李子庸還㆑自㆓日本㆒、九州節度使源了俊、帰㆓被虜人二百三十余口㆒、献㆓槍剣及馬㆒」とあり、李子庸が了俊と接触したことが確認される[33]。したがって李子庸らの派遣は、一三七八年六月・七月の了俊による信弘軍の派遣と使者の派遣を受けてのものと考えられるが、そのなかで韓国柱は別に義弘と接し、義弘から倭寇討伐の軍勢の派遣を引き出したのである。

このとき韓国柱が特に大内氏と接触したのは、大内氏が了俊の高麗への軍勢派遣にかかわっていたからではなかろうか。そうであるとすれば、大内氏による永和四年の「高麗渡水手」役賦課は、信弘の派遣にかかわってなされたものであった可能性がある。

九州探題今川了俊の九州での活動の前提には、大内氏の支持が存在していた。川添昭二氏は、今川了俊の九州攻略の成功を、中国地方を後背地として押さえたことや大内氏の協力を得たことに求めている[34]。実際、大内氏と九州探題の関係について検討してみると、了俊下向時とそれ以前の探題の下向時との違いは、了俊下向時には、安芸から関門海峡まで、大内弘世の勢力下に入っていたことに求められるだろう。弘世は、観応の擾乱の際、はじめは一族の大内長弘について足利直冬に従っていたが、一三五二年ころ、南朝に属して周防・長門を傘下に収め（北朝年号の終見は観応三年（一三五二）、南朝年号の初見は正平九年（一三五四））、次いで正平一七年（一三六二）、菊池軍に呼応して九州に出陣した。そこで一度負けると、今度は北朝方として、貞治二年（一三六三）、斯波氏経を助けて九州に出兵し、それに失敗して後は、石見・安芸に進出を図った。了俊が九州探題として下向する応安四年（一三七一）には、安芸国の所領について遵行も行なうようになっている[35]。このように、九州攻めにあたって、後背地たる中国地方西部における大内氏の支配が進展していたことが、前代までの探題と異なり、了俊が大宰府攻略に成功したひとつの要因であろう。了俊の九州入りは弘世・義弘父子とともになされており、応安五年（一三七二）八月の大宰府陥落後、大内勢引き上げによって今川軍は一時苦境に立たされた[36]。永和元年（一三七五）の水島の陣後、劣勢となった今川軍の挽回も、義弘の支援によるところが大きい[37]。

以上の大内氏の実力が高麗側に認識された結果、一三七九年の韓国柱の派遣・それに応えての大内義弘による直接の軍勢派遣という事態になったのであろう。この時期、了俊と義弘は連携して高麗王朝の倭寇禁圧要求にあたっており、その状況は高麗王朝の知るところであったのである。しかしこれ以後、大内氏の通交は『高麗史』・『高麗史節要』・『朝鮮王朝実録』には見あたらない。鄭夢周の来日を契機として、日麗通交は了俊が主導し、その独占状態となる。

（2）日朝国家間外交の成立における大内氏の役割

一三九二年七月、李成桂は寿昌宮で即位した。『善隣国宝記』には、この年の一一月、使者覚槌の来日を受けて、倭寇禁圧と被虜人の送還を鎮西守臣に命じたことを述べ、使者として僧寿允を送ることを告げた高麗国門下府諸相国宛の絶海中津の書状が残されている[38]。高麗名義で室町殿宛に使者が派遣され、それに対して室町政権の側から返事をしたことがわかる。室町殿名義ではなく僧侶の名義で返書を作成し、使者を派遣したのは貞治の金逸、永和の羅興儒のときと同様の対応である。しかしながらこの交渉は単発で終わり、朝鮮王朝成立以後もしばらくは、今川了俊主導の日朝関係という状況が続いた。一五世紀前半期に見られるような室町殿と朝鮮国王との間での直接の使者のやりとりは、この覚槌の来日以後も見られない。朝鮮王朝は了俊の大蔵経求請に応え、使者を派遣して二部を贈るなど了俊を優遇し(39)、九州探題との関係を主とする対日外交を継続した。

こうした状況が変化するのは、応永二年（一三九五）八月、足利義満が了俊を京都に召還し、九州探題を解任したことがきっかけである。了俊は、同年一一月には駿河半国守護に任じられ、現地に下向させられた。事実上の失脚である。

九州探題今川了俊の召還・失脚により、それまで了俊によって独占されていた感のある対朝通交は、にわかに活発化し通交者が増える。なかでも際立って増えたのが、一三七九年以来途絶えていた大内義弘による通交である。表4にまとめた一四世紀後半期における日本諸勢力の高麗・朝鮮通交を一覧すれば、それは明らかである。瀬野馬熊氏は、この了俊召還に大内氏の対朝関係の画期を置き(40)、佐伯弘次氏は、「少弐氏に代って今川了俊が掌握した対外交渉権を了俊召還直後に、大内義弘が継承するような形で朝鮮に通交を行なっていることは注目すべきであろう」と述べている(41)。また田中健夫氏は、「大内義弘の朝鮮との交渉は、了俊の帰京後に渋川満頼が九州探題として博多に着任するまでのわずかな間隙をねらってはじめられた」とする(42)。いずれも了俊の失脚の結果、義弘が対朝交渉を本格的に展開することを指摘する。ただ、表4に明らかなように、了俊召還後、通交者層の増大が見られることは、了俊召還が、大内氏の対朝関係上の画期というにとどまらず、日朝関係の画期としての意味をも持っていたことを示していると見るべきであろう。

義弘は、了俊召還後まもなくの一三九五年一二月に使者を派遣して土物を献じ、一三九六年三月には禁賊と被虜人送還に尽力することを約して大蔵経の贈与を願った(43)。一三九七年七月には再び禁賊を約する旨の書を作り、使者を派

表4　14世紀後半期における日本諸勢力の高麗・朝鮮通交

年 月	和年号	通交者	通交名義	使者名	通交理由	備考	典拠*
1368. 正	貞治7	足利義満	日本国	梵盪・梵鏐	報聘	金逸とともに来る	高・節
1368. 7	応安元	?	日本	—	来聘	—	高
1368. 7	応安元	対馬	対馬島万戸		土物を献ず	—	高・節
1368. 11	応安元	対馬宗氏	対馬島万戸崇宗慶	—	—	米1000石を賜与	高・節
1376. 10	永和2	(足利義満)	日本	良柔	報聘	羅興儒とともに来る	高・節
1377. 8	永和3	(今川了俊)	日本国	信弘	報聘	9月鄭夢周を遣わし報聘す	高・節
1378. 6	永和4	今川了俊	日本九州節度使源了浚	信弘	倭寇禁圧のため軍勢派遣	7月兆陽浦で戦果・11月赤田浦で敗れ帰国	高・節
1378. 7	永和4	今川了俊	九州道節度使源了浚	周孟仁	—	鄭夢周とともに来る	高・節
1379. 2	永和5	?	日本国	法印	報聘・土物を献ず	—	高
1379. 5	康暦元	大内義弘	大内殿義弘	朴居士	倭寇禁圧のため軍勢派遣	韓国柱とともに来る/⑤月尹思忠を遣わし日本に報聘す	高・節
1379. 7	康暦元	今川了俊	九州節度使源了俊	—	被虜人送還	李子庸とともに来る	高・節
1380. 11	康暦2	?	探題将軍五郎兵衛	—	土物を献ず	房之用とともに来り安吉祥の病死を告げる	高
1382. ②	永徳2	(今川了俊ヵ)	日本	—	被虜人送還	—	高・節
1383. 9	永徳3	(今川了俊ヵ)	日本国	—	被虜人送還	—	高・節
1384. 8	至徳元	(今川了俊ヵ)	日本国	—	被虜人送還	—	高・節
1386. 7	至徳3	(今川了俊)	日本覇家台	—	被虜人送還	—	高・節
1388. 7	嘉慶2	春屋妙葩・今川了俊	日本国使妙葩・関西省探題源了浚	—	被虜人送還・大蔵経求請	—	高・節
1390. 4	明徳元	今川了俊	日本関西九州節度使源了俊	周能	土物を献ず	—	高
1391. 8	明徳2	今川了俊	日本九州節度使源了浚	—	被虜人送還	宋文中を遣わし報聘す	高・節
1391. 10	明徳2	玄教	日本国僧玄教	道本	土物を献ず	—	高
1391. 11	明徳2	今川了俊	日本国源了浚	—	方物を献ず	—	高・節
1392. 6	明徳3	(今川了俊ヵ)	日本	—	大蔵経求請	—	高・節
1392. 10	明徳3	蔵忠佳	日本筑州大守蔵忠佳	蔵主・宗順	被虜人送還	—	『実録』
1393. 6	明徳4	建哲	日本一岐島僧建哲	—	被虜人送還	—	『実録』

年 月	和年号	通交者	通交名義	使者名	通交理由	備考	典拠*
1393. 9	明徳4	（今川了俊）	日本国	—	剣20を献上	（回礼使金巨原派遣カ）	『実録』
1394. 7	明徳5	今川了俊	日本国九州節度使源了俊	梵明	被虜人送還	日本回礼使金巨原とともに来る/崔龍蘇を遣わす	『実録』
1394. 12	応永元	今川了俊	日本国鎮西節度使源了俊	—	大蔵経求請	回礼使金積善に2部運送させる（3月博多着・12月帰還）	『実録』
1395. 4	応永2	島津伊久	日本薩摩守総州藤伊久	—	被虜人送還	—	『実録』
1395. 4	応永2	伊集院頼久	伊集院太守藤原頼久	—	被虜人送還	—	『実録』
1395. 7	応永2	今川了俊	九州節度使源了浚	宗倶	被虜人送還	日本回礼使崔龍蘇とともに来る	『実録』
1395. 7	応永2	薩摩	日本国日向州人	—	土物を献ず	—	『実録』
1395. 7	応永2	日向	日本国薩摩州人	—	土物を献ず	—	『実録』
1395. 12	応永2	大内義弘	日本大内多多良	—	土物を献ず	—	『実録』
1396. 3	応永3	大内義弘	日本国左京権大夫多多良義弘	通竺・永琳	大蔵経求請ほか	—	『実録』
1396. 6	応永3	伊集院頼久	薩摩州伊集院太守藤原頼久	—	礼物を献ず	—	『実録』
1397. 6	応永4	今川了俊（？）	日本九州節度使源了俊	—	土物を献ず	—	『実録』
1397. 7	応永4	九州探題（渋川満頼？）	日本九州節度使	—	土物を献ず	—	『実録』
1397. 7	応永4	大内義弘	日本六州刺史多多良朝臣義弘	—	禁賊を約す	—	『実録』
1397. 10	応永4	九州探題（渋川満頼？）	日本九州節度使	—	土物を献ず	本国（朝鮮）僧梵明とともに来る	『実録』
1397. 11	応永4	大内義弘	日本国六州牧義弘	永範・永廓	土物を献ず	朴惇之を回礼使として遣わす	『実録』
1397. 12	応永4	渋川道鎮	日本関西道九州探題源道鎮	—	大蔵経求請	—	『実録』
1398. 4	応永5	対馬	対馬島	—	—	—	『実録』
1398. 7	応永5	源慶	日本肥前州駿州太守源慶	—	礼物を献ず	—	『実録』
1398. 12	応永5	大内義弘	日本六州牧多多良義弘	霊智	大蔵経求請	相国大夫人の命により来る	『実録』

年 月	和年号	通交者	通交名義	使者名	通交理由	備考	典拠*
1399. 5	応永6	足利義満	日本国大将軍	—	被虜人送還	朴惇之・大相国母・大内義弘使とともに来る／崔云嗣を遣わし報聘す	『実録』
1399. 7	応永6	宗貞茂	日本国対馬島都惣官宗貞茂	—	馬・方物を献ず	—	『実録』

注：* 高＝『高麗史』，節＝『高麗史節要』，『実録』＝『朝鮮王朝実録』．

遣した。同年一一月にも再び使者を派遣し、土物を献じている(44)。

了俊の失脚をめぐっては、さまざまな説があるが(45)、了俊自身の認識としては「大内・斯波の策謀」（『難太平記』）の結果であった。了俊が義弘の対朝通交を抑圧したことを具体的に示す事実は知られず、一三七九年に軍勢の派遣まで行なった義弘がなぜ、その後十数年間にわたって通交を行なわなかったのかについては不明な部分が多い(46)。だが、この日朝関係における大内氏のにわかな台頭を踏まえれば、義弘と了俊との間に対朝通交上の競合関係が存在したと推定することはできるだろう。

一三九七年一一月にやってきた義弘の使者が帰国する際、朝鮮は回礼使として朴惇之を遣わすことに決し、併せて返書を送った。

［史料5］『朝鮮王朝実録』太祖六年（一三九七）一二月癸卯条

日本国六州牧義弘使者永範・永廓還、　上以二前秘書監朴惇之一、為二回礼使一遣レ之、都堂復義弘書略曰「所レ諭大相国禁賊之事、誠交隣継好之美意也、然一岐・対馬両島之民、恣行二狡猾一、不レ遵二禁令一、侵二擾我彊〔疆〕一、以梗二両国和好之意一、亦且遠犯二中国之境一、天下皆謂二之島賊一、故我水軍将士、靡レ不二憤惋一、再三申請、大備二戦艦一、将欲下往問二厥罪一、掃二清海島一、永絶中乱源上、聖上欲レ以二文徳綏遠一、而貴国亦遣使来聘、諭以二禁賊一、故姑寝二其事一、閣下益以二講和息民之義一、謀二議於大相国一、禁二制兇徒一、以篤二隣好一、則休二声義一、概聞二於天下一、両国和好之美、垂二於永世一矣」、

史料5に見える返書の大意は以下のようである。①大相国（足利義満）が倭寇の取締りをしたというのは、まことに友好の意に適ったことである、②しかし壱岐・対馬の民

は禁令に従わず、我が朝鮮の国土を侵している、③そのため朝鮮側では軍勢を出動させて倭寇を殲滅しようという意見があったが、貴国の使がやってきて、倭寇の取締りについて申し入れたので、このことはとりあえず中止する、④閣下（義弘）は、大相国と相談して凶徒をとらえ、両国和好に貢献されたい。この文面から、一三九七年一一月の使者派遣は、義満の内々の関与があり、そのことは、朝鮮も承知していたことがうかがえる。

この朴惇之の使行については、『朝鮮王朝実録』に詳細な記事が見られ、その概略を知ることができる。(47) また趙俊『松堂集』・権近『陽村集』などの文集史料に壮行詩が散見されるほか、(48) 次の文集史料から従来知られていない新たな情報を引き出せる。

[史料6]「正憲大夫検校参賛議政府事朴惇之墓誌銘」（李行『騎牛集』巻一、『韓国文集叢刊』七所収）

（前略）国初、倭寇尚陸梁、侵㆓擾海邦㆒、　太祖欲㆑遣㆓候使於日本㆒、難㆓其人㆒、公售㆓是選㆒、戊寅三月、発㆓東莱海雲浦㆒開㆑帆、屈㆑膝告㆑天曰「果若㆓昔日負謗之言㆒、豈惟辱㆓　王命㆒、必葬㆓於魚腹中㆒」、風順㆓海道㆒、無㆓少滞塞㆒、下岸入国、奉㆑伝㆓　辞命㆒、已大将軍与大内殿見㆓公風儀灑落㆒、聴㆓公言辞懇惻㆒、甚愛㆓敬之㆒、大内殿請㆓大将軍勤王㆒、出号㆓治兵㆒、親率討㆑賊、斬首五百余級、　建文己卯五月初五日、復㆓　命仁徳殿㆒、喜甚厚賜、擢㆓公通訓判殿中㆒、所㆓以異㆒㆑之也、自㆑是無㆓竊発之警㆒、而沿海之氓、按堵稍如㆑旧、（後略）

本史料は朴惇之の墓誌である。永楽二二年（一四二四）八月日付であり、墓誌の作者である李行の文集に収められる。①朴惇之は戊寅（一三九八）三月に釜山を発し、大将軍＝義満と、大内殿＝義弘に会った、②義弘は義満に「勤王」を請い、倭寇を討伐した、③朴惇之は建文己卯（一三九九）五月に帰還した、などのことを伝えている。なお朴惇之が釜山を発した時期は、『朝鮮王朝実録』には記載されていない。

[史料7]「朴判事日本行録跋」（李詹『雙梅堂篋蔵集』巻二五、同右、六所収）

（前略）其奉㆓使日本㆒也、島寇方肆㆓其虐㆒、而帆程万里、波濤洶湧、睨㆓鼉窟㆒俯㆓鮫室㆒、阽㆑危履㆑険、一㆓栗其身㆒、寸二糸其命一、任二其浮沈一、惟以二忠信一自守而泰然也、至則六州牧奇二器之一、既屈節以二礼貌一、又言二於大相国一、以導二其接見一、相国之待二先生一、猶レ於二六州一也、先生於レ是極下言鼠輩侵二略辺境一、虜二我人物一之状上、使下出二義兵一、殲二尽兇醜一、汎中清海道上、復修二両国之好一、即与二信使一同舟而帰、先生寓二日本一二年、有二感於心一者、其可レ愛可レ愕可レ怪可レ嘆、一寓二於詩一、（後略）

本史料は、もともと村井章介氏によって、一四二九年に来日した朝鮮使節朴瑞生が、使行中に詠んだ詩をまとめて作った「日本行録」に付した跋文と位置づけられ、紹介されたものである[49]。村井氏は大相国を足利義教、六州牧を大内持世にあてている。ただ朝鮮王朝は、義満の日本国王冊封以後は自称にかかわらず、室町殿を日本国王と呼ぶことが多い。大相国と呼ばれたのは、冊封以前の義満のみである。また持世は防長豊筑の四ヵ国守護であり、六州の牧（長官）ではない。朝鮮の史料で六州牧と呼ばれるのは大内氏歴代のなかでも義弘のみである（義弘は防長豊石紀泉の六ヵ国守護）。さらに跋文の作者である李詹の没年は永楽三年（一四〇五）である[50]。年次から考えても内容から考えても、これは朴瑞生ではなく、朴惇之の「日本行録」の跋文と判断される。朴惇之の「日本行録」自体は管見の限り現存しない。跋文のみが、作者の李詹の文集に残されたものである。

内容を見よう。①朴惇之は危険を顧みず忠信を第一として日本に渡った、②日本に至ったところ、大内義弘は朴惇之を非凡の器とし、礼儀を正して丁重に接し、足利義満に言って義満との接見を仲立ちした、③義満は、義弘と同じように朴惇之を丁寧にもてなした、④朴惇之は取るに足らない者どもが辺境を侵略し、朝鮮人を攫っていっている状況を説明し、義兵を出して海上を掃討させ、日本・朝鮮との交誼を回復し、日本側の信使と同道して帰国した、⑤朴惇之は日本に二年滞在し、滞在中の所感を詩にまとめた……。ここで注目したいのは②として要約した部分である。これによって義弘が義満に取り次いで、朴惇之の接見を準備したことが同時代史料において明確に知られるのである[51]。

これに対して義満は、義弘に告諭するという形で朝鮮に応えた。

[史料8]「応永五年諭朝鮮書」(『善隣国宝記』巻中①号、田中健夫編『善隣国宝記・新訂続善隣国宝記』集英社、一九九五年所収)

告㆓喩大内左京大夫㆒、朝鮮国使者、遠喩㆓国命㆒、逾㆑海来聘、幣甚厚而礼甚至、尤可㆓嘉尚㆒焉、今将㆓帰国反命㆒、附㆓往不腆土物㆒、少答㆓盛意㆒焉、以為㆑好也、比者九州違命之小醜、既伏㆓其罪㆒、次当㆘遣㆓偏師㆒、尽㆓殲海島残寇㆒、以通㆓往来舟船㆒、而結㆗両国歓心㆖也、爾其勉㆑之、大蔵経版、此方頃年刊㆑之孔艱、而未㆑克㆓全備㆒、彼方現刊者、模刻極精、為㆑之不㆑能㆑無㆓希求㆒、今大允㆓我所㆒㆑求、蓋法宝東漸有㆑時也、甚甚感感、銅鐘巨者、薬物良者、附㆑舶寄来否、宝器停㆓幽冥苦㆒、而人済㆓仁寿域㆒、則皆彼方之賜也、已上件件、大夫能伝㆓此意㆒、慎勿㆓失墜㆒、

応永五年八月日

〔大意〕大内左京大夫(義弘)に伝える。朝鮮国の使者がはるばるやってきた。贈り物は厚く礼ははなはだ丁重であって、非常に喜ばしい。いま使者の帰国に際し、土物を贈って返礼とし、朝鮮との親交の証としようと思う。最近九州を平定したが、さらに軍勢を遣わし倭寇を殲滅し、船舶の往来に妨げのないようにして朝鮮・日本両国の友好を結ぶようにしたい。お前はこれに尽力せよ。また大蔵経板・銅鐘の大きいもの・薬物の良いものが欲しいが、朝鮮から貰うことは可能だろうか。以上の条々について、大夫(義弘)からよくその意を朝鮮に伝達せよ。

さらに、朴惇之が朝鮮に帰国したときの『朝鮮王朝実録』の記事からは、朴惇之の帰国に同行して、大相国(足利義満)・大相国母と大内義弘の使者が朝鮮を訪れていることがわかる。

[史料9]『朝鮮王朝実録』定宗元年(一三九九)五月乙酉条

通信官朴惇之回㆑自㆓日本㆒、日本国大将軍遣㆑使来㆓献方物㆒、発㆓還被虜男女百余人㆒、　上御㆓正殿㆒引見、命立㆓四品㆒班次行礼、大相国献㆓綾一百匹、紗・羅各五十匹㆒、大内殿義弘献㆓鎧子一・長剣一㆒、大相国母献㆓刻木地蔵堂主

千仏囲繞一座、極精巧、絹十四、胡椒十封一、（後略）

史料9に見える使者たちが、帰国する際の記事には、「謝下大将軍及義弘為二我国一滅賊之意上、且答二大蔵経板之請一曰」云々とあるので[52]、このときの使者たちは、基本的に大内義弘宛に出された史料8の線に沿った要求を携えてやってきたと思われる。田中健夫氏は、史料8は大内氏宛という奉書形式で朴惇之に渡されたのだろうと指摘する[53]。大内氏が朝鮮王朝―室町政権間の取次として機能していることがここからもうかがえる。

以上を踏まえて、この朴惇之の使行をまとめておこう。朴惇之の派遣は大内義弘への回礼を目的としていたが、義弘の手配によって朴惇之は、足利義満と会見するべく上京した。応永五年八月付の義満の書（史料8）に朝鮮使節の到来が述べられていること、および釜山から京都までの行程に費やす時間を勘案すると、一三九八年三月に釜山を発した朴惇之は、六―八月前後には来京したと見ることができる。当時、義弘は在京中であり[54]、義満とともに京都で実際に朴惇之に会い、義満と相談の上、日本国王使ならびに大内殿使の派遣を決定した。同年一〇月には、義弘は九州に下向し、九州探題渋川満頼を助けて菊池氏・少弐氏と合戦した[55]。このことは、本来倭寇鎮圧とは直接的には無関係な軍事行動だが、室町政権の出先機関である九州探題に敵対する少弐氏らを討つという状況は、朴惇之にとっては「倭寇鎮圧」と理解される事態であったろうし、また大内氏側もそのような説明をした可能性があろう。この「倭寇鎮圧」が大内氏方有利に展開している状況のなかで、朴惇之は義満・義満母・義弘の使者とともに帰還した。

この義満らの遣使を朝鮮王朝は歓迎し、一三九九年八月には崔云嗣を報聘のために発遣した[56]。ここに国王使の派遣・その返礼の国王使の派遣という形での外交が朝鮮王朝・室町政権の間に成立した。一五世紀前半に頻繁に見られる、朝鮮国王による室町殿宛使節・室町殿による朝鮮国王宛使節の往来は、この「朴惇之の来日→大相国使者の派遣→崔云嗣の派遣」を嚆矢とする。史料7「朴判事日本行録跋」を李詹が「日本氏与二吾本国一絶レ好者、殆千有余年、今其献レ捷修レ聘、自二先生一始」と結ぶのは、跋文を展開する上での修辞という性格はあるにせよ、同時期の朝鮮王朝内に、すでに日朝関係の開始を朴惇之に求める意識があったことを示している。

以上から、室町政権と朝鮮王朝との本格的な外交は大内義弘を媒介に開始され、それは足利義満の意向でもあったことを知ることができる。この時期、九州探題渋川満頼が通交しているにもかかわらず、義満が自身の外交開始にあたって九州探題ではなく、大内氏を通していることは注意するべき特徴であろう。すなわち、大内義弘の対朝通交は、九州探題今川了俊失脚後に本格化し、朝鮮王朝と室町政権との媒介としての役割を果たすに至ったのである。

よく知られるように大内義弘は、この半年後の応永六年（一三九九）一二月、応永の乱を起こして敗死した。その後、大内氏の家督は室町政権の思惑に反して、大内盛見に引き継がれた。ただ、盛見が室町政権の公認を得て、やがては在京を基本とし足利義持の信任を得るようになることもあり、対朝通交を大内氏との関係のもとに行なうという慣行は、その後もつづいたと見られる。この時期、日本国王使に大内氏の使者が同行している場合が多く見られ（前掲表1・表2参照）、大内氏が室町政権の対朝関係の継続に密接にかかわっていたことをうかがわせている。

大内盛見自身の通交は、大蔵経および仏具の求請を中心とした交渉を主とした。仏具の求請は主に領内寺院の荘厳のためという性格を持っていた[57]。

三　第二期――直接通交の途絶

第一期のような通交は、一四二三年、大内盛見が太宗を弔うための使者を派遣したのを最後に、一四四〇年の大内持世による使者派遣まで、途絶する。表1から明らかなように、それまで毎年の如く送られていた使者は、急に送られなくなり、日本国王使・朝鮮国王使[58]の往復の際に書・物品を往来するのみの関係となる[59]。

この間の大内氏使者派遣としては、一四三〇年に「別例」を称して米と豹皮を求めたことが『朝鮮王朝実録』に見えるのみである。[60] この要求を受けて朝鮮側では、土地が瘠せている対馬島はともかく、土地の肥沃な日本本国に米を与えることはない、という議論がなされたことがわかるが、結局どうなったのかははっきりしない。

この途絶の背景として、ひとつ考えられるのは、応永末―永享年間における大内氏と少弐氏の戦争である。応永三二年（一四二五）の菊池兼朝・少弐満貞の挙兵からはじまったこの戦争は、永享年間に入ると、少弐満貞に大友持直が味方して大内氏を攻撃するなど激しさを増し、永享三年（一四三一）には盛見の戦死という事態を招いた。[61] しかも、盛見の戦死後、室町政権が大内氏の在京雑掌内藤智得の意見を汲み、持世に家督安堵の御判を下したために、[62] 大内持盛が大友持直と合同して兄持世を攻めるなど、[63] 長期・泥沼化した。室町政権は石見・安芸・伊予の諸勢力に持世を助けさせ、[64] 永享五年（一四三三）には持世の請いに応じて、治罰御教書・御旗を授与している。[65] 永享九年（一四三七）に持世が九州一円を平定して、周防に帰国したことが『看聞日記』に見えるが、[66] こののちも持世は足利義教の上洛要請に応じず、所領没収の憂き目に遭いながらも、「九州事御大儀」を理由に在国し続けた。持世がやっと上洛するのは、室町政権が正式に少弐氏を赦免し、大内氏と少弐氏の和睦が成立する永享一二年（一四四〇）の末のことである。[67] この状況を踏まえれば、この途絶は、当該期、大内氏に朝鮮に使節を派遣する余裕がなかったゆえと一応は判断される。実際、一四四〇年に朝鮮を訪れた持世の使者は、朝鮮国王との接見の場で、「大内殿受任以後、常欲㆓遣使来朝㆒、第因㆓兵乱㆒、不㆑得㆓使人㆒」[68] と述べており、通交の断絶の理由を、兵乱に帰している。

ただし嘉吉元年（一四四一）、嘉吉の乱で持世が横死した後、後を継いだ大内教弘は、一四四三年に持世を弔問しにきた朝鮮国王使が遣使を勧めた際、次のように言っている。

［史料10］『朝鮮王朝実録』世宗二五年（一四四三）一〇月甲午条

（前略）旧例、謝恩書契、皆授㆓使臣㆒以送、然使臣所㆑言甚合㆓於礼㆒、我当㆓遣㆑人以謝㆒、（後略）

すなわち、「旧例」では返礼の書状を（朝鮮国王の）使者に託して送ることになっており、使者を派遣することは「旧例」とは違うが、礼としてはもっともだから派遣するというのである。一四二四年以来の通交の断絶のなかで、大内氏自身に自主通交することを当然とはみなさないという状態が生まれていたことがうかがえる。ここから、この途絶は、単に戦争状態にあるからというにとどまらない、何らかの政治的な背景を想定するべきなのではないかと推測される。

この記事と絡めて注目するべきは、やはり一四四三年に義教の弔問のために来日した朝鮮国王使が、回礼のための使者派遣を求めたところ、「旧例」回礼使の発遣はなく請経使の派遣があるばかりであり、国王が年少である今、その通例を変えるわけにはいかないと、管領＝畠山持国と大和守＝飯尾為景が拒んでいることである。

［史料11］『朝鮮王朝実録』世宗二五年（一四四三）一〇月甲午条

（前略）臣謂二太和守一云「聘問古今通義、今遣二回礼使一否」、太和守云「旧無二其例一、不レ可レ遣」、臣等詳陳二旧例一、太和守曰「已議二諸大臣一、皆曰「旧例無二回礼使一、只有二請経使一耳」、今将レ遣二請経使一矣」、臣強言レ之、管領及太和守曰「詳考二文籍一、実無二旧例一、国王年少、不レ能二裁決一、我等独専二国事一、不レ可下以二無レ例之事一自レ我為上始」、遂以二僧光厳・祐椿一、為二請経使・副一、（後略）

このことを考え併せると、あるいは大内氏の通交途絶は、当該期の室町殿である義教の外交姿勢に由来するのかもしれない。すなわち義教には、大内氏・九州探題を含めた室町政権を構成する有力者の通交を室町殿のもとに統合し、室町殿の対朝関係自体も請経使の派遣という形に整えていこうという志向があったのではないか。そうなると、一四四〇年の持世の使者派遣は、あるいは義教の意に逆らってのものだったのかもしれないし、あるいは、そこに義教の外交方針の転換を見るべきなのかもしれない。ただ、以上の点に関しては具体的に検討する材料を欠いている。しかも義教・持世は、直後の嘉吉元年（一四四一）、嘉吉の乱によって死亡するため、彼らがこの後いかなる形での通交を展開しようとしたのかについては、明らかにできない。ゆえに、ここではひとつの可能性としてあげるにとどめておく。

以上のとおり、持世が朝鮮へ直接通交したのは一度きりであった。しかし持世の発想のなかに、朝鮮が極めて近しいものとしてあったことは、少弐氏との戦争を有利に運ぶために、対馬島を朝鮮と攻める計画を立てていたことからうかがえる。

[史料12]『朝鮮王朝実録』世宗二六年（一四四四）四月己酉条

（前略）大内殿館伴盧羅加都老言、「対馬島本朝鮮牧馬之地、大内殿欲下与二朝鮮一夾撃、以二本島一帰中諸朝鮮上、不幸捐レ世、今大内殿未二之知一也」、（後略）

一四四四年、招撫使として対馬・壱岐・松浦・山口を訪れた姜勧善に、大内殿の館の接待担当者である「盧羅加都《のなかど》老《の》」（豊前の野中氏カ）が語ったことには、「対馬島はもともと朝鮮の牧草地である。大内殿（持世）は朝鮮と挟撃し、対馬島を朝鮮のものにしようとした。不幸にして死んでしまい、今の大内殿（教弘）はこれを知らない[69]」。

この計画を、持世がいつごろ、どの程度本気で、実行に移そうとしていたのかは不明である。また、この計画は、実際には表思温という三浦居住倭人と大内氏との間でなされたことで、朝鮮側は関知していなかったようである。

[史料13]『朝鮮王朝実録』世宗二六年（一四四四）六月乙酉条

（前略）国家与二大内殿一夾攻之語、意出二於思温一、（後略）

表思温は一四三五年、宗貞盛の書を以て願い出て受職された向化倭で、しばらく朝鮮に居住していた。一四四三年の冬に病母が心配だという理由で暇を告げて対馬に帰り、久しく戻らなかった。そして再び朝鮮にやってきたときには、朝鮮の服を着さず、初めてやってきた倭人のように振るまい、客館に滞在した。ちょっとでも気に入らないことがあると憤りを発して罵り、通事に無礼を働き、また夜になると垣を乗り越えて城中を徘徊した。このため朝鮮王朝は、彼を召喚し、結局流罪に処した[70]。このとき、表思温の処遇にかかわって、礼曹判書金宗瑞の発言としてなされたのが、史料13の「朝鮮国と大内殿が（一緒に対馬を）挟撃するという語は、おそらく思温から出たのであろう」という言である。金宗瑞がこのように発言した根拠は不明であるが、二ヵ月前の姜勧善の報告を、朝鮮王朝が自らは関知しない出処不明な計画として受け止めていたことがうかがえる。

いずれにしろ、大内持世は、室町政権に治罰御教書・御旗を請う一方で、朝鮮の武力を借りて対馬を挟撃し、朝鮮の管理下へ入れてしまうことによって、少弐氏の後背地を断ち、少弐氏の排除を狙おうとしていたことがわかる。朝鮮王朝と室町政権の双方が視野に入っているという意味で、双方の間に立って媒介役を果たすという第一期の特徴を別の意味でよく引き継いでいると言えるだろう。

一方朝鮮側はこの時期、日本への使者の往来を通じて大内氏の実力を評価し、倭寇禁圧・通交統制に大内氏の力を期待するようになっていった。

表5は朝鮮国王使発遣に際し、朝鮮側が日本国王以外の諸処に送った礼物の内容をまとめたものである[71]。一四二四年の朴安臣発遣の際には、九州探題渋川義俊、前九州探題渋川道鎮（満頼）、少弐満貞とともに、大内氏にも朝鮮国王使の護送依頼がなされ、同量・同質の贈り物がなされている。ところが、次の一四二八年の朴瑞生発遣に際しては、大内氏だけが、礼物の量がほぼ倍になっている。これは、正使である朴瑞生が、①戊子年に通信副使李芸が石見に流れ着いた際に大内氏が救助したこと、②通信使の発遣ごとに「賊路要害之処」を悉く護送してくれること、③少弐氏を圧倒して九州の有力者になっていることなどを挙げて、少弐氏へ与える分を大内氏に与えるよう、提案したことに対するものである。この結果、少弐氏に対する待遇はそのままで、大内氏に対しての礼物を増やすという措置がとられた[72]。

この朴瑞生の帰国後の報告もまた、大内氏の実力を評価し、倭寇禁圧のためには、日本国王と通交することよりも、大内氏を含めた「諸島の倭」と交流する方が、効果があるとするものであった[73]。

大内氏は、赤間関をおさえ、瀬戸内海の西半分をおさえているという地理上に占める位置からいって、朝鮮国王使の護送を依頼する相手として適当であった。室町期を通じて二度、朝鮮国王使が道中に賊に襲われたことがあったが、その二度とも大内氏の領国内乃至その近辺であったことは、大内氏に護送を依頼することの有効性・必要性を示している[74]。

また、朝鮮は、沿海部防備の必要から、大内氏と少弐氏の戦闘状況をかなり把握していた。たとえば、永享三年（一四三一）六月二八日の大内盛見討死の情報は、同年七月一三日京都に届いているが[75]、朝鮮も一ヵ月遅れの八月一一日、藤次郎なる人物からその情報を得ている[76]。これは、大内氏が少弐氏を圧倒した場合、少弐氏と、それに従っている対馬の宗氏の残党とが、倭寇化して朝鮮沿海部を襲うという事態を懸念していたためである[77]。少弐氏が大内氏に次第に追い詰められていく状況のなかで、朝鮮に入ってくる情報は、ほとんどが大内氏の強大さを認識させるものであった。

以上のように、この通交途絶期における、大内氏が少弐氏を追い詰めていく九州の戦闘状況に関する情報と、護送者としての大内氏の重要性に対する認識と、実際に日本を訪れた朝鮮国王使たちの報告は、大内氏の実力に対する朝鮮の評価を高め、大内氏への待遇の上昇を生み出した。そしてこのことは次の教弘期における活発な通交の前提となったのである。

表 5　朝鮮国王使発遣に伴う諸氏への贈物

発遣年	使節名	対象	贈品
1422	朴熙中	源義俊・藤原満貞・宗貞盛	—（1424 年の時と同じ）
1424	朴安臣	九州前都元帥源道鎮	綿紬 5 匹・苧布 5 匹・彩花席 10 張・豹皮 1 領・虎皮 2 領
		筑前州太宰府少卿藤原満貞	綿紬 5 匹・白苧布 5 匹・雑彩花席 10 張・豹皮 1 領・虎皮 2 領
		対馬州左衛門大郎	正布 310 匹・苧布 5 匹・焼酒 30 瓶
		大内殿多多良公	綿紬 5 匹・苧布 5 匹・彩花席 10 張・豹皮 1 領・虎皮 2 領
		九州都元帥将監源義俊	綿紬 5 匹・苧布 5 匹・彩花席 10 張・豹皮 1 領・虎皮 2 領
		対馬州守護宗公	綿布 10 匹・糙米 30 石
		故宗貞茂妻子	綿紬 10 匹・造米 50 石
1428	朴瑞生	対馬島宗貞盛	白細綿紬 3 匹・白細苧布 3 匹・雑彩花席 5 張・米 20 石
		（対馬島）左衛門大郎	白細苧布 5 匹・焼酒 30 瓶
		九州西府少弐藤公	白細綿紬 5 匹・白細苧布 5 匹・彩花席 10 張・豹皮 1 領・虎皮 2 領
		九州都元帥源公	白細綿紬 5 匹・白細苧布 5 匹・彩花席 10 張・豹皮 1 領・虎皮 2 領
		一岐州志佐源公	白細綿紬 5 匹・白細苧布 5 匹・雑彩花席 10 張
		（一岐州）佐志	白細綿紬 5 匹・白細苧布 5 匹・雑彩花席 10 張
		大内多多良持世	白細綿紬 10 匹・白細苧布 10 匹・彩花席 15 張・豹皮 2 領・虎皮 4 領
1432	李芸	大内多多良公	白細綿紬 10 匹・白細苧布 10 匹・雑彩花席 15 張・豹皮 2 領・虎皮 4 領
		九州都元帥源公	白細綿紬 5 匹・白細苧布 5 匹・彩花席 10 張・豹皮 1 領・虎皮 2 領
		関西道大友源公	白細綿紬 5 匹・白細苧布 5 匹・雑彩花席 10 張・豹皮 1 領・虎皮 2 領
		左武衛源公	白細綿紬 15 匹・黒細麻布 15 匹・雑彩花席 15 張・豹皮 2 領・虎皮 4 領
		西海路壱岐州太守佐志平公	白細綿紬 5 匹・白細苧布 5 匹・雑彩花席 10 張
		対馬州右馬助宗貞澄	白細綿紬 3 匹・白細苧布 3 匹・雑彩花席 5 張
		対馬州太守宗貞盛	白細綿紬 5 匹・白細苧布 5 匹・雑彩花席 10 張
1439	高得宗	— ＊防長豊筑四州通守修理大夫多多良持世・管領京兆大夫源持之が礼曹に復書	—
1443	卞孝文	大内殿	白細綿紬 10 匹・白細苧布 10 匹・雑彩花席 15 張・豹皮 3 領・虎皮 4 領ほか
		九州西府少二	—
		左武衛	—
		関西道大友	—
		本国管領	—
		対馬州太守	—
		一岐州佐志	—
		九州松浦志佐	—

発遣年	使節名	対象	贈品
1459	宋処倹	大内多多良公	白細綿紬10匹・白細苧布10匹・黒細麻布10匹・辺児寝席15張・豹皮2領・虎皮4領ほか
		大和守	白細綿紬5匹・白細苧布5匹・黒細麻布5匹・辺児寝席10張・豹皮1領・虎皮2領
		畠山修理大夫源公	白細綿紬10匹・黒細麻布10匹・彩花席10張・豹皮1領・虎皮2領
		左武衛源公	白細綿紬15匹・黒細麻布15匹・辺児寝席15張・豹皮2領・虎皮4領
		管領	白細綿紬10匹・白細苧布10匹・黒細麻布10匹・辺児寝席15張・豹皮2領・虎皮4領
		京極佐佐木氏大膳大夫源公	白細綿紬10匹・黒細麻布10匹・彩花席10張・豹皮1領・虎皮2領
		関西道大友源公	白細綿紬5匹・白細苧布5匹・辺児寝席10張
		対馬州太守宗公	白細綿紬5匹・白細苧布5匹・黒細麻布5匹・辺児寝席10張・豹皮4領ほか
		肥前州松浦一岐州太守志左源公	白細綿紬5匹・白細苧布5匹・辺児寝席10張
		一岐州佐志源公	白細綿紬5匹・白細苧布5匹・辺児寝席10張

四　第三期―直接通交の再開

嘉吉の乱で、足利義教が殺されたことを知った朝鮮は、錯綜する情報に戸惑いながらも、朝鮮国王使の派遣を決定し、義教と、併せて大内持世を弔問することにした(78)。嘉吉の乱で同様に死亡した山名熙貴・京極高数などには、弔問使は送られておらず、大内氏に対する朝鮮の関心と待遇が特別なものであったことがうかがえる。先に触れたように、この答礼のために大内教弘が使者を派遣したところから、直接通交は本格的に復活する。

この復活が大内氏に遣使を勧めるという朝鮮のはたらきかけによるものであったことから明らかなように、朝鮮はこの通交開始に積極的であった。それは、通交途絶期に大内氏に対する評価を高めるなかで、倭寇禁圧・通交統制者として大内氏に大いに期待していたことに由来すると考えられる。

通交統制者としての期待は、具体的には、「志佐・佐志といった松浦党諸氏や薩摩州・石見州・大友殿等からもたらされる書契・文引に詐偽が多いので、大内に言って禁断させよう」という一四三九年の李芸の提案から、読み取ることができる(79)。また、倭寇禁圧者としての期待は、対馬・壱岐の賊船が朝鮮の貢運船を襲って多くの人間を殺傷して男女穀布を掠奪した事件に対する処置を、通交が開始した直後の一四四四年、姜勧善を派遣して、求めたところに示されている。

教弘は、その期待に添いきれないと述べながらもこれに応じ、使者を派遣し[80]、活発な通交を営んだ。嘉吉の乱で持世が横死するという混乱のなかで家督を継いだ教弘は、前項で述べたように、「旧例」では自主通交しないことになっているとして、持世の一四四〇年の使者派遣を把握しておらず、また持世の朝鮮と協同しての対馬挟撃計画を知らないなど、十分に大内氏の対朝通交の慣例・内容を引き継げていない側面も散見されるが、朝鮮側の大内氏重視の方針のもと、継続的で安定的な通交を展開した。一四四三年から一四六四年までに一五回を数えた通交は、大蔵経の要請や朝鮮国王妃の弔問といった理由の他、朝鮮側から要求された水牛の献上などが、その目的として見られる。朝鮮に物品を求めるのではなく、朝鮮から物品を求められるのは、極めて珍しい[81]。この水牛は、中国から手に入れてきたものであった[82]。

この時期の通交で注目すべきは、一四五三年に通信符を授与されていることである。これは、「通信符」と刻まれた印を二つに割ったものの右側の部分で、「上」「朝鮮国賜大内殿通信右符」「景泰四年七月造」という文字が刻まれている。景泰四年は一四五三年にあたる。この通信符は、一般の通交者たちに与えられていた、通交証明としての図書とは、まったくの別物である。図書が正方形の判子状のものであるのに対し、通信符は割符の右半分が与えられているものであって、形状がまったく違う（図1・図2参照）。

さらに、図書が通交者の名前が彫られているために、代替わりごとに改給を必要としたのに対し、通信符にはその必要はなかった。したがってこの通信符は、一般通交者と大内氏を差異化するのに役立つ。後年のことになるが、三浦の乱後、深処倭が通交復活要請をした際に朝鮮は次のように返答している。

［史料14］『朝鮮王朝実録』中宗七年（一五一二）二月壬辰条

（前略）汝等非下如二大内殿有レ符験一之比上、只考二図書一接待、而三島叛乱之時、図書憑験文案、尽為二兵火一焚失、無二憑可一験、何所レ拠而接待、（後略）

「おまえたちは、大内殿が符を有し、それを捺した書契によって、正しい大内氏の使であると証明しているのとは比較にならない。ただ書契に捺された図書の印影を監査して接待するだけである。けれども三浦の乱のとき、その監査のための資料は皆焼けてしまった。何を証拠にして接待するのか、証拠がないのでできない」というのである。ここに、大内殿が通信符を持っていることは、他の倭人とは異なる通交上の地位を示していること、また、通信符が通交証明として図書とは比較にならないぐらい価値があったことが読み取れる。大内氏が通信符を与えられるに至る背景に何があったのか、すなわち「通信符」が必要だと大内氏側が判断する状況が何なのかは、具体的に明らかにすることはできないが[83]、このような通信符を与えられること自体、当該期の朝鮮王朝が大内氏を特別視していたことの現れと言える。

図1　通信符（毛利博物館所蔵）

図2　少弐「政尚」図書（九州国立博物館所蔵）

五　第四期──偽使通交

大内教弘は、寛正六年（一四六五）、伊予出陣中に病死した[84]。この時期の政治情勢は錯綜しており、教弘の子政弘の家督継承は決してスムーズにいったわけではなかった[85]。政弘は、応仁元年（一四六六）、応仁文明の乱に際して、西軍支援のために上京し、以後文明九年（一四七七）まで、畿内で転戦した。

この応仁文明の乱の最中には、畠山氏・斯波氏・細川氏といった守護の名をかたった偽使が多く現れ、大内氏の名をかたった偽使も現れたことは、すでに橋本雄氏によって指摘されている[86]。その具体的様相を検討してみよう。

大内教弘名義の通交は一四六四年のものが最後であり、それ以降、一四七三年・一四七四年・一四七八年に、大内政弘の使者を名乗る者が来航し、それぞれ、清水寺再建のための勧進と大蔵経・遣明船派遣のための援助・降伏のための資を求めた[87]。

しかし一四七九年、政弘は朝鮮に使者を送り、教弘の死去と自分の相続を述べ、十数年間の無沙汰を謝した。その使者は、「大内政弘が入京した一四六六年以降、自分に至るまで使者は派遣されておらず、その間、来航した者はすべて偽使である」と述べ、朝鮮が一四七八年の使者がもたらした書契を見せたところ、「これは偽使である、なぜなら貴国の印がないからだ」と断言した。

［史料15］『朝鮮王朝実録』成宗一〇年（一四七九）四月丁未条[88]

（前略）一、大内殿入二王都一後、専不レ通二信於貴国一、近間称二大内使一往来者皆虚也、本曹仍出三示丁酉年大内使書契一張一、見レ之曰、此亦詐也、無二貴国右符一、其詐可レ知、（後略）

このことからわかるのは、まず、通信符はこのような場面に有効に機能するのだということであり、しかしそれにもかかわらず、朝鮮側は厳密にチェックせず、大内氏使者を名乗る者を接待していたことである。ここから一四五三年の通信符授与は大内氏側の欲求であろうことが推察される。第二には、政弘は自分が留守の間に偽使が往来していたらしいという情報を持っており、それを偽使だと明確にしたいという意志を持っていたことである。

一四七四年の使者がもたらした書契には、一四七三年の際の待遇が従来のようでなかった、と抗議する旨が載せられている(89)。このことから一四七四年の使者は、一四七三年の際と同一派遣主体により送られたと考えられる。この書契にはまた、大内氏が倭寇禁圧に尽力したことや水牛を献じたことなどが功績として連ねてある。したがってその作成には大内氏の対朝関係に相当詳しい人間が関与していたものと思われる。それゆえに、この偽使派遣は大内氏とまったく無関係になされたとは考えにくい。政弘がこの三使を偽使と主張したことの背後には、大内氏内部において対朝関係の主導権をめぐり、何らかのトラブルがあったことを想定できるのではないだろうか(90)。

六　第五期―請負通交の展開

一四七九年以降の通交は、ほぼ二―四年に一度の割合で発遣され、一五一〇年三浦の乱・一五二三年寧波の乱に伴う緊張を挟みながらも続行していく(91)。ほとんどの場合が、寺社修造のための勧進という性格を持ち、また一五世紀段階では大蔵経の求請が多いのに対し、義隆期には四書五経・朱氏新註など儒教の経典が求請されているところに特徴がある。一六世紀の対朝関係は、対馬による通交の独占＝通交名義の集積と偽使の横行によって特徴づけられる(92)。しかし当時の大内氏は博多をおさえているという条件ゆえに宗氏にとっては敵対できない相手であり、それゆえ大内氏はこの段階に至っても、朝鮮に向けて「真使」としての使者を派遣することができたとされる(93)。

この時期の「真使」と確定できる使者の例として、厳島大願寺の尊海を挙げよう。天文五年（一五三六）、大蔵経を朝鮮から貰いたいと念願した尊海は、まず大内義隆に願い出て書を作ってもらい、印を捺してもらった。そしてその書契を持って、自分で対馬に渡り、朝鮮に渡る船を自分の交渉で調達して、朝鮮に渡っている[94]。この例より類推すれば、一六世紀には、朝鮮に通交したいと願い出てきた者に対して大内氏は、具体的には書契を作ってやるという行為を通じて、大内氏使者を名乗ることを許可していたと思われる。これは、一種の請負通交のような形態であり、尊海がごく自然な手続きとして行なっていることを考えると、大内氏の対朝通交は、一部そのような形態にシステム化されつつあったのではないかと想定される。そして尊海が大内氏から書契を発給された後、対馬に渡って、船頭と船を調達して朝鮮に出発していることを考えれば、その遣使の実務は相当程度対馬に依存していたと考えられる。

一五二五年に大内殿使を通じて、朝鮮に送還された朝鮮漂流人金必は、次のように朝鮮王朝に申し立てている。

［史料16］『朝鮮王朝実録』中宗二〇年（一五二五）七月庚申条

（前略）前日及今之称為二日本国及大内殿使臣一者、皆非二本地之人一、皆是対馬島等処人詐称而来者也、（後略）

すなわち、「過去に、また現在、日本国王使・大内殿使を名乗ってやってきた人間は、皆、そこに属する者ではなく、対馬の人間が詐称して来たものだ」というのである。ただし、この金必らの送還に大内氏の関与があったことは、金必自身が、「我輩到二大内殿一」つまり大内氏のところに行って、大内殿に会ったと証言していることからもうかがえる[95]。金必が詐称と解釈した事態は、対馬が大内氏の対朝通交の実務を、人選も含めてこなすこともあったことを示すものと言えるだろう。使節の人選については、「博多の人間で、朝鮮に行ったことのある者を任命してくれ」と、大内氏に対馬宗氏が要望している例もあり[96]、大内氏と対馬宗氏の合意のもとになされていたことがうかがえる。

一五四〇年に大内殿使として朝鮮にやってきた正侃首座の場合には[97]、書契を周防乗福寺の僧である梅屋宗香が起草していることが知られ、朝鮮からの返書は現在毛利博物館に所蔵されている[98]。書契が対馬宗氏ではなく、大内氏のもとで作られ、返書が大内氏のもとに届けられていることが確認できる。この使行は朱子新註などを求めたもので、尊海のような、朝鮮通交を希望する者に許可を与えるという形の請負通交ではなく、大内氏自身の欲求に基づく使節派遣である可能性が高い。しかし前述の尊海の場合も、大内氏から書契をもらって朝鮮に渡り、帰国後は大内氏のもとに報告に行き、「御返帳致二進上一、有二御対面一」[99]していることが確認される。つまり、書契の作成と返書の受取という業務は大内氏側に確保されていたのである。

したがって、一六世紀の大内氏の対朝関係は、経営そのものは大内氏から離れて対馬に多くを依存するようになるが、書契の発行・返書の受取は大内氏側に確保された形での請負という構造が維持され、大内氏の意向が反映する余地を残していた点で、大内氏の対朝関係の「変質」ととらえられる。対馬宗氏が通交名義を収集・蓄積し、あるいは偽造を図って、対朝通交の独占を進めていく段階にあって、このように大内氏が、自己の名義のもとに、継続的に通交を行なえていることは際立った特色である。

一六世紀段階の大内氏の対朝関係上の特徴として、もうひとつ特筆すべきは、大内氏が牙符を入手し、それを使用して「日本国王使」を仕立てていたという事実である。

第一節で触れたように、日朝牙符制は、足利義政の提案によって、偽日本国王使ならびに偽巨酋使の規制のために創設されたものである。しかし、運用面では、日本国王使であることの証明手段と化した。朝鮮側が考えたのは、巨酋使に牙符が一枚ずつ振り分けられ、例えば畠山氏なら第一牙符、斯波氏なら第二牙符を持って来航し、畠山氏・斯波氏の使者であることの証明手段とするという、いわばＩＤ番号方式だったが、実際に義政が運用したのは、牙符をすべて自らの手元に置き、「日本国王使」を派遣したい各勢力の申請に従って付与するという、いわば勘合方式であった[100]。この結果、日明関係における勘合が、日本国王が朝貢するという形式での貿易船「遣明船」を派遣しうる権益として、競望の対象となったように、牙符も「日本国王使」を朝鮮に派遣できる権益として、競望の対象となった。

やがて将軍権力の分裂という政治状況の下で、牙符は各地に散在するようになり、「日本国王」たる室町殿とは、直接関係のない「日本国王使」が牙符所持者と対馬宗氏の連携によって派遣された。その様相は、橋本雄氏の研究に詳しい[101]。橋本氏によれば、一六世紀前半、大内氏も第四牙符を入手し、それをもとに「日本国王使」を発遣していた。一五四三年に第四牙符を所持して来朝した日本国王使は、弘治勘合が盗賊に盗まれたことを明に伝達してくれるよう依頼することをその目的としたもので、正使は周防香積寺（大内義弘の菩提寺）の僧心月受竺、副使は一五四七年に大内殿使の正使を務めることになる稽囿西堂であった[102]。

この使行は、その目的から明白なとおり、天文一六年（一五四七）度遣明船派遣準備の一環としてなされたものと判断される。『渡唐方進貢物諸色注文　天文十二年後』に「天文十二、到二高麗国一香積寺渡海之時、大唐ェ御疏案文、同右三人裏封在レ之[103]」と見られるのはその傍証となろう。天文一六年度船準備は、天文一〇年（一五四一）の天文八年度船の帰国直後から開始されているが、同時期にまた、弘治勘合を所持する細川氏側の遣明船派遣計画が本格化する。したがって弘治勘合は賊の手に落ちて得がたいこと、弘治勘合を所持した使節は賊であることを、第三者である朝鮮王朝から伝達してもらうことは、大内氏の対明戦略にとって極めて重要であった。

しかしながら、遣明船派遣は日本国王の朝貢という形式で営まれているものであって、対外的には、大内氏派遣使節であってはならない。したがって、そのような案件を朝鮮王朝に依頼するのは、日本国王使でなければならなかった。大内氏の牙符使用による日本国王使派遣は、このように政治的な色彩が濃く、その点が、経済的メリットの高い権益として牙符を運用していた大友氏（第一・二牙符を所持）などとは、若干性格が異なると言えるだろう。

天文二〇年（一五五一）、義隆は陶隆房らのクーデターによって自害に追い込まれ、代わりに家督を継承した大内義長も、弘治三年（一五五七）、毛利元就に敗北して自害した。この政治情勢の急変転にあって、大内氏が所持していた対朝通交遂行のための道具である通信符・牙符は、最終的に毛利氏に引き継がれた。このことは、通信符が毛利博物館に現存していること、[104]永禄五年（一五六二）に毛利氏が朝鮮への渡海のために「正寿院坊主」に牙符を渡していることから明らかである（史料17）。正寿院は周防乗福寺の塔頭で、大内弘世の菩提寺である。

［史料17］「永禄五年七月二七日毛利隆元自筆覚書」（毛利博物館所蔵[105]）

一、此内第四之印割符、義隆在㆓判形之㆒、象牙、右為㆓高麗江之儀㆒、正寿院坊主に渡候也、

永禄五年七月廿七日　（毛利隆元）（花押）

於石州都賀陣所ニ

この正寿院を使者とした毛利氏による対朝通交の試みに対して、翌永禄六年（一五六三）、対馬守護代宗盛円は次のような返事を、毛利元就・隆元に送っている。

［史料18］「（永禄六年）三月二〇日宗盛円書状写」（『諸家引着』六四号[106]）

去七月十六日御札、今年二月下旬到来、則申聞候、殊御太刀一腰、為㆓馬銭㆒白銀四両、御懇情之段、祝着被㆑申候、随而至㆓朝鮮国㆒御用之儀被㆓仰渡㆒候、必可㆑仰㆓貴意㆒之由候、雖㆑然当時於㆓彼国㆒被㆓申渡㆒子細候之条、依㆓到来之時儀㆒従㆑是可㆓申上㆒候之通、委曲正寿院へ被㆓申談㆒候、（後略）

三月廿日　（宗）盛円

毛利（元就）右馬頭殿　依㆓御忌中㆒従㆓役所㆒此分に候、

毛利（隆元）備中守殿

「朝鮮国への「御用之儀」についてお申し付けになり、必ず貴意（毛利氏側の意向）を朝鮮に伝達せよということですが、朝鮮側から今申し渡されていることがありますので、時期を見計らって、こちら（対馬）から朝鮮に申し上げます、詳しい事情は正寿院に申し上げます」というのである。

大内氏の通信符を捺した書契を持たせるのではなく、牙符を持たせたところから、このとき毛利氏が望んだのは、

日本国王使の派遣であろう。推測になるが、このときの「御用之儀」とは日本国王使を通じて、大内氏から毛利氏へという権力交替を合理的に説明し、「大内氏」名義の通交を正式に継承することを目的としたものであったのかもしれない。しかしながら対馬宗氏側は、時期が悪いことを口実に正寿院の渡海をとどめ、「依到来之時儀」という婉曲な物言いながら、結局は毛利氏の要請を断ったのである。

これに対して、毛利氏は折り返し対馬に使者を送り、なんとか朝鮮との通交を試みようとしている。

[史料19]「(永禄七年)四月六日宗義調書状写」(『諸家引着』一〇八号)[107]

去十一月貴札、三月下旬到来、令二披見一候、仍去年至二朝鮮一、雖下可レ被二仰渡一之由承候上、折節彼国へ申二子細一候条、任二存分一候者、自レ是可二申上一候通、対二正寿院一具申含候之処、然者不レ被二仰達一候哉、預二御使僧一候、無二御心許一候、然者彼国与申談之儀前々ニも相遣候之間、重而急度可二申渡一覚悟候、爰許於二落着一者必可二申入一候、先以可レ被二相待一候、不レ可レ有二疎略一候、此由市河式部少輔迄以二飛脚一細砕申渡候、定而可レ有二伝達一候、可レ得二貴意一候、恐惶謹言、

卯月六日　義調

謹上毛利(元就)陸奥守殿

進覧之候

永禄六年(一五六三)一一月、史料18の書状を受け取った毛利氏は再度対馬宗氏に使者を遣わし、朝鮮との通交の件について申し入れた。これに対し宗氏は、史料19の書状で「朝鮮へ申し伝える件については、一任してくだされば、こちらから朝鮮に申し上げる旨を正寿院に申し含めておいたのに伝わらなかったのでしょうか。御使僧を再度派遣されてきたことは、お気遣わしいことに存じます。朝鮮には前にも使者を遣わしましたから、重ねて申し入れるつもりです。こちらが落ち着きましたら、必ず申し入れますから、お待ちになっていてください。決して粗略にはいたしま

せん……」と返答している。ただしこの後の交渉がどうなったのかは知られない。結局、対朝交渉のノウハウを十分に持たない毛利氏は、対朝関係における大内氏の遺産を受け継ぐことができなかったようである[108]。そして、大内氏使節派遣業務の多くを請け負っていた対馬宗氏が、大内氏の対朝通交を継ぐこととなる。

すなわち、大内氏滅亡後の天正一〇年（一五八二）・天正一三年（一五八五）に「大内丸」なる船が仕立てられていることが対馬側の記録から確認できる[109]。これは明らかに対馬が偽の大内殿使を朝鮮に送っていたことを意味する。一九九五年、田代和生氏・米谷均氏の研究により、対馬宗氏が大量の図書およびその模造印を保持していたことが明らかになった[110]。これら模造印のなかには、図書や日本国王の「徳有隣」印のほかに、大内氏の通信符も含まれており、この「大内丸」派遣のための書契も対馬が作成したであろうことをうかがわせている。

この対馬による大内氏名義の偽使派遣が大内氏滅亡を契機とするものなのか、あるいはその前から密かに行なわれていたものなのか、現在のところ明確に判断する材料を持たない。しかし、一六世紀半ば近くなっても大内氏の「真使」が確認されること、また、書契の発行・返書の受取が大内氏側に確保されているというこの時期の特質を考慮するならば、大内氏が健在の際に、対馬宗氏が大内氏の意向と関わりない使者を仮に送っていたとしても、それは間隙を縫ってなされた単発的なものであり、大勢を占めるものではなかったと見るべきであろう。大内氏が滅亡し、大内氏を受け継いだ毛利氏の対朝通交の試みを遮断してのち、対馬宗氏は安心して、権益としての「大内氏」名義を定期的に行使しうるようになったのである。

一五九〇年、豊臣政権の要請を受けて、朝鮮王朝は黄允吉を正使とする朝鮮国王使を日本に派遣した。黄允吉一行は日本国王宛礼物のほかに、「京極・細川等六殿」すなわち王城大臣使と、大内氏ならびに少弐氏宛礼物を持参して来日した[111]。ここに大内氏が朝鮮王朝前期において朝鮮王朝が最も重視した日本側通交者の一人であったことが知られる。と同時に、朝鮮側がこの段階に至って初めて大内氏の滅亡を知ることになったという事態から、一六世紀後半の対馬の巧妙な情報操作をうかがうことができる(112)。

おわりに

以上、五つの時期に区分して、大内氏の対朝関係の変遷を時間軸に沿って述べてきた。ここから明らかなのは、佐伯氏の言われる「応永—文安期(盛見—教弘初期)は朝鮮、その後の宝徳—寛正期(教弘期)には明中心」という区分は、対朝関係を主軸として見た場合、妥当ではないということである。盛見後期—持世期には、直接通交には途絶が見られ、それが復活してくるのが教弘期である。そして政弘から義隆へと続く三代の間は、大内氏の対朝関係は変質を経、対馬への依存を強めながらも、現象的には長期の途絶をはさむことなく展開されていたということができる。そして大内氏滅亡後は、それまでに大内氏の経営業務の多くを請け負うようになっていた対馬宗氏が、毛利氏を排除して、「大内殿使」を派遣し続けた。

大内氏の対朝関係の特徴を簡潔にまとめれば、第一に、一六〇年間という通交期間の長さが挙げられる。大内氏は、高麗王朝による倭寇禁圧要請を契機に通交を開始し、応永二年(一三九五)九州探題今川了俊召還・失脚の後、本格的な通交を展開した。以来、大内氏の対朝関係は多少の断絶・変質を経ながらも、弘治三年(一五五七)の大内氏の滅亡まで一六〇年近くにわたり継続した。通交名義が対馬に集積され、対馬への一元化を次第に深めていった一六世紀の日朝関係にあって、一四世紀末から続く自己の名義で、大内氏自身が通交しつづけたことは、際立った特徴と言える。

第二に、その通交が、朝鮮から重視され、優遇されたものであった点が挙げられる。第一節で述べたように、接待・貿易については、日本国王に次ぐ待遇を受けていた。また「大内殿所レ当二厚待一者也」[113]などと言われるように、朝鮮王朝側には、一貫して大内氏は優遇すべき者であるという認識があった。その象徴というべきものが通信符である。一四五三年に朝鮮から賜給された通信符は、通交証明のための印として一般の通交者たちに与えられていた図書とは、形状も性質もまったく異なっていた。すなわち図書が正方形の判子であるのに対し、通信符は割符である。また図書が代替わりごとに改給が必要なのに対し、大内氏の通信符にはその必要がなかった。このような性質を持つ印を与えられた勢力は大内氏以外には存在しない。通信符は、ほかの倭人勢力とは異なる大内氏の通交上の地位を明示する物品なのである。

第三に、大内氏が、室町政権と朝鮮王朝の外交を媒介し、その開始と継続に密接な関係を持っていた点が挙げられる。第二節で詳述したように、室町殿と朝鮮国王の外交は、大内氏が取次ぐ形で開始された。室町政権の職制のもとでは、一守護に過ぎない大内氏のこの特異な役割は、大内氏の対朝関係における特質であると同時に、室町期の国家間外交の特質でもある。次章では、国家間外交における大内氏の位置について、もう少し掘り下げて考察してみたいと思う。

（1）以下、本節のまとめは主に、中村栄孝『日鮮関係史の研究』上・中・下（吉川弘文館、一九六五年・一九六六年）・『日本と朝鮮』（至文堂、一九六六年）、田中健夫『中世対外関係史』（東京大学出版会、一九七五年）、長節子『中世日朝関係と対馬』（吉川弘文館、一九八七年）、村井章介『中世倭人伝』（岩波書店、一九九三年）による。

（2）村井章介「倭寇と朝鮮」（同著『アジアのなかの中世日本』校倉書房、一九八八年。初出一九八六年）。ただ、倭寇や女真への防禦・反撃を契機に私的兵力を蓄えた武人が台頭し、そのひとりであった李成桂が高麗に替わって李朝を建てたことから、間接的には倭寇は高麗の滅亡にひと役かったと位置づける。

（3）長節子「宗氏領国支配の発展と朝鮮関係諸権益」（同著『中世日朝関係と対馬』〔前掲〕。初出一九六六年）。

(4) 長節子、同右論文。
(5) 中村栄孝「室町時代の日鮮関係」(同著『日鮮関係史の研究』上〈前掲〉。初出一九三三年)。
(6) 申叔舟著・田中健夫訳注『海東諸国紀』(岩波書店、一九九一年)。
(7) 『海東諸国紀』。なお「巨酋使」とは、「畠山・細川・左武衛(斯波)・京極・山名・大内・小二等」(( )内は田中健夫氏による注)を指した。
(8) 図書はこれ以前から、一部の人間に通交証明として与えられていた。この保持者を受図書人と言った。定約が広範囲に結ばれるようになってからは、定約を結んだ者は、同時に受図書人とされた(田中健夫『中世対外関係史』〈前掲〉)。
(9) 橋本雄「室町・戦国期の将軍権力と外交権」(『歴史学研究』七〇八、一九九八年。のち「二人の将軍」と外交権の分裂」と改題の上、同著『日本中世の国際関係』吉川弘文館、二〇〇五年所収)。
(10) 米谷均「十六世紀日朝関係における偽使派遣の構造と実態」(『歴史学研究』六九七、一九九七年)。
(11) 田代和生・米谷均「宗家旧蔵「図書」と木印」(『朝鮮学報』一五六、一九九五年)。
(12) 長正統「中世日鮮関係における巨酋使の成立」(『朝鮮学報』四一、一九六六年)。
(13) 橋本雄「中世日朝関係における王城大臣使の偽使問題」(『史学雑誌』一〇六―二、一九九七年。のち「王城大臣使の偽使問題と日朝牙符制」と改題の上、同著『日本中世の国際関係』〈前掲〉所収)。
(14) 本多美穂「室町時代における少弐氏の動向」(『九州史学』九一、一九八八年)。
(15) 臼杵華臣『大内氏の対鮮交易』(山口県庁社会課内山口県協和会、一九四二年)。一九九九年一〇月に山口県文書館を訪れた折、百田昌夫氏に同論文の存在を御教示いただいた。同論文は、後述する松岡久人氏の論文をはじめ、管見の限りまったく引用されていない。論文の構成は以下のとおり(全七〇頁)。
一 日鮮交通の端緒、二 大内氏の擡頭義弘の交易、三 義弘の土田要求、四 交易の中絶と再開盛見の努力、五 応永の外交とその後の交易、六 交易の再絶持世の再建、七 交易の全盛その一教弘の交易、八 交易の全盛その二政弘の交易、九 交易の衰退義興の交易、十 交易の廃絶義隆の交易、附録一 大内氏略系、附録二 年表、
(16) 松岡久人「大内氏の朝鮮貿易研究序説」(同編『内海地域社会の史的研究』マツノ書店、一九七八年)。
(17) 佐伯弘次「中世後期の博多と大内氏」(『史淵』一二一、一九八四年)。
(18) 『朝鮮王朝実録』は、日本では一般には『李朝実録』として知られ、学習院東洋文化研究所のものは『李朝実録』として

刊行されている。しかし、韓国では、『李朝実録』という言い方はされず、『朝鮮王朝実録』とよばれており、現在では、『朝鮮王朝実録』という呼称の方がよく使われている（村井章介『中世倭人伝』〔前掲〕）。本書でもそれに従って、実録の名称を『朝鮮王朝実録』に統一した。作業にあたっては『中国・朝鮮の史籍における日本史料集成』（李朝実録之部一―八、国書刊行会）を利用したが、引用にあたっては、『朝鮮王朝実録』（韓国国史編纂委員会、一九七三年）を使用した。以下引用の際には『朝鮮王朝実録』世宗二五年一〇月甲午条、のように表記する。

(19)　瀬野馬熊「大内義弘と朝鮮の関係に就て」（『史学雑誌』三〇―一、一九一九年）・「今川大内二氏と朝鮮との関係」（『朝鮮史学』一・二・三、一九二六年。のち中村栄孝ほか編『瀬野馬熊遺稿』私家版、一九三六年所収）。三坂圭治「大内氏の海外発展（一）・（二）」（『防長史学』五―一・五―二、一九三四年）。

(20)　『高麗史』巻一三四「辛禑二」五年（一三七九）閏月条。

(21)　『大日本古記録　後愚昧記』貞治六年（一三六七）三月二四日・五月九日・一二日・二三日・六月二六日条、『師守記』（史料纂集）貞治六年六月二六日条、『大日本古文書　醍醐寺文書之六』一二七五号「征東行中書省咨写」、『高麗史』巻四一「恭愍王四」一五年（一三六六）一一月・一七年正月条。

(22)　『高麗史』巻一三三「辛禑一」元年（一三七五）二月条・二年一〇月条。「圃隠先生年譜攷異」洪武一〇年（一三七七）丁巳条（鄭夢周『圃隠集』、『韓国文集叢刊』五所収）。「赤松義則遵行状案」・「宇野祐頼遵行状案」（「播磨国矢野荘人夫役催促状案」『大日本古文書　東寺文書之一二』六九号所収）。

(23)　『高麗史』巻一三三「辛禑一」三年六月条、『高麗史節要』巻三〇辛禑三年（一三七七）六月条。

(24)　『高麗史』巻一三四「辛禑二」六年（一三八〇）一一月条。

(25)　『高麗史』巻一三三「辛禑一」三年（一三七七）八月・九月条。

(26)　「送鄭達可奉使日本詩序」（李崇仁『陶隠集』巻四、『韓国文集叢刊』六所収）。

(27)　『高麗史』巻一三三「辛禑一」四年（一三七八）六月・七月条。

(28)　中村栄孝『日本と朝鮮』〔前掲〕、川添昭二「九州探題今川了俊の対外交渉」（『対外関係の史的展開』文献出版、一九九六年。初出一九八二年）など。

(29)　『高麗史』巻一三三「辛禑一」四年（一三七八）一一月条。

(30)　「嘉吉三年八月九日大内氏奉行人奉書」（『忌宮神社文書』三、東京大学史料編纂所架蔵写真帳、一三丁）

高麗仁送夫伝馬事、任㆓去応永卅年九月三日奉書例㆒、於㆓一・二両社分㆒者可㆑被㆑止㆓催促㆒之由候也、仍執達如㆑件、

嘉吉三年八月九日　（飯田）秀家（花押）
（内藤）盛世（花押）
（杉）重伝（花押）

野田備後守（為弘）殿

なお嘉吉三年（一四四三）には足利義教の弔問のため朝鮮使節卞孝文が来日していた。

(31)「（応永三〇年）九月八日勝間田盛実書状」（『忌宮神社文書』一、一〇五丁）

長州一・二両社御料諸役御免許幷高麗渡水手銭事、任㆓先規㆒重今月三日御奉書拝見候、向後者可㆑得㆓其意㆒候、恐々謹言、

九月八日　（勝間田）盛実（花押）

二宮大宮司殿

応永三〇年（一四二三）前後は大内氏の使者が連年朝鮮王朝を訪れている時期にあたる。

(32)『高麗史』巻一三三「辛禑一」四年（一三七八）一〇月条。
(33)『高麗史』巻一三四「辛禑二」五年（一三七九）七月条。
(34) 川添昭二『今川了俊』（吉川弘文館、一九六四年）。
(35)『南北朝遺文　中国四国編』三三八三号・三三九一号「門司親尚軍忠状」、同、三三三一号「島津師久申状写」、同、三四八九号「益田兼見軍忠状」、同、三六六八号「室町幕府御教書案」。
(36) 同右、四〇六五号「毛利元春軍忠状案」。
(37)『後愚昧記』永和三年（一三七七）九月一日条など。
(38)「明徳三年壬申答朝鮮書」（田中健夫編『善隣国宝記・続善隣国宝記』小学館、一九九五年、一〇二頁）。なお覚槌・寿允の往来に関わる記事は高麗・朝鮮側史料には見られない。
(39)『朝鮮王朝実録』太祖三年（一三九四）一〇月丁丑・一二月是月・四年七月辛丑条。
(40) 瀬野馬熊「今川大内二氏と朝鮮の関係」（前掲注19論文）。
(41) 佐伯弘次「大内氏の筑前国支配」（川添昭二編『九州中世史研究』一、文献出版、一九七八年）。

(42) 田中健夫『倭寇』（教育社、一九八二年）、四〇―四一頁。
(43) 『朝鮮王朝実録』太祖四年（一三九五）一二月乙巳・五年三月是月条。
(44) 『朝鮮王朝実録』太祖六年（一三九七）七月甲戌・一一月壬戌条。
(45) 川添昭二氏が、細川頼之から斯波義将への管領交代にともなう政治情勢の変化と、探題権力強化を好まない幕府の姿勢を挙げ（『今川了俊』〔前掲〕）、佐藤進一氏が、探題としての了俊の権力拡張、ことに対外通交面での地位の上昇を幕府が警戒したこと、ならびに島津氏・大友氏など九州有力守護に反了俊派が多く九州統一が困難だったことを挙げ（『南北朝の動乱』中央公論社、一九七四年）、村井章介氏が、外交面での探題の自立化（への危惧）を挙げている（「建武・室町の政権と東アジア」同著『アジアのなかの中世日本』〔前掲〕）。また荒川良治氏は、「守護大名権力の確立」をめざす守護と探題権力とが競合関係にあったことを大友氏を例に指摘する（「今川了俊の失脚とその歴史的条件」『九州史学』一一〇、一九九四年）。
(46) 大内義弘による高麗への軍勢派遣が見える同じ年の康暦元年（一三七九）一一月、義弘の父弘世が死去する。その直後から大内氏内部で激しい一族間紛争が起こっているらしいことは、軍勢派遣という積極性を以てはじめられた大内氏の対朝通交が頓挫した一因に数えられる。『花営三代記』康暦二年五月二八日条には、義弘が安芸で弟満弘と合戦し、一族をはじめとして二〇〇名あまりを斬ったこと、それに先立つ五月一〇日に長門国栄山で杉智浄ほか二七名が討死を遂げたことが記されている。ただこの混乱はまもなく義弘優位のもとに終息を見るようであり、その後に再度参入を試みた形跡がないのには、別の理由を考える必要がある。
(47) 『朝鮮王朝実録』定宗元年（一三九九）五月乙酉条。
(48) 「送朴秘書奉使日本」（『松堂集』巻二、『韓国文集叢刊』六所収）、「送密陽朴先生敦〔惇〕之奉使日本序」（『陽村集』巻一七、『韓国文集叢刊』七所収）。
(49) 村井章介『東アジア往還』（朝日新聞社、一九九五年）一四二頁。
(50) 『雙梅堂篋蔵集』冒頭に所収される李詹の「年譜」に「永楽三年乙酉春三月乙丑卒」とある。
(51) 江戸期の編纂物である『続本朝通鑑』には「大内義弘迎二接之一、留二寓周防国山口一、告二其趣於京師一」とある。中村栄孝氏は『日本と朝鮮』〔前掲〕で「大内氏の取次ぎで京都にのぼり」と述べるが一般書という本の性格もあり根拠は示されない。
(52) 『朝鮮王朝実録』定宗元年（一三九九）七月己丑条。
(53) 田中健夫「漢字文化圏のなかの武家政権」（『思想』九七六、一九九〇年）・「補注」（同編『善隣国宝記・新訂続善隣国宝記』〔前掲〕五五三頁)。

(54)『兼敦朝臣記』(『吉田家日次記』東京大学史料編纂所架蔵写真帳所収)の記事から、三月二六日・七月一八日―九月二四日は京に居たことが確認でき、朴惇之の滞京中に在京していたのは確実。ただし三月末―七月初旬にかけての動静が不明で、山口で朴惇之を迎え前後して上京したとも、その間も在京していたとも解する余地があり、確定はできない。

(55)『大日本史料』応永五年(一三九八)一〇月一六日条所収「迎陽記」。

(56)ただし途中、壱岐で漂没して(『朝鮮王朝実録』世宗一〇年正月辛丑条)、日本には到着しなかった。三年後、太宗がこれを日本に告げている(『朝鮮王朝実録』太宗二年七月壬辰条)。漂没の連絡が遅れたのは、日本においては応永の乱ならびにその後の大内氏の内紛、朝鮮においては定宗の退位と太宗の即位という政治状況の激変期であったからだと考えられる。

(57)たとえば大蔵経は六―七回要求し、五―六部を得ている。うち三部はそれぞれ大内氏の氏寺である興隆寺・大内弘幸の菩提寺である永興寺・防府の松崎天満宮への施入が日本側史料によって確認できる。大内氏の大蔵経輸入とその意義については第三章で論じる。

(58)朝鮮国王が派遣する使者にはさまざまな種類があり、さまざまな呼称があるが、以下本章では日本国王宛に送られた朝鮮国王が発した使者については「朝鮮国王使」と呼ぶ。また日本国王が朝鮮に送った使者もさまざまな表現があるが、本書では「日本国王使」に統一した。

(59)この途絶について臼杵華臣氏は論及するが、ほかの論者は論及しない。

(60)『朝鮮王朝実録』世宗一二年(一四三〇)閏一二月己酉条。

(61)『満済准后日記』(『続群書類従』補遺一)永享三年(一四三一)七月一三日条。

(62)『満済准后日記』永享三年九月二四日・一〇月一九日条。

(63)『満済准后日記』永享四年二月二四日・五月九日条。

(64)『満済准后日記』永享四年一〇月一〇日条「一、安芸・石見・伊予三ヶ国勢、為㆓大内合力㆒早々可㆓罷立㆒事、去年以来連々被㆓仰付㆒之間……」。

(65)『満済准后日記』永享五年三月六日条、『看聞御記』(『続群書類従』補遺二)永享五年三月一三日条。

(66)『看聞御記』永享九年(一四三七)正月二三日条。

(67)佐伯弘次「永享十二年少弐嘉頼赦免とその背景」(地方史研究協議会編『異国と九州』雄山閣出版、一九九二年)。

(68)『朝鮮王朝実録』世宗二二年（一四四〇）八月庚午条。

(69) 村井章介氏は、応永の外寇の戦後処理に際する、対馬と朝鮮のやりとりのなかに「対馬島は慶尚道に隷す」という認識が見られることに注目し、対馬を日本とは別の独自の領域だとする見方が朝鮮ではむしろ常識であり、倭人の側にもこの見方をとる者がいたことを指摘した（同著『中世倭人伝』〔前掲〕）。そして、対馬島人ばかりでなく、大内氏のような西国大名にもそのような認識が見られるとして、『朝鮮王朝実録』文宗元年（一四五一）八月己丑条の「嚢聞、大内殿有レ言、対馬島本朝鮮之地、我興レ兵往レ伐、朝鮮挾撃之、以為二牧馬之島一可矣」という一文を挙げて、次のように言っている。

このとき（一四五一年）の大内殿は教弘で、一四四七年ころには幕府から筑前守護職に任じられ、宿敵少弐教頼を対馬へ追い払っていた。対馬の宗氏は少弐氏の被官の出なので、教頼は宗貞盛を頼って朝鮮へ逃げたわけだが、実力的には宗氏の方が少弐氏にまさっていた（佐伯弘次「大内氏の筑前国支配」）。以上の背景をもとに教弘の発言を読むと、少弐＝宗との対抗上有利な立場を確保しようとする大内氏の政治的意図が明瞭に読みとれる。

村井氏は、文宗元年条の「大内殿有言」の大内殿を教弘ととらえている。しかし「嚢聞」という語からすれば、「大内殿有言」とは、直接には、この一四四四年に姜勧善が報告した内容を指していると考えられる。したがって、この大内殿は教弘ではなく、一四四四年段階の大内殿である教弘の前の大内殿、つまり持世であると解釈するべきである。

(70)『朝鮮王朝実録』世宗二六年（一四四四）六月乙酉・癸卯条。

(71) 朝鮮使節の護送システム、およびそのなかでの大内氏の役割については第二章で論じる。

(72)『朝鮮王朝実録』世宗一〇年（一四二八）一一月甲戌条。

(73)『朝鮮王朝実録』世宗一一年一二月乙亥条。

(74) 一度目は一四一〇年に発遣された梁需で、京都へ赴く途中、周防国頭島と安芸国高崎の間で賊に遭い、身包み剝がされて小島に捨て置かれた（宋希璟著・村井章介校注『老松堂日本行録』岩波書店、二〇〇〇年）。足利義持は書状のなかでこれを詫びている（『朝鮮王朝実録』太宗一一年正月丁亥条）。また大内盛見も応永一七年（一四一〇）の書状（「与朝鮮国議政左右政丞書　代道雄居士」（『不二遺稿』））のなかでこれを詫びている。二度目は、一四三二年に発遣された李芸で、京都からの帰路、尾道を出た後、おそらく過重積載により、船が動かなくなったところを賊に襲われ、やはり身包み剝がされている。この事件については第二章第一節で述べる。

(75)『満済准后日記』永享三年（一四三一）七月一三日条。

(76)『朝鮮王朝実録』世宗一三年(一四三一)八月癸卯条。
(77)『朝鮮王朝実録』太宗一七年(一四一七)一二月庚子条、世宗一二年(一四三〇)五月戊午条など。
(78)『朝鮮王朝実録』世宗二三年(一四四一)一二月乙未条、同二五年(一四四三)二月辛卯・乙巳・丁未・一〇月甲午条など。
(79)『朝鮮王朝実録』世宗二一年(一四三九)四月乙未条。
(80)『朝鮮王朝実録』世宗二六年(一四四四)四月己酉条。
(81)ほかには一四八五年、政弘に胡椒の種を求めているのみである(『朝鮮王朝実録』成宗一六年一〇月乙酉条)。
(82)『朝鮮王朝実録』世祖七年(一四六一)一〇月丁亥条・成宗一〇年(一四七九)四月丁未条。
(83)大内氏の使者であることを証明する物品を求めるということは、偽者が出る可能性を警戒しているからで、その点、一四五四年から大内教弘の兄「大内教之(教幸)」名義の通交が始まっていることとの関連を重視するべきと考えるが、証拠を見出すことができない。教弘は、大内持世の死後、大友氏に援助された兄教幸との家督争いに勝利して、一四四三年ころに大内氏家督の地位を確保した。応仁文明の乱の前には教弘と教幸は和解し、教幸は周防にいたことが確認できるが、この教幸の存在は教弘にとって脅威でありつづけた(第四章補論参照)。
　近年、伊藤幸司氏は、この通信符の申請を、大内殿使のニセモノが実際に出たため、以後の偽使の存在の排除を目的として行なわれたものとした。具体的には、一四四五年・一四五一年・一四五二年の大内殿使は、対馬宗氏による「偽使」であると論じる。そして通信符によって、ニセの「大内殿使」を出せなくなった対馬宗氏が、代替として創出したのが「大内教之」使であるとする(「偽大内殿使考」『日本歴史』七三一、二〇〇九年)。

　伊藤氏が、一四四五年・一四五一年・一四五二年の大内教弘使を偽使と判断される根拠は、「大内殿使」を務めたのが俗人であり、対馬宗氏に関係が深い人物であるという点のみにある。すなわち、一四四五年の大内殿使は、所吾古(宗香)・和知羅多羅・望古時羅であるが、このうち望古時羅は一四四一年に宗貞盛の使者を務めている。また和知羅多羅・望古時羅はソウルで密貿易などの不法行為をやって捕縛されたが、その相手は宗貞盛の請で受職された向化倭人表思温、同行していたのは、宗盛国や貞盛の使者を務めたことのある表阿時羅であった。一四五一年の大内殿使は三甫羅多羅だが、彼は宗貞盛・宗盛家の使者を務めたことがある。一四五二年の大内殿使は宗香・宗三郎だが、宗香は一四四五年の際にも大内殿使としてきており、宗三郎は、宗貞秀の使者を務めたことがある。一六世紀段階と異なり文明一〇年(一四七八)の宗貞国との和睦以前の段階においては、大内氏は基本的に領国内の禅僧を大内殿使として起用していることを考えれば、情況的には、「通信符発給以前の三つの大内殿使は、対馬宗氏によって創出された偽使だとするのが最も整合的」とされるのである。

ところで伊藤氏は「大内殿使」と一括されるが、ここで挙げられている人名は全員が同じ立場ではない。和知羅多羅・望古時羅・宗三郎は正使ではない。一四四五年・一四五二年の際の正使は、国王との謁見の記事の書き方からして、宗香である。宗三郎は、「日本国大内殿遣二宗香・宗三郎等三十六人一」（『朝鮮王朝実録』文宗二年三月丙午条）と宗香と並列されることから、おそらく副使にあたるだろうが、和知羅多羅・望古時羅は謁見の際の記事には名前は見えない。したがって、たまたま不法行為を犯したために名前が記録されてしまった、大内氏使節団の一員と判断される。一四五一年の三甫羅多羅については、彼の名前が登場するのは、国王との謁見記事などではなく「日本国大内使送三甫羅多羅」が漂流人情報をもたらしたという記事である。特筆すべき情報をもたらしたという意味で名前が記録されたわけだが、この年、大内殿が使者を送ってきたという記事はなく、三甫羅多羅が正使なのか、どの使節団に属していたのか不明である（よって表1からは省いてある）。

要するに、以上のなかで正使と確定できるのは宗香だけであり、彼は僧であって俗人ではなく、対馬宗氏の関係者であるという事実も知られていない。伊藤氏も彼の素性には言及されていない。また、「大内殿使」の起用が領国内の禅僧に限られたとされる時期にあっても（立証されているわけではないが）、使節団全員が、禅僧であると想定する必要はないだろう。日明関係において、正使が禅僧でも、遣明船の乗組員全員が禅僧であるわけではないのと同様である。使節団の一部に宗氏と関係の深い俗人がいることは、大内氏の使節団としてそれほど奇異なことなのであろうか。望古多羅の密貿易相手の向化倭表思温は、宗貞盛の請で受職された宗氏と関係の深い人物であったが、本文で述べたように、同時に大内氏とも関係の深い人物であった。玄界灘を往来している人間が、宗氏と大内氏両方に縁を持っていることは自然なことではないか。

したがって一四四五年・一四五一年・一四五二年の大内殿使は、偽使とみなさなければならないとまでは言えない。通信符求請の理由としてニセモノが出るのを警戒したからというのは大変わかりやすい議論ではあるが、だからと言って直前の大内殿使について、対馬と関係の深い人間が使者になっているから偽使だ、とするのは、結論ありきの判断ではないか。

さらに言えば、通信符の発給によって、大内殿使が出せなくなったと判断し、代わりに教之使を出したのだという論は、伊藤氏自身がこれまた偽使の可能性が高いとされる一四五九年・一四六一年の例を考えると成立しえないのではないか。この説に従えば、通信符が下賜されたという情報を得て、偽使を派遣するのをやめたわずか五年後には、大丈夫だから再び出すという判断が下されたという解釈になってしまう。一四五三年から一四五九年の間の大内殿使の派遣は一四五七年の一回のみである。その際に通信符の捺印の有無を朝鮮側から確認された形跡がないというような類まで、宗氏が情報を集めて判断したと想定するのであろうか。もっとも、この一四五九年・一四六一年の大内殿使が偽使であるとする論も前者が米を求めたこと（大内氏の要求としては前例がない）、後者が俗人であることを以てのみの判断であり、大内氏とまったく関係のない使とするには、あまりに判断材料が少なすぎる。

以上により、筆者は伊藤氏の言う「偽大内殿使」すべてについて、これが大内氏とはまったく関係のない偽使であるという判断は下さない（可能性については排除しないが）。よって通信符が申請された直接の契機についても、通信符の性格を考えれば、偽使が出る可能性を警戒し、これを排除しようとしたものとも言える、という以上については、現状では論じえないという立場を取る。

(84) 『親元日記』（増補続史料大成）寛正六年（一四六五）九月三日条。
(85) この点に関しては、第四章第三節で述べる。
(86) 橋本雄前掲注13論文。
(87) 『朝鮮王朝実録』成宗四年（一四七三）八月戊辰・成宗五年七月庚辰・成宗九年（一四七八）正月己卯条。
(88) 大内殿使瑞興との問答を礼曹が国王に報告したものの一部。
(89) 『朝鮮王朝実録』成宗五年七月庚辰条。
(90) 臼杵華臣氏は、本時期ならびに直前の時期における大内教幸・大内氏家臣の通交を述べ、「この事情を深く考察してみなければならない」として、これらの偽使への教幸らの関与を想定している。筆者も同様な想定をしているが、明確な証拠を見出すことができていない。ただ、橋本雄氏は、文明年間の大量の偽王城大臣使は、博多商人と宗貞国の連携により創出されたものとする（「宗貞国の博多出兵と偽使問題」同著『中世日本の国際関係』〈前掲〉）。一四七八年に政弘が下向するまで、筑前・豊前をおさえていたのが東軍に属する教幸方の勢力であったことを考えれば（第四章補論参照）、教幸ないし大内家中の教幸の支持勢力が、博多商人・宗貞国と連携し、「大内政弘」名義の使者を出した可能性はあるのではないか。本文で述べたように、一四七三年・一四七四年・一四七八年の大内殿使は大内氏の通交故実に詳しい同一主体になる派遣と判断されるが、大内家中の関与があるとすれば、大内氏の通交故実に詳しいのも当然である。そして、政弘が博多を回復し貞国と和睦した直後、偽使が出た情報を入手し対策を取れたのも、偽使派遣勢力そのものと接点を持った結果ではないだろうか。

(91) 臼杵華臣氏は義興期を衰退期と評価されている。それはもっぱら朝鮮側が大内氏に対してすら貿易に制限を加えようとし、それに対して義興があの手この手でその維持を図ろうとしたことによっている。しかしあの手この手で維持しようと試みたことは大内氏にとって対朝関係が重要であることを示しているし、実際に使者も、貿易における優越的地位も目立って減退しているわけではない。したがって、衰退というにはあたらないのではないか。むしろ、徐々に請負通交への傾斜を見せながら継続的な通交が営まれていたという点で、政弘・義興・義隆期は一体的にとらえるべきであろう。

(92) 米谷均前掲注10論文。

(93) 米谷均前掲注10論文。高橋公明「十六世紀の朝鮮・対馬・東アジア海域」(加藤榮一ほか編『幕藩制国家と異域・異国』校倉書房、一九八九年)。佐伯弘次「中世都市博多の発展と息浜」(川添昭二先生還暦記念会編『日本中世史論攷』文献出版、一九八七年)。

(94) 「尊海渡海日記」(『大願寺文書』、『広島県史』古代中世資料編Ⅲ所収)。なお、この尊海の朝鮮通交については、中村栄孝「厳島大願寺僧尊海の朝鮮紀行」(『日鮮関係史の研究』上〔前掲〕。初出一九六三年)に詳述されている。

(95) 『朝鮮王朝実録』中宗二〇年(一五二五)七月庚申条。

(96) 『大永享禄之比御状幷書状之跡付』六四号「宗盛廉書状案」(田中健夫『対外関係と文化交流』思文閣出版、一九八二年所収)。米谷均「漂流民送還と情報伝達からみた一六世紀の日朝関係」(『歴史評論』五七二、一九九七年)。

(97) 『朝鮮王朝実録』中宗三五年(一五四〇)一二月乙亥条。

(98) 「送高麗国疏」(『鷗庵遺藁』、『乗福寺文書』(東京大学史料編纂所架蔵写真帳)所収)。「朝鮮国礼曹参判任権書契」(国立歴史民俗博物館編『東アジア中世海道』毎日新聞社、二〇〇五年に写真が掲載)。なお、梅屋宗香については、伊藤幸司「地域権力の外交文書起草と禅僧」(同著『中世日本の外交と禅宗』吉川弘文館、二〇〇二年)に詳しい。

(99) 「大蔵経目録口書写」(『大願寺文書』)。

(100) 橋本雄「二人の将軍と外交権の分裂」(同著『中世日本の国際関係』〔前掲〕)。なお原論文は前掲注9論文であるが、大幅な改訂・増補がなされており、その増補の部分に依拠しているため、著書所収の本論文を引用しておく。

(101) 橋本雄、同右論文。

(102) 橋本雄、同右論文。『朝鮮王朝実録』中宗三八年(一五四三)四月庚寅条。「天文一一年七月日日本国王源義晴書契写」(『異国出契』(国立公文書館内閣文庫所蔵)所収)。

(103)『妙智院所蔵史料』六(東京大学史料編纂所架蔵写真帳)所収。なお文中に見える「同右三人」とは陶隆満・相良武任・吉見弘成を指す。いずれも大内氏奉行人であるが、ことに大内氏の対外関係遂行上必要な事項に深く関わっており、天文後半期の大内氏側の外交担当者とでもいうべき存在と定義しうる。

(104)臼杵華臣編著『毛利博物館』(防府毛利報公会、一九八八年)。

(105)国立歴史民俗博物館編『東アジア中世海道』(前掲)に写真が掲載。

(106)『諸家引着』の原本は所在不明。写本が現在韓国国史編纂委員会に所蔵される。この写本は、西村圭子氏によって全文翻刻され、佐伯弘次氏により西村氏の翻刻の校訂表が作られている。本書では西村氏による翻刻を参照し、佐伯氏の校訂に基づいて引用した。西村圭子「対馬宗氏の『諸家引着』覚書」(『日本女子大学文学部紀要』三四号、一九八四年)。佐伯弘次「『諸家引着』校訂表」(村井章介編『八―一七世紀の東アジア地域における人・物・情報の交流』下、科研報告書、二〇〇四年)。なお『諸家引着』六五―六六号も関連史料である。

(107)なお『諸家引着』一〇二―一〇五号も関連史料である。

(108)詳細は不明であるが、毛利氏が対朝通交をなしえていた形跡はない。また以上の毛利氏の対朝通交の試みについては、関周一・米谷均・橋本雄の各氏の論考で触れられている。各氏の論考の関心によって取り上げ方は多少異なるが、結局毛利氏の思惑どおりにことが運ばなかったという点では一致している(関周一「東アジア海域の交流と対馬・博多」(『歴史学研究』七〇三、一九九七年。のち同著『中世日朝海域史の研究』吉川弘文館、二〇〇二年所収)、米谷均前掲注96論文、橋本雄前掲注100論文)。

(109)『朝鮮送使国次之書契覚』(田中健夫『対外関係と文化交流』〔前掲〕所収)。なお、『朝鮮王朝実録』には対応する記事を見出せない。一六世紀中葉以降、壬辰倭乱開始までは、『朝鮮王朝実録』の日本関係記事が激減し、日本国王使の来朝などもそれほど詳しくは書かれない傾向がある。そのゆえか、一五五一年以降、大内殿使が来朝したという記事は、『朝鮮王朝実録』には見られない。しかし、この『書契覚』からは大内船が派遣されたことは明らかである。なお『書契覚』は、対馬鰐浦における諸船検問の記録と、文引発給の記録からなる。前者は元亀三―天正三年(一五七二―七五)(一部断簡)分が、後者は天正八―一四年(一五八〇―八六)分が現存する。

(110)田代和生・米谷均前掲注11論文。なお、これら模造印は、現在一括して九州国立博物館の所蔵となり、常設展示室に展示されている。

(111)「与上・副官・対馬島主」・「擬重答上・副官・対馬島主」(『鶴峰集』巻五、『韓国文集叢刊』四八所収)。『鶴峰集』はこのときの朝鮮国王使の副使を務めた金誠一の文集。一六四九年刊行、一八五一年重刊。文集叢刊本は重刊本を底本としている。なお本文書は『朝鮮通交大紀』(松浦允任撰、田中健夫・田代和生校訂、名著出版、一九七八年)にも引用されている。
(112) 田代和生・米谷均前掲注11論文。
(113)『朝鮮王朝実録』世祖一〇年(一四六四)九月丁丑条。

第二章　日朝国家間外交における大内氏の地位

はじめに

前章において、第二期すなわち一四二〇年代に、朝鮮王朝による大内氏の待遇が上昇していることを指摘し、その要因のひとつに、朝鮮使節の来日時に大内氏が護送をしていることを挙げた。朝鮮使節は一四四三年以降一五九〇年まで、対馬までは来ても、来京することはなくなったが、一五世紀前半段階までは、敵礼外交の観念のもと、日本国王使派遣に対する回礼使として、あるいは室町殿の弔問・襲職祝の使として、頻繁に来京し、瀬戸内海を往来した。このなかで、「賊路要害処」を悉く護送してくれる存在として大内氏が認識され、待遇の上昇につながったのである。

ところで、来日した外国使節をどう処遇し、その行程の安全をいかに確保し、あるいはしようとしていたかという問題は、当該政権の外交姿勢を探るひとつの重要な論点である。さらに行程の安全の確保、言い換えれば使節護送の実態の解明は、現象としては西国方面から京都間の、それもおおむね海路に限られてはしまうが、当該期の国家が基幹交通にいかに関与していたのかという問題に切り込む上でも重要な素材と言えよう。しかし従来、朝鮮使節の護送の実像については、ほとんど言及されてこなかった。最近、拙論ならびに、朝鮮使節の接待の検討を通じて室町幕府の対朝外交の姿勢に迫った橋本雄氏の研究によって[1]、この問題はようやく脚光を浴びつつある。

一方、室町政権の遣明船警固については、鎌倉幕府が守護に一元化された警固体制をとるのに対し、室町幕府においては、守護・国人の二系統の伝達経路がとられ、遣明船の通過地点では守護・国人による警固と瀬戸内海賊による警固の二重体制がとられていたことを、佐伯弘次氏が明らかにしている[2]。また山内譲氏により実際に海賊が遣明船警固に向かっている例も指摘されている[3]。

本章では、これら遣明船警固についての研究成果を踏まえながら、朝鮮使節の護送の実態と、そこでの大内氏の役割についての検討を通じ、日朝国家間外交における大内氏の位置を考察していくことにする。

一　朝鮮使節護送システムと大内氏

（1）室町政権の朝鮮使節護送システム

朝鮮使節の入京の問題をめぐって、従来よく知られているのは、『老松堂日本行録』に「日本之法」と表現されている記述である。『老松堂日本行録』は、一四二〇年に来日した朝鮮使節宋希璟が、出発から帰朝までの全行程における見聞を詩文の形で記録したものである。

［史料1］『老松堂日本行録』（村井章介校注、岩波書店、二〇〇〇年）一一〇[4]

日本之法、他国使来二朴加大（博多）一、則探提拘留而報二告於王一、待二其王入送之文一、然後入送、到二赤間関一、則代官又拘留、見二王入送之文一、然後入送、到二兵庫一亦然、如レ此三処有二把截一焉、

〔大意〕日本の法では、外国使節が博多にやってくると、九州探題が使節を拘留して王に報告し、王の入送の文を待って、それが来てから入送する。赤間関につくと、代官が使節を拘留し、王の入送の文を見てから、入送する。兵庫につくとまた、代官が使節を拘留し、王の入送の文を見てから、入送する。このように三ヵ

所においてチェックが行なわれる。

従来、本史料から、博多・赤間関・兵庫で「拘留」が行なわれていることが、室町政権の外国使節の受け入れ体制を示すものとして指摘されてきた。(5) しかし、ここで注目したいのは「拘留」と対となって登場する「入送」の意味についてである。『老松堂日本行録』をたどっていくと次のような記事を見出すことができる。

[史料2]『老松堂日本行録』七一・七二・七四・八一

(七一) 三月初四日到二泊朴加大《（博多）》一、九州探提報二告於王一、待二報告一、故留十六日、報告遅来、告二探提一発行、到レ此《（志賀島）》待レ風、

(七二) 二十四日発二志賀島一向二赤間関一、(中略) 平明到二泊赤間関一、(中略) 此下十三首、九□探提報二告於王一、関之代官亦以待二報告一、留泊時所レ作、

(七四) 留二赤間関一、朴加大護送代官伊東殿告レ還、

(八一) 三十日発二赤間関一宿二海浜一、是日報告来、聞下王多発二護送船一厚対二入送之言一上、吾上下及亮倪喜レ之、

三月四日、宋希璟らは(壱岐より)博多に到着した。これを受けて九州探題は王＝足利義持に報告を送り、その返答が帰ってくるまでの間、宋希璟らは博多にとどまり、返答がくるに及び出発した(七一)。博多から赤間関までは九州探題の使が護送した(七四)。風待ちの後、三月二四日、志賀島を発し、翌朝赤間関に着したが、「関代官」のもとに指図がくるまでの間、また滞留した(七二)。三月三〇日、義持が「多くの護送船を発して厚遇して入送せよ」と言ったことが赤間関に伝えられ、一行は喜び出発する(八一)。

ここでまず注目したいのは、「入送之文」とは、上洛許可であるとともに護送命令をともなうものであることである。これは、当然のこととも言えるが、この「入送之文」がなかった場合を検討し、「入送之文」の具体的機能を考えてみたい。

［史料3］『朝鮮王朝実録』世宗二五年（一四四三）一〇月甲午条

（前略）臣等初到二対馬島一、宗貞盛受二賜物一、行二四拝一、以致二謝意一、仍遣レ人為二郷道一、ⓐ行至二赤間関一、大内教弘径到二赤崎浦一、迎候、（中略）ⓑ教弘遂以二臣等之来一、馳二報京都一、ⓒ乃発二船四隻一護送、行至二尾路一、ⓓ代官以レ無二国王教書一不二護送一、ⓔ臣等行至二兵庫一、使三通事尹仁始先往二京都一、報レ之、兵庫守護官来謂二臣等一曰「今報二使臣声息于京管領及伊勢一、皆無二可否一、但其出納者言「ⓕ大内之報、時未二回答一、不レ宜二擅自上来一」」、仍言「国王年少、諸大臣擅レ権、ⓖ以二使臣支待一、各有レ所レ費、但於レ国有二礼物一、而於レ己無レ益、故托レ辞以拒レ之、若在二尾路一待レ報、則淹滞必久矣、使臣不レ待而来、甚善計也」、（後略）

一四四三年、朝鮮使節卞孝文が対馬から赤間関に来着すると（傍線a）、大内教弘は、これを京都に報告し（傍線b）、その回報を待たずに（傍線f）、護送船四隻を発して卞孝文らを尾道まで送った（傍線c）。しかし使節を受け入れるつもりのなかった室町政権内部の方針により（傍線g）、尾道に対して、「国王教書」が出ていなかった。そこで尾道の代官は護送を拒否し（傍線d）、卞孝文らは、おそらく護送のないままに兵庫までいたり、通事を京都に派遣して入京につき直接交渉を図ったのであった（傍線e）。

この一連の流れからは、「国王教書」がないことが護送拒否の理由になっていること、裏返せば「国王教書」とは護送を保障するものだったこと、および使節来日の報告に対する回答（＝入送之文）がその「国王教書」発給の前提として存在するだろうことが読み取れる。

この「国王教書」と表現される室町殿の護送命令の具体的な伝達の様子は、高麗使節羅興儒に関わる文書からうかがえる。羅興儒は、日本に倭寇取締りを依頼することを任務として、一三七五年二月に朝鮮を出発し、翌年一〇月に帰国した使節である。

［史料4］「永和元年一一月一九日赤松義則遵行状案」（『大日本古文書　東寺文書之一一』六九号所収）

高麗使之羅興儒以下同進物等、被二召上一由事、今月六日所レ被レ成二御教書一也、早任下被二仰下一旨上、用二意人夫・伝
馬一、可レ被レ致二分郡警固一状、如レ件、

永和元年十一月十九日　右近将監（赤松義則）判

宇野（祐頼）備前権守殿

［史料5］「永和元年十二月九日宇野祐頼遵行状案」（同右）

高麗使者羅興儒以下同進物等、被二召上一候由事、去月六日御教書并同月十九日施行案、如レ此、早任下被二仰下一之
旨上、用二意人夫・伝馬・雑事以下一、致二警固一、可レ致二勘過一之由候也、仍執達如レ件、

永和元年十二月九日　備前守（宇野祐頼）判

赤穂郡寺社本所地頭御家人御中

この永和元年（一三七五）の二通の文書からは、①高麗使節羅興儒と進物を（京都に）召し上げるように、という足利義満の御教書が出され、②それに基づき播磨守護である赤松義則は、守護代宇野祐頼に、人夫伝馬を出して郡ごとに警固させるように命じる遵行状を出し、③それを受けて宇野祐頼は寺社本所地頭御家人に対し、人夫・伝馬・雑事（食事）を用意して警固するよう命じる遵行状を郡ごとに発給した、という事実を読み取ることができる。実際、翌永和二年の矢野荘学衆方年貢等散用状（史料6）からは、矢野荘に守護代が催促使を遣わし人夫を徴発したこと、その関連諸経費が国下用として処理されたことが確認される[6]。

［史料6］「永和二年二月日矢野荘学衆方去年（永和元）年貢等散用状」（『東寺百合文書』ヲ函二二号）

六斗四升　代四百文、高麗人警固并人夫催促郡使両度引出物・雑事、十二月九日、

二斗四升　代百五十文、同人夫并警固粮物、

さらに、「永和五年三月日矢野荘学衆方去年（永和四）年貢等散用状」の「国下用」項にも「永和四年六月二日自二守護

代一、高麗人送夫催促使雑事三个度分」の計上が見られる。(7) 永和四年（一三七八）には高麗使節安吉祥が来日していた。(8) 安吉祥のときも、羅興儒のときと同様の体制がとられていたことがうかがえる。

以上は朝鮮使節の往路における室町政権の護送体制を示すものであるが、帰路についても室町殿の護送命令が出され、往路と同様の体制がとられていたことは、『老松堂日本行録』の随所から読み取れる。まず、宋希璟が淀から兵庫に向かう際には、「王之護送文」の到来を待って出発している（『老松堂日本行録』一四八、以下『老』）。この護送文が使節の通過する重要地点ごとに出されたらしいことは、「及二予回還一（中略）於二経過諸島一、皆送二護送之文一」という記述からうかがえ（『老』一九六）、実際、備前下津井・周防下松などの地点において護送船が出ていることが確認できる（『老』一五三・一五四・一六四）。ここから、室町殿の「護送文」により、沿海各地を次々に受け渡されていく朝鮮使節護送システムの存在が浮かび上がる。

このことは、「是日申時到二泊可忘家利（蒲刈）一、此地群賊所レ居、王令不レ及無二統属一、故護送船亦無」（『老』一六二）として、安芸蒲刈は王令が及ばないところだから護送船がなかったと特記されていることからも、逆に理解することができる。博多商人の宗金がこのとき、海賊一人を上乗として雇い使節一行を無事に通過させたことは、博多商人による朝鮮使節護送および瀬戸内海の上乗慣行を示すものとして著名であるが、それが王令の及ばない場所、すなわち守護方の手の届かない場所で、有効に発揮されたものであるということに注意しておきたい。

以上述べてきたことを踏まえれば、『老松堂日本行録』の「日本之法」に見られる博多・赤間関・兵庫における「拘留」とは、室町政権による使節受け入れの決定＝「入送之文」発給と、それに伴う各地への「護送文」発給とを準備するための措置であると解釈することができる。それは使節を受け入れるかどうかという選択を含んでいるという点で「把截」＝チェックでもあったが、一方で使節の安全確保という意味も持っていたのである。

ところで、使節来日の報告は、常に博多の九州探題からなされていたわけではなかった。表1は、室町期に来日した朝鮮使節がたどった航路について、判明する限りの情報を一覧にして示したものである。この表から明らかなように、一四四三年来日の卞孝文の場合には、赤間関に着いたことを大内氏が報告している。一四二四年に来日した朴安臣の場合にも赤間関から報告がなされた。それに対して義持が、赤間関での朝鮮使節抑留を大内氏に命じたために一悶着起きている。なお、一四四三年には九州探題はすでに没落していたが、一四二四年の朴安臣の際にはまだ博多の地に健在であった(9)。

この問題を考える際に注目すべきは、先に挙げたように、一四二〇年宋希璟来日の際、赤間関において「聞下王多発二護送船一厚対入送之言上」と述べられていることである（『老』八一）。すなわち、王＝足利義持が具体的な護送命令を出したのは赤間関に対してであり、その意味で赤間関は室町殿の命による護送の起点であったと言える。言い換えれば九州探題から使節来日の報告がなされ、それに対して受け入れの返事（＝入送之文）が出されたとしても、とにかく赤間関で一度「拘留」し、その使節が室町殿の命により護送されるべき存在であることを確認するとともに、瀬戸内における護送体制が整うのを待つ必要があった。それゆえ九州探題からの報告はしばしば略され、報告の回答に実質がともなう、つまり室町殿の命による護送の起点である赤間関から、報告がなされることが多かったのではないかと考えられる。

このように考えた場合、次に問題になるのは兵庫での「拘留」の意味である。これについては、兵庫が航路から陸路に切り替わるポイントであることに注目したい。朝鮮使節が釜山から乗ってきた自船により行程を進めることのできる兵庫までの航路と異なり(10)、陸路においては、輜重《しちょう》のための馬や人員の給付を受けなければ旅を続けることができない。したがって赤間関が航路における護送船発送を主軸とする護送体制の起点であるとすれば、兵庫は陸路における護送体制の起点であり、それゆえにこそ、それぞれの地点で改めて「拘留」が行なわれる必要があったのである。

以上を要するに、室町政権下における朝鮮使節護送は、「使節来日の報告→受け入れの決定と報告地点および赤間

表1　朝鮮使節往来の航路

出発	使節名	目的	博多寄港〈往路〉	博多寄港〈帰路〉	「国王」への報告	航路*1	備考	典拠*2
1366. 11	金逸	倭寇禁圧要請	?	?	?	出雲（日本海側を通る？）	出雲で賊に方物などを奪われる.	『高麗史』・『師守記』・『後愚昧記』
1375. 2	羅興儒	倭寇禁圧要請	?	?	?	（瀬戸内海を通る）	矢野荘に高麗人警固・人夫役を催促.	『高麗史』・『高麗史節要』・『東寺百合文書』
1377. 6	安吉祥	倭寇禁圧要請	?	?	?	（瀬戸内海を通る）	矢野荘に高麗人警固・人夫役を催促. 1380年11月日本にて病死の旨, 伝わる.	『高麗史』・『高麗史節要』・『教王護国寺文書』
1397. 12	朴惇之	大内氏への回礼	?	?	?	?	大内氏経由. 上洛し義満に会う.	『実録』
1399. 8	崔云嗣	報聘	—	—	—	—	往路, 壱岐近海で水没.	『実録』・『老松堂』
1404. 10	呂義孫	報聘	?	?	?	?		『実録』
1406. 2	尹銘	報聘	?	?	?	?		『実録』
1410. 2	梁需	報聘・義満弔問	?	?	?	高崎（瀬戸内海を通る）	安芸国高崎近辺にて賊に遭う.	『実録』・『老松堂』
1413. 12	朴賁	—	—	—	—	—	1414年2月中止.	『実録』
1420. ①	宋希璟	応永外寇の処理	○	○	博多・兵庫	対馬→壱岐→志賀島→博多→志賀島→赤間関→（略, 瀬戸内海）→兵庫→京→兵庫→（略, 瀬戸内海）→赤間関→志賀島→博多→志賀島→壱岐→対馬	往路, 九州探題渋川義俊, 博多—赤間関間を護送. 帰路, 九州探題父子と会談, 少弐使者と会談.	『老松堂』
1422. 12	朴熙中	回礼	○	?	?	博多→大宰府→博多→赤間関→	往路, 九州探題と会談, 太宰府に少弐満貞を訪ねる. 荷物は先に赤間関へ来着. 少弐満貞・九州探題渋川義俊, 博多—赤間関間を護送.	『実録』
1424. 2	朴安臣	回礼	○	○	赤間関	（博多）→赤間関→京→博多→壱岐→対馬島	九州探題渋川義俊, 往復護送. 帰路は壱岐まで. 赤間関より主籌が使節来日を京に報告.	『実録』
1428. 12	朴瑞生	義持弔問・義教即位の賀	?	?	?	合島→赤間関→	往路, 合島—赤間関間, 大友持直護送. 博多—合島なのか壱岐—合島なのかは不明. 往路もしくは帰路, 博多にて被虜人刷還交渉.	『実録』
1432. 7	李芸	回礼	○	?	?	博多→京→尾道→赤間関→	往路博多に寄り博多商人の荷物を積み込む. 帰路尾道で博多商人の荷物を積み込む. 帰路, 尾道近辺で海賊に襲われる.	『実録』
1439. 7	高得宗	修好	?	?	?	赤間関	赤間関で大内持世と会談.	『実録』
1443. 2	卞孝文	義教弔問・義勝即位の賀	?	○	赤間関	対馬→赤間関→尾道→兵庫→京→伊予→赤間関→山口→博多→対馬	往路, 対馬宗氏の案内で赤間関へ来着. 大内教弘, 京へ報告. 帰路, 博多にて被虜人刷還工作.	『実録』
1459. 8	宋処倹	回礼	—	—	—	—	往路, 対馬近海で漂没.	『実録』
1479. 4	李亨元	種々あり	—	—	—	—	宗氏の護送得られず, 対馬より帰還.	『実録』

注：日本国王宛の使者に限っている
*1　史料で確認できる地名のみを挙げた
*2　『実録』=『朝鮮王朝実録』, 『老松堂』=『老松堂日本行録』

関・兵庫への「入送之文」発給↓各国守護に対する護送命令（「護送文」「国王教書」）発給↓守護・守護代による遵行」というシステムのもとに行なわれていたと言うことができよう。

しかし、このような「将軍―守護・守護代―在地」という命令系統に基づいて行なわれる護送は、現在「護送」と聞いてイメージするような秩序立ったものであったわけではない。桜井英治氏は、海上の平和を脅かし禁圧の対象となる集団としての「海賊」と、航行する船舶を外敵から守り海上の平和維持に貢献する集団としての「海賊」は、同じ集団の異なる顔であり、そこに異なる実体があるわけではないと指摘している(11)。朝鮮使節護送もまさにそのような存在によって担われていたことが、卞孝文の復命書からうかがえる。

[史料7]『朝鮮王朝実録』世宗二五年（一四四三）一〇月甲午条

（前略）臣等行至二伊要《伊予》一、其護送者、群聚号噪、持レ杖突入、将下奪二礼物一而去上、臣言「此皆汝国王・管領礼物、汝等何至二無礼如一レ此」、再三開諭亦不レ聴、号噪愈甚、不レ得レ已給レ銭、乃止、（後略）

一四四三年来日した卞孝文は、京都で足利義教の弔問を終え、瀬戸内海を引き返して伊予に至った。そこまで護送してきた者たちは、群れ集まって大声で騒ぎ立て、杖を持って突入し、礼物を奪おうとした。卞孝文は「これはおまえたちの国王と管領の礼物である。（それなのに）おまえたちはどうしてこのような無礼を働くのか」と再三たしなめたが、（護送者たちは）聴こうとせず、騒ぎは益々ひどくなった。やむをえず銭を与えたところ、騒ぎは鎮静した。

ここで示されているのは「将軍―守護・守護代」の遵行ルートによって伝達されてきた護送命令の実行者たちが、朝鮮使節側から見れば一種の海賊行為を働こうとし、それに対して護送を受けた朝鮮使節側は、彼らに銭を払うことでその行為を回避できたという事態である。つまり、護送者たちは護送の見返りを直接朝鮮使節に要求したのであり、それは、中世後期の瀬戸内海において見られた、航海全体の安全を保障する警固料として支払われる櫓別銭・駄別銭などの取り立てと同じ行為である。このことは、遣明船護送命令が海賊にも出されていることと併せて、室町政権の水上交通支配がこのような在地の慣行の上に成立していたことを如実に示している。

（2）朝鮮王朝による護送依頼とその実態

前項では、室町前期の朝鮮使節護送が整ったシステムのもとに行なわれていたことを示し、併せて現実にその護送を担った者がいかなる存在であったかを示唆する事実を指摘した。本項では使節の航路安全確保のために朝鮮側がとった対応について検討したい。

室町政権の護送システムとは別に、朝鮮王朝は使節発遣ごとに特定の勢力に対して、「冀発船護送」といった文言を含む書を送り、独自に使節護送を依頼していることが、一四二四年来日の朴安臣の段階から確認できる[12]。このような書は、以後ほぼ使節発遣ごとに各氏に送られた。表2はその一覧である。対馬の宗氏・大内氏は一貫して依頼対象となっており、初期の頃には少弐氏・九州探題渋川氏、のちには豊後の大友氏や壱岐の佐志氏・志佐氏といった松浦党の勢力も依頼対象に入っている。この朝鮮王朝による護送依頼の実態について、以下見ていきたい。

朴安臣に先立つ、一四二三年来日（発遣は一四二二年）の朴熙中の場合には、護送依頼の書そのものは確認できないが、次の朴安臣のときに護送依頼の書が送られている諸氏のうち、渋川義俊・少弐満貞・宗貞盛について「依壬寅年例」と称されていることから、彼らに対し護送依頼がなされたことを確認することができる[13]（壬寅は朴熙中が朝鮮を出発した一四二二年）。実際、朴熙中の帰国以前、少弐満貞は使を朝鮮に遣わし、礼曹宛の書において次のように述べている。

[史料8]『朝鮮王朝実録』世宗五年（一四二三）九月壬寅条

本朝行二聘於貴国一、答聘之専价、四月四日到二石城之津一、遂枉二騶駕於宰府之私第一、賜レ書、告以二官船護送之事一、豈敢不レ奉レ命哉、官船帰朝之日、可レ致二謝答之忱一焉、（後略）

表2　朝鮮使節発遣に伴う護送依頼

発遣年	使節名	対象	書発行者	内容
1422	朴熙中	源義俊・藤原満貞・宗貞盛	—	—
1424	朴安臣	九州前都元帥源道鎮	礼曹参判	発船護送
		筑前州太宰府少卿藤原満貞	礼曹参議	発船護送
		対馬州左衛門大郎	礼曹佐郎	発船護送
		大内殿多多良公	礼曹参判	発船護送
		九州都元帥将監源義俊	礼曹参判	発船護送
		対馬州守護宗公	礼曹参議	発船護送
		故宗貞茂妻子	—	—
1428	朴瑞生	対馬島宗貞盛	礼曹	発船護送
		(対馬島) 左衛門大郎	礼曹	—
		九州西府少弐藤公	礼曹	—
		九州都元帥源公	礼曹	—
		一岐州志佐源公	礼曹	—
		(一岐州) 佐志	礼曹	—
		大内多多良持世	礼曹	—
1432	李芸	大内多多良公	礼曹	発船護送
		九州都元帥源公	礼曹	発船護送
		関西道大友源公	礼曹	—
		左武衛源公	礼曹	被虜人の刷還
		西海路一岐州太守佐志平公	礼曹	—
		対馬州右馬助宗貞澄	礼曹	—
		対馬州太守宗貞盛	礼曹	—
1439	高得宗	— ＊防長豊筑四州通守修理大夫多多良持世・管領京兆大夫源持之が礼曹に復書	—	—
1443	卞孝文	大内殿	礼曹	修好
		九州西府少二	礼曹	—
		左武衛	礼曹	—
		関西道大友	礼曹	—
		本国管領	礼曹	—
		対馬州太守	礼曹	—
		一岐州佐志	礼曹	—
		九州松浦志佐	礼曹	—
1459	宋処倹	大内多多良公	礼曹判書	差人護送・博多住人不正取締
		大和守	礼曹参判	修好
		畠山修理大夫源公	礼曹判書	修好
		左武衛源公	礼曹判書	修好
		管領	礼曹判書	修好
		京極佐佐木氏大膳大夫源公	礼曹判書	修好
		関西道大友源公	礼曹参判	発船護送
		対馬州太守宗公	礼曹参議	護送
		肥前州松浦一岐州太守志左源公	礼曹佐郎	護送
		一岐州佐志源公	礼曹佐郎	護送

ここから、四月四日、朴熙中らは石城之津（博多）に到着し、大宰府に少弐満貞を訪ねて朝鮮王朝からの書を渡し、護送を依頼したので、満貞は使節を護送し、それを朝鮮王朝に報告したことを確認することができる。

この満貞の使が朝鮮を訪れる二ヵ月前、九州探題渋川義俊の使がやってきて、やはり朴熙中らが一四二三年四月四日に博多に到着したこと、大蔵経船はすでに赤間関に到着し使節を待っていることなどを告げている。[14] さらに九州探題配下の平満景は、四月一〇日朴熙中と九州探題が会談したこと、朴熙中らは四月二三日に博多を出発したが、その際には「海上随処、嘱護無㆑恙」状態であったことを伝えている。[15] 以上から、朴熙中らは博多・大宰府に寄って義俊・満貞と会談し、彼らの手により護送されたことがわかる。宋希璟のときの九州探題の護送が赤間関までであったことから類推すれば（『老』七四）、この護送は赤間関までと考えられるだろう。

次いで、一四二四年来日の朴安臣の際には、対馬の宗貞盛・左衛門大郎、少弐満貞、九州探題渋川義俊と前九州探題渋川道鎮、大内氏に護送依頼がなされており、実際帰路において九州探題渋川義俊・対馬左衛門大郎が護送船を出していることを確認することができる。[16]

一四二九年来日（発遣は一四二八年）の朴瑞生の場合には、大友持直が書を朝鮮に送り、博多は今自分が有するところであること、朴瑞生らはすでに合島（相島）[17] に到着しており、風さえよければ、護送して赤間関に到着できるであろうことなどを述べていることが注目される。[18] 当時、少弐満貞は大宰府を没落しており、九州探題渋川氏もまた博多の地を没落していた。朴瑞生らがこのとき往路において博多に寄ったかどうかは定かではないが[19]、大友氏が合島（相島）―赤間関間を護送したことは読み取れる。以後、大友氏に対しても護送依頼がなされるようになる。次の李芸は、書は確認できるが、往路の護送の実態は不明である。高得宗の場合は書・実態ともに不明、その次の卞孝文の場合には、前節で触れたように、対馬宗氏の護送により赤間関まで来着し、大内教弘の護送によって、尾道に向かっている。

以上から、大内氏に至るまでの行程に関しては、朝鮮は独自に護送依頼を出しており、これに応じる形で各勢力は、これを通交の機会としていること、そして大内氏に至るまでとは、具体的には赤間関までを意味していたことが確認できる。ここで注意したいのは、この護送依頼が大内氏までで、その先の瀬戸内海沿岸の諸氏には及んでいないことである。当該期の朝鮮への通交者の範囲の問題が関わってくるので単純には言えないが、この事実は、前節で述べたような室町政権の護送システムとは別に、朝鮮が、朝鮮―大内間については各勢力との従前からの関係に基づいて護送を依頼し、大内氏から先は大内氏に委ねるという形で使節の安全を図り、そのような発想のもとでの使節護送の結節点として赤間関が機能していることを示しているのではないだろうか。これを端的に示すのが次の史料である。

［史料9］『朝鮮王朝実録』成宗一〇年（一四七九）四月丁亥条

（前略）亨元対曰「（中略）臣聞、前者通信使到二赤間関一、必報二大内殿一、聴二可否一而為二之進退一、由レ是或逗二遛旬月一、今臣之往、如又馳報而不レ許二入帰一、則何以処レ之乎」、　上曰「名為二通信使一、万無下不レ得二入帰一之理上、然可二因レ時善処一」、（後略）

これは、一四七九年、「日本通信使」正使に選ばれた李亨元と朝鮮国王との間に交わされた問答である。一四五九年、朝鮮使節宋処倹が往路、対馬近海で漂没してから[20]、日本への使節派遣は、応仁文明の乱の勃発という日本側の事情もあってしばらく途絶えていた。宋処倹の直前の使節は一四四三年来日の卞孝文であるから、李亨元が無事に京都にたどり着ければ、実に三五年ぶりの朝鮮使節来京となったはずである。実際には李亨元は、対馬まで至ったが、宗氏が南路（瀬戸内海路）に戦乱が起こったから危険であると主張して護送船を出さなかったために、対馬に滞留を余儀なくされ、結局中止となった[21]。

さて、本史料は「前の朝鮮使節は皆赤間関で大内殿に連絡し、その返事を待って進退しています。これにより時間を費やしてしまうこともあったと聞いております。今、私が（日本に）行って、また「入帰」（＝入り行くこと）を許されないようなことがあったらどうしたらよいでしょうか」という李亨元に対し、朝鮮国王が「そのようなことはないだろうが臨機応変に処置せよ」と答えているものである。

注目したいのは、「通信使到二赤間関一、必報二大内殿一、聴二可否一而為二之進退一」という李亨元の発言である。ここには、赤間関に着いたら大内氏と連絡をとるという認識と、日本における進退は大内氏と相談して決めるという認識の二つが示されている。

（3）朝鮮使節往来における赤間関と大内氏

このような赤間関と大内氏の位置についての認識が形成されてきた背景には、まず、第一章で明らかにしたような、朝鮮王朝と室町政権の取次としての大内氏の役割を考えなければならない。朝鮮王朝と室町政権の接触は、一三九七年に大内氏への回礼を名目として来日した朴惇之が、上洛して足利義満と会い、倭寇禁圧を説いたのがはじまりであり、大内義弘は両者の媒介役を務めていた[22]。こうした大内氏の立場が、護送における慣行、すなわち朝鮮使節来日の報告は赤間関からなされ、使節受け入れの決定もまた赤間関に伝達されるという日本側の慣行、および大内氏に至るまでは護送依頼をする必要があり、逆に言えば大内氏から先はその必要はないとする朝鮮側の慣行の基礎となり、この慣行のもとで大内氏と赤間関が果たした現実的な役割が、このような認識の形成に影響したと思われる。

それをよく示すのは、一四二四年来日の朴安臣の事例である。

［史料10］『朝鮮王朝実録』世宗六年（一四二四）一二月戊午条

日本国回礼使上護軍朴安臣・副使大護軍李芸復命、上引二見于内殿一、安臣等啓曰、臣等初到二赤間関一、圭籌謄書馳二報御所一、留待五十五日、回報不レ来、臣等恠問二其故一、圭籌答云「吾之馳報、已達二御所一、恨レ不レ得二所レ求経板一、故無二回報一」、又云「為レ探二候事変一、曾請二同行僧瓊蔵主一、送二于大内殿一、来則可レ知」、使三通事崔古音同等訪二問其処事変一、諸処喧説「拘二留回礼船於此一、粧二各処船百余隻一、送二于朝鮮一」、又言「大内殿所部赤間関兼領三州太守白松殿来、出レ令曰「今回礼船、未レ得二上京一」、且有二雑談一「或恐二逃還一、乃娶〔聚〕二軍人水陸関防一、又於二回路阿是浦等処一、粧レ船、以防二逃帰之路一」、既而白松殿見二臣等一言曰「今者、大内殿、以二御所之命一、移二文於我一、回礼使船載来経板与蔵経・金字経、載二他船一送二于京一」、臣等問曰「書契・礼物与使臣、処レ之如何」、答云「此事予不二敢知一」、臣等曰「若然、則事理未レ当、不レ可レ従レ命、須下将二此意一、更達二大内殿一、転中達于御所上、為レ可」、後十五日、瓊蔵主回レ自レ京云「御所欲下以二回礼船一拘二留赤間関一、只将二経与本板一、伝載輸上京、大内殿啓云「拘二隣国使臣一、於レ義未レ安、宜二当引接一」、御所乃許二来京一」、（後略）

すなわち、朝鮮使節朴安臣と同行して帰国した日本国王使圭籌は、赤間関より、自分の帰国と朝鮮使節の来日について足利義持に報告を送ったが、五五日たっても返事がこなかった。これは、義持が望んだ大蔵経板が朝鮮王朝から得られなかったからであると解釈した圭籌は、京都の様子を探るために、瓊蔵主を当時在京中であった大内盛見のところに遣わした。圭籌からこの事情を聞いた朴安臣は、通事に赤間関をまわらせて、事情を尋ねさせたところ、「回礼船をここに留めて、朝鮮に百余隻の船を送る」などということがしきりに噂されていた。また「大内殿所部赤間関兼領三州太守白松殿」は、「回礼船はまだ上京させない」と命を下したとも言われており、「回礼使たちが逃げ帰るのを恐れて、軍人を水陸の要衝に集め、帰り道である阿是浦などの要所には船を配置し、逃げ道を塞いでいる」などという噂もあった。そのうちに白松《基定》殿がやってきて、「大内殿（盛見）は、御所（足利義持）の命により、大蔵経などだけ、他の船に載せて京に送ることを私に命じてきました」と言うので、朴安臣らはその不当性を抗議し、大内殿にその旨を知らせ、義持に取り次いでもらいたい、と求めた。結局、盛見が、隣国使臣を拘留することの不可を説いたために、義持は入京を許すことになった。こののち朴安臣らは無事入京し、義持に会い、外交儀礼を終えて帰還した。

この事例は、すでに関周一氏によって紹介され、朝鮮使節の入国に果たす大内氏の役割の大きさを示すものと評価されているものである[23]。朝鮮使節にとってその任務を全うするためには、大内氏との交渉が重要かつ効果的であったことが明確にうかがえる。大内氏は室町政権と朝鮮王朝の「取次」として機能し、その特性が発揮される政治的な場として、赤間関は機能していたと言えるだろう。

もうひとつ事例を挙げよう。

一四三二年、李芸を正使とする朝鮮使節の一行が来日した。この李芸は、対馬島敬差官として何度か対馬に赴いたことがあり、また一四二二年発遣の朴熙中、一四二四年発遣の朴安臣、一四二八年発遣の朴瑞生を正使とする使節行の随行員として来日したこともある、対日通交のベテランであったが、帰路、尾道近海で海賊に襲われた。

［史料11］『朝鮮王朝実録』世宗一五年（一四三三）六月戊子条

日本回礼副使金久冏、回㆓到対馬島㆒、因㆓六郎次郎使送人㆒、上言曰「到㆓日本王京㆒、事完而還、去四月十三日、船膠㆓海中㆒、倉猝危急之際、忽有㆓海賊三十五船㆒、来奪㆓日本国書契・礼物及本国貿易雑物㆒、以至㆓官軍衣服・粮物㆒、亦皆奪去、乗㆓破般《ママ》㆒依㆑岸、赤身徒歩、向㆓大内殿㆒、或乞食、或飢困、奔走八日、到㆓赤間関㆒、使㆔通事金元、赴訴㆓倭王㆒、上護軍李芸・従事官房九成等十六人留待、久冏与押物率㆓伴従人・軍人并七十五人㆒、頼㆓大内・大友・小二殿諸人護送之力㆒、五月二十四日、還㆓到対馬島㆒」、（後略）

［史料12］『朝鮮王朝実録』世宗一五年一〇月乙卯条

回礼使李芸回㆑自㆓日本㆒、啓曰「逢㆓海賊㆒後、具録㆓被㆑奪之物㆒、令㆔通事金元還㆓白国王㆒、国王大怒、令㆓諸島代官捜探輸送㆒、且令㆓大内殿専掌糾察㆒、大内殿適領㆑兵出㆑戦、差㆓遣二人㆒、来止㆓赤間関㆒、然辞以島賊逃散、不㆑得㆓推獲㆒、只将㆓進上方物及船軍雑物㆒以送」、（後略）

［史料13］『朝鮮王朝実録』世宗一六年（一四三四）正月庚寅条

初直芸文館金久冏与李芸、奉㆓使日本㆒而還、至㆑是、久冏於輪対啓曰「前到㆓博多㆒、李芸多載㆓素知倭人綿紬㆒而去、其紬広濶価重、故本国之紬無㆑価、未㆑得㆑買㆓光絹及漆㆒、及㆓其回㆒也、到㆓尾道㆒、李芸載㆓博多倭人銅鉄四千余斤㆒、

船膠二海中一、臣令三人投二其鉄于海中一、李芸伴従及物主倭人、拘執而禁、適有二海賊三十五隻突出一、攘二奪雑物一、
乃下二義禁府一鞫レ之、

事件の概要は次のとおりである。李芸は往路、博多に寄り、旧知の倭人の綿紬を朝鮮使節船に載せ、帰路、尾道で博多倭人のために銅鉄四千余斤を積み込んだ。尾道を出港直後、おそらく過重積載により船が動かなくなり慌てふためいていたところを、賊に襲われて一切合財を奪われた（史料11・史料13）。壊れた船に乗ってなんとか上陸し、「大内殿」を目指して、八日間歩きつづけて赤間関に至り、この顚末を国王（足利義教）に訴えるために通事金元を京都に遣わした。正使李芸ら一六人は、赤間関に留まって金元を待つことにし、副使金久冏が先に一行七五人を率い、大内氏・大友氏・少弐氏の護送により帰国した（史料11）。半年後帰国した李芸は次のように報告した。「国王は大いに怒り、諸島の代官に命じて賊を捜索させ、大内殿（持世）を糾察にあたらせました。大内殿はたまたま出兵していたので、配下の者二人を赤間関に差し遣わしてきて「賊は逃げてしまってつかまりませんでした」と言い、進上方物と船軍雑物を我々に送ってきました」（史料12）。

この事件は、従来、朝鮮使節の日本での貿易・朝鮮使節船を利用した博多商人の遠隔取引の実態を示すものとして紹介されてきたものである(24)。しかし、ここで注目したいのは、備後国尾道近海で海賊に遭った李芸らが、とりあえず「向二大内殿一」、長門国赤間関に至っているという事実である。尾道に戻るのではなく、尾道―赤間関間にあるいくつかの拠点でもなく、本州の端の赤間関に到達した上で、副使が一行を率いて先に帰国し、通事を再度上京させて義教に事件を訴えさせ、正使は赤間関に留まってその結果を待つという処置が決定されているのである。このことは、大内氏のもとに（具体的には赤間関に）至れば状況が打開できると朝鮮使節が認識していたこと、実際にそうであったことを示し、日朝関係における大内氏の政治的地位の高さと、その大内氏の政治的特性と不可分な関係で機能した赤間関という場の存在の大きさをうかがうことができる。

ところで、この事件において、もうひとつ注目したいのは、大内殿が送ってきた進上方物・船軍雑物とは、李芸らが奪われた物品そのものであったと考えられることである。

[史料14]『朝鮮王朝実録』世宗二一年（一四三九）三月辛未条

僉知中枢院事李芸啓「臣於癸丑年奉㆓使日本㆒、及㆓其還㆒也、遇㆓海賊㆒、進上方物・書契、以至㆓軍人衣服㆒、皆被㆓掠奪㆒、艱苦到㆓大内殿㆒、大内殿給㆓酒食㆒、又推㆓索所㆑奪之物㆒以給、（後略）」、

本史料は、李芸が一四三三年の遭難を回顧しているものである。帰路、海賊に遭い、進上方物・書契から衣服まですべてを奪われ、苦労して大内氏のところまで行ったところ、大内氏は酒食を提供し、また奪われたものを探して給してくれた、というのである。

会津の商人司簗田氏について検討された桜井英治氏は、一六世紀の簗田氏が諸商人の荷物を賊難から守る立場にあり、実際に盗まれたものを取り返すことができたこと、それができた最大の理由は、山賊の多くが簗田氏配下の商人や駄賃取であったことに依ることを論証している[25]。すなわち盗む者と取り返す者との間には密接な関係が存在し、それを前提として取り返すという行為が可能になるのである。このことを踏まえて、ここで大内持世が、李芸らが海賊に奪われた物を返還していることを考えると、李芸らを襲った海賊と大内氏との間には、この事件以前に何らかの関係が存在していたと推定できる。だからこそ持世は、海賊が奪ったものを李芸らに返還することができたのである。大内氏と海賊が密接な関係を持っていたであろうことは、一四二九年に来日した朴瑞生の復命書[26]などを素材として想定されてきたが、この事実はそれを具体的に示し、護送における大内氏の役割を支える基盤の一端を垣間見せている。

二　国際港としての赤間関

以上、朝鮮使節護送の実態の解明を試み、護送における大内氏の役割を追究することにより、日朝関係における大内氏の位置を具体的に検討してきた。本節では、室町政権と朝鮮王朝の「取次」として機能し、日朝関係上特異な位置を占めた大内氏の支配下にあった港湾赤間関について、その実態を考察していきたい。

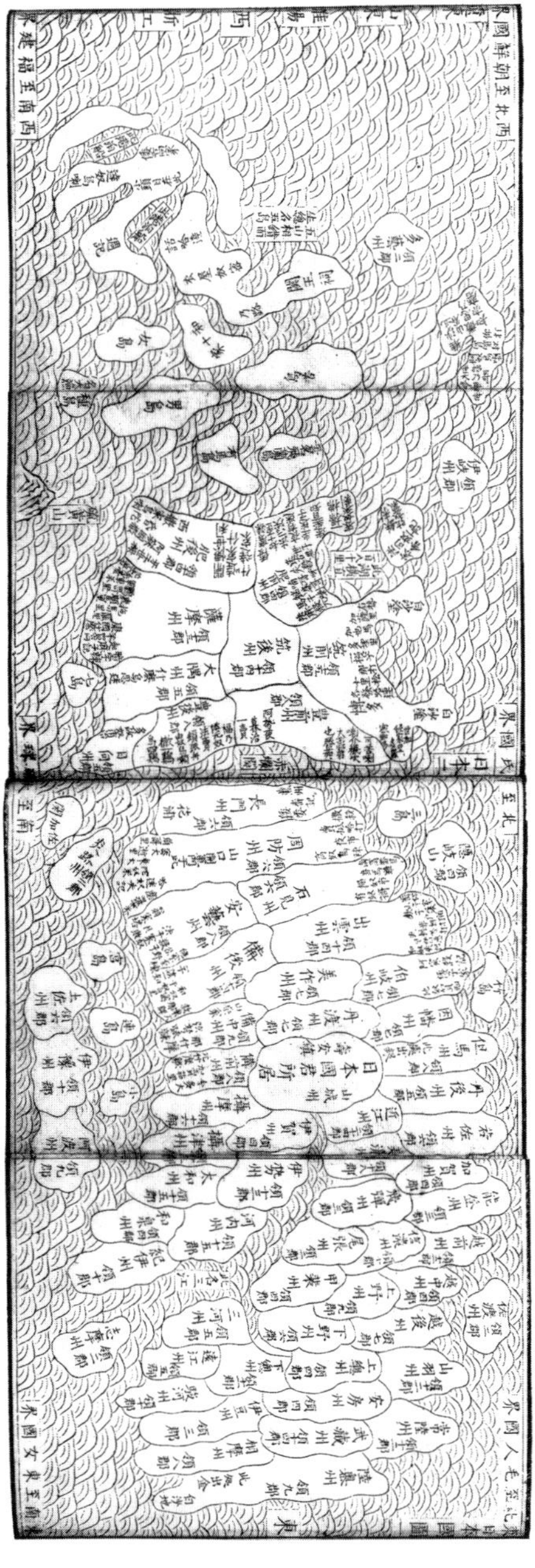

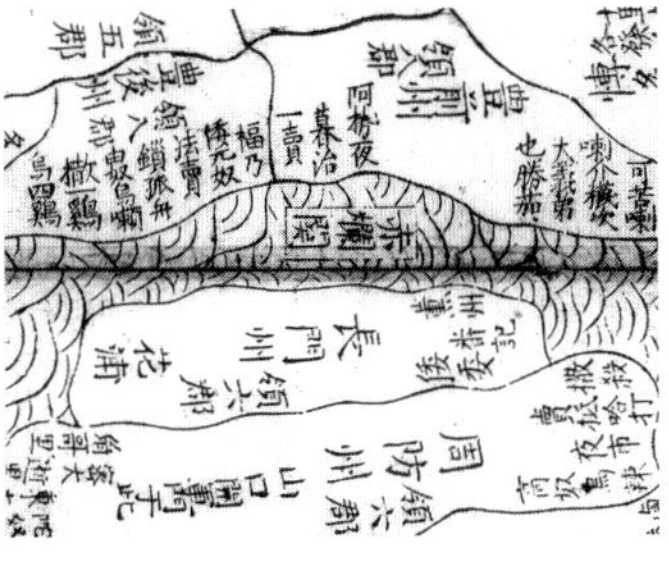

図1　「日本国図」（『日本図纂』，静嘉堂文庫所蔵）

中世後期の国際港として著名な博多や堺に比べると、赤間関の環シナ海地域における地位は、従来じゅうぶんに知られているとは言えない[27]。しかし前節で明らかにしたように、中世後期の赤間関は大内氏のもとで朝鮮使節護送の結節点としての役割を果たし、国際港として一定の地位を占めていた。さらに、前頁図1に注目しよう。

これは一六世紀中期、中国人が作成した地図である[28]。日本を描いた四葉の地図の三葉目、関門海峡の真ん中にひときわ大きく「赤爛関」と書かれている。図1のように、地図をつなげてみれば、完成した日本地図の中央に「赤爛関」が位置することになる。「赤爛関」は赤間関であろう。これを一見すれば、中世後期の赤間関が、日本を代表する重要な地と認識されていたことは明らかである。

論に先立って、確認しておきたいのは、「赤間関」という固有名詞の持つ多義性である。すなわち、「赤間関」は、史料上、関所の名であり、港湾の名であり、図1に端的に現れているように現在の関門海峡そのものをも指した。さらに壇ノ浦合戦について叙述した『吾妻鏡』が「於二長門国赤間関壇浦海上一、源平相逢」と記すように[29]、関門海峡に面した長門側の広域地名でもあった。赤間関の対岸に位置した門司関は、「関」としては赤間関と別個のものとして存在したが、赤間関が関門海峡そのものを指すときにはそのなかに含みこまれる。本節では、赤間関と門司関は密接不可分の関係にあり、相互に補完・連動するものとして一体的にとらえ、赤間関を中心に論を進めながら、門司についても適宜考慮していくことにしたい。

（1）一五世紀以前の諸様相

a　奈良・平安期における関門海峡の管理

最初に古代から中世にいたる赤間関の来歴を概観しておこう。

管見の限り、「赤間関」の初見は、『吾妻鏡』元暦二年（一一八五）正月一二日条に「参州自二周防国一到二赤間関一、為レ攻二平家一、自二其所一欲二渡海一之処」とあるものである。ただし正暦二年（九九一）の『離洛帖』では、「長門赤馬泊」と見え、[30]『散木奇歌集』（一一二八年ごろ成立）には「あかまといふ所」と見える。[31]「あかま」という呼称自体は古くからあるが、[32]「関」の名としては『続日本後紀』承和八年（八四一）八月戊午条では「長門関司」、貞観一一年（八六九）の太政官符では「下関」と見え、[33]関門海峡の長門側に置かれた関を、「赤間関」と呼称するようになってくるのは、鎌倉期に入ってからのことではないかと推測される。一方、「門司」の初見は、延暦一五年（七九六）の太政官符である。[34]これは大宰府の「過所」を持つ船について、門司を経由せずに、豊前国草野・国埼・坂門などの津を経由して往還することを許可したもので、これ以前には、西海道の船は門司を通過するという原則があったことが知られる。

貞観一一年（八六九）の太政官符は、関の警固のために「下関」に兵士が置かれていたことを示すものである。警固のために下関に兵士が置かれていることは、延暦二一年（八〇二）太政官符にも見える。[35]この門司・下関両関が、それぞれ豊前・長門の国司の管轄のもとに往来人のチェックを行なうという職務を有していたことは、貞観八年（八六六）、唐人の任仲元が、「過所」を持たずに関門を通過して入京したことについて、朝廷が豊前・長門両国司を譴責し、関門の管理を厳重にすることを命じていることからうかがえる。[36]石上英一氏は、この門司・下関両関について、西海道と山陽道などの東方との間を遮る重要な拠点であり、軍事・治安上の役割とともに、大宰府における対外交易の私的展開を掣肘する機能を持ったことを指摘している。[37]

こうした体制がいつまで維持されたのかは不明だが、寛弘元年（一〇〇四）宇佐大宮司邦利が門司別当兼方を殺害するという事件が起こっている。[38]このときの条事定文には、「至二于関門一、早可二造立一」という文言が見える。[39]当時、門司関司あるいは門司別当と呼ばれる者が存在したこと、関機能遂行のため、何らかの設備が存在していたことをうかがわせる。

康治元年（一一四二）には、三宅寺年貢運上船二艘分の門司関勘過料を免除する旨の大宰帥庁宣案が出されているが[40]、このことは、門司関で関料を徴収していたことを示すものである。さらに『本朝無題詩』（一一六四年ごろまでに成立）所収の「過門司関述四韻」と題する詩中の割注に「香椎宮行牒、威権満二日域一、抱レ関者不レ能二拘留一」とあり[41]、香椎宮の牒により、関料を払わずに門司関を通過できるという実態があったことが判明する。

b　鎌倉期における赤間関・門司関

このような関機能は、鎌倉期を通じて維持されたものと考えられる。たとえば、弘安五年（一二八二）三月、関役船一二艘を赤間関の阿弥陀寺の灯明料として寄進する旨の庁宣が、長門留守所に下されている[42]。また、元亨四年（一三二四）、宝治・弘安・正応・嘉元の過書に任せて、筑前国粥田荘住人ならびに運送船につき門司関が煩いを致すこと、つまり関料を取ることを停止する長崎高資の奉書が出されている[43]。鎌倉期に赤間関・門司関双方において関料徴収がなされていたことが確認でき、また門司関が得宗領だったことが判明する。

門司関が得宗領であり、建武政権より足利尊氏に与えられたことは、『比志島文書』からも確認できる[44]。さらにもとは平氏方の所領で「没官御領」とされたことが、「豊前国図田帳」に記されている[45]。石井進氏は、いつから北条氏がこの関を支配下に入れることになったのかは不明であるが、蒙古襲来合戦の際の重要防禦地点であったこととの連関を考えられるかもしれないと指摘している[46]。

蒙古襲来に際しては、長門警固の制が定められ、長門守護が北条一門に独占されるようになることはよく知られている。蒙古襲来時における関門海峡の厳戒ぶりは、次の書状の一節からもうかがうことができる。「きこへ候し蒙古類、さうとう□より候て、世間を夕（穏）しからす候うへ、もし□の関かためられ候によて、のほりふね候はすして候し間、当時ハとゝまりて候[47]」。すなわち蒙古襲来に備え、門司関が固められたために上京する便船がなくなっているというのである。

一三世紀後半に長門守護は周防守護を兼ね、一四世紀はじめには長門周防探題とも称されて、一般の守護以上の権力を持った[48]。先に寄進された灯明料船一二艘について阿弥陀寺主重貞は、永仁四年（一二九六）・正安元年（一二九九）・正安三年（一三〇一）と、長門守護の交代・異動のたびにその安堵を求めているが[49]、これは蒙古襲来に伴う警固体制のもとに、赤間関の管理が守護に握られている事態の反映と理解することができるだろう。鎌倉後期、関門海峡は鎌倉幕府首脳部の管理するところであったのである。

c　大内氏の赤間関・門司関の掌握

元弘三年（一三三三）鎌倉幕府滅亡という事態のもと、長門探題北条時直が没落した後、長門を掌握したのは、長門の厚東を本拠とする厚東氏であり、その厚東氏にかわって、一五世紀以降、関門海峡を掌握したのは、大内氏である。

周防国在庁官人として出発した大内氏と長門の関わりは、一四世紀以前にはほとんど見えない。一四世紀内乱のなかで、一族間競合を勝ち抜いて急速に力をつけた大内弘世は、正平一〇年（一三五五）ころより長門への進出を開始した[50]。正平一二年（一三五七）には、凶徒退治の願文を長門一宮である住吉神社に奉納しているから[51]、この時点までには長門の瀬戸内沿海部は掌握していたものと考えられる。つづいて一三六〇年代初頭には、宮方（征西府方）として、門司に出兵している[52]。貞治二年（一三六三）、弘世は周防・長門両国を安堵されて、室町政権に組み込まれ、宮方より武家方（室町政権方）に転じて、再び豊前に出兵した。しかし、当時九州は征西府が優勢であり、追い詰められた九州探題斯波氏経は翌年、豊前の陣を撤して帰京した。弘世もこれにともなって豊前より撤兵し、豊後・豊前の武家方諸勢力は、赤間関に避難した[53]。武家方が赤間関に避難できたということは、赤間関がすでに弘世の勢力下にあったことを示すものであろう。

大内氏が豊前守護となるのは、弘世の子義弘の代、康暦の政変直後の康暦二年（一三八〇）のことである[54]。明徳二年（一三九一）管領細川頼元は、大内義弘に対し豊前国門司関以下所々を麻生義資に引き渡すように命じたのに実行されないため、重ねて催促している[55]。この時点で大内氏が門司関を掌握し、赤間関と併せて関門海峡を支配できる体制にあったことを確認することができる。

大内氏はこの後、弘治三年（一五五七）毛利氏に攻められた大内義長の自害によって滅亡するまで、関門海峡を支配し続けた。次にこの大内氏の支配の形態について検討し、さらにその大内氏支配下における赤間関の特質について論じていくことにする。

（2）大内氏の赤間関支配

a　赤間関代官の検出

まず当該期、赤間関支配に関わっている者の徴証を挙げてみよう。①応永三一年（一四二四）「大内殿所部赤間関兼領三州太守白松殿[56]」、②享徳三年（一四五四）「関吏[57]」、③長禄三年（一四五九）「赤間・門司御代官[58]」、④文明一九年（一四八七）「関・小くらの代官[59]」、⑤天文三年（一五三四）「関役人[60]」、⑥天文一〇年（一五四一）「赤間関役人新里」・「城主新里[61]」、などを検出することができる。
①の白松殿は、朝鮮使節朴安臣来日時に赤間関で応対し、朝鮮使節の受け入れを足利義持が拒んでいる間、大内盛見の命に従い、使節らを赤間関にとどめ置いた。つまり赤間関の入港管理および瀬戸内海への進入管理を行なっている。この事件については前節でも触れた。大内氏の日朝関係上の特異な位置が明確に見られる事件である。
②の「関吏」は、宝徳度遣明船帰朝の際に見られ、一号船が赤間関に到着したとき、二・三・七・九号船がすでに

帰着していることを告げている。この関吏の役割も①と同様である。

③は、長門守護代内藤盛世が「赤間・門司御代官」に宛てて、長門二宮の石築地修築の費用を両関に入港する船に申しつけるよう伝達したものである。「御」代官とあるから、赤間関・門司代官は、長門守護代内藤盛世配下ではなく、大内氏に直属する者と推定される。⑤は、「関役人」が灯明料として長門二宮に関済銭を納めることを定めたもの。この③⑤の例から赤間関代官は関銭の徴収・管理を担っていたことを確認することができる。

④は赤間関から門司・小倉などの方面への渡し賃を定めたものである。違反者は赤間関・小倉の代官に引き渡して、代官所より山口に注進し、調査の上斬罪に処すとしている。ここから赤間関が「山口」に直接把握されていたことがうかがえる。⑥の新里は天文八年度船帰国の際に豊前宮浦まで代理人を派遣して遣明船を出迎えている。遣明船正使らは、赤間関来着後、彼を訪ねて帰朝報告をしている。これも①②と同様の役割と言える。

以上、断片的ではあるが、一五・一六世紀の赤間関に代官・役人と呼ばれる者が存在し、大内氏に直接把握されていたことが判明した。彼らの職掌は、入港管理および関銭の徴収・管理であり、また外国使節の来日時における瀬戸内海への進入を管理する役割を果たしていたとまとめられる。後者は大内氏の日朝関係における特性に根ざしたものと言える。守護代とは別に代官を置き港湾を支配する形態は、大内氏が一五世紀中頃より進出した博多も同様である[62]。大内氏の港湾支配における共通方針を見出せよう。

b　関代官たちの具体像

この関代官にはどのような人間が任じられていたのだろうか。その具体的な名前が判明するのは管見の限り、①白松殿と⑥新里のみである。

「白松殿」は大内氏の政所として名前の見える、白松基定に比定されている[63]。基定は大内氏奉行人として、長門一宮・二宮をはじめ、周防国清寺・周防興隆寺などにも奉行人奉書を発給するなど、大内氏の家政機関の中枢として活躍した人物である。応永年間（一三九四―一四二八）には「縫殿允」を名乗っていたことが確認できる。(64)永享二年（一四三〇）、大内盛見は周防国清寺に「周防国賀保庄北方地頭職白松縫殿允跡」を寄進しているが、この白松縫殿允とは基定に比定できようから、彼は周防賀保荘、すなわち今の阿知須町および宇部市の一部に所領を持っていたことがわかる。(65)

「新里」は新里若狭守とも呼ばれている。(66)この新里若狭守は、安芸国佐西郡を本拠とする厳島の神領衆である。永正年間（一五〇四―一五二一）には、厳島神主家相続争いに「西方」として登場し、厳島の「島役人」とも呼ばれる新里若狭守が存在する。(67)また天文一七年（一五四八）から天文二〇年（一五五一）まで、厳島神主家が得分を持つ安芸国山里地域の年貢の管理者として、「新里若狭守隆溢」が見られる。(68)「隆」は大内義隆からの一字拝領であろうから、義興の時期にあたる永正年間に活動が見られる新里若狭守とは別人である。(69)したがって天文一〇年に赤間関代官として見える新里若狭守が、永正年間に活動した人物か隆溢かは確定できないが、この時期の新里氏は安芸国の有力者であり、かつ大内氏当主から一字拝領を受けるような存在とまとめられる。また天文二〇年（一五五一）陶隆房は、大内義隆を滅ぼした後、新里氏・己斐氏に厳島の対岸の桜尾城を預けている。その後、毛利氏も新里氏が「国方之者」であることを以て味方につけ、のち厳島城を預けた。(70)新里氏が安芸の沿海部に勢力を持つ一族であったことが理解できよう。

ところで、なぜ安芸の新里氏が赤間関代官として現れるのであろうか。これを考える上で示唆的なのは、のちに毛利氏の初代赤間関代官となる堀立直正の本拠地が、厳島にも程近い、安芸国佐東郡の大田川の河口付近に比定されていることである。(71)この堀立直正は、岸田裕之氏によれば「警固衆とも商人とも目される人物」であり、毛利氏が陶氏と断交して以来、金山城の「調略」をはじめ廿日市・厳島の制圧に成果をあげ、三田尻・赤間関の「調略」にも成果をあげた。岸田氏は、堀立直正のこのような活動について、廿日市・厳島・赤間関の各町衆との日常的な経済活動を通して築き上げていた人間関係を有効に作用させた結果であり、そのことが、彼が赤間関代官たりえた理由ではないかと想定している[72]。確かに厳島は、おそらく一六世紀の瀬戸内海西部において最大級の市場を有していたと思われ、唐物もここに集積されていた[73]。神領衆の新里氏が内海交通に関係していたことを示唆する史料は今のところ見出せていないが、新里氏がこの堀立氏と同様の性格を持っていたために、赤間関代官に起用されたと考える余地もあるように思う。

以上のほか、大内氏の家臣で、赤間関・門司に宿所を構えていることが確認できる者がいる。一四八〇年に山口から九州に旅した宗祇の『筑紫道記[74]』に赤間関の「門司下総守能秀舎りにて会有」と見え、一五一六―一七年、やはり山口―九州間を旅した宗碩の『月村抜句[75]』に「赤間関阿州〔川〕淡路守宿所」と見えるのがそれである。門司能秀は大内氏奉行人で、一四八〇年代当時も奉行人としての活動が確認できる[76]。その名字が示すとおり対岸の門司に鎌倉期から勢力を持った一族の出身である。阿川淡路守は阿川勝康に比定でき、大永二年（一五二九）から天文二年（一五三三）にかけて大内氏の在京雑掌を務め[77]、永正三年度遣明船の一号船土官も務めた人物である[78]。彼らが代官であったか否かは明確にしないが、赤間関・門司関近辺に奉行人クラスの人間が「宿所」を構えていたことには注意しておきたい。

c　内海交通における赤間関の位置

赤間関代官新里や堀立の存在は、厳島―赤間関間の密な交通を予想させ、一六世紀の内海交通における赤間関の位置をうかがわせるものである。以下少し内海交通における赤間関の位置を考えてみたい。

『兵庫北関入船納帳[79]』には、文安二年（一四四五）四月一三日、門司船籍の船が大豆二〇〇石・米二三〇〇石、計二

五〇〇石もの積荷を積んで入港したことが記載されている。二五〇〇石という積荷の量は、『兵庫北関入船納帳』に記載されているなかで最大である。また寛正度遣明船に使用予定だった三隻の船は、いずれも門司船籍の船であった。すなわち一号船は「門司和泉丸」二五〇〇石、二号船は「門司宮丸」一二〇〇石、三号船は「門司寺丸」一八〇〇石である。門司が大型船舶の船籍地であったことがわかる。この寛正度遣明船の一号船船頭は門司五郎左衛門祐盛という人物であり、また天文一六年度船には「赤間関水夫」が乗り組んでいたことが確認できる[80]。門司は内海・外洋双方の航海に堪えうるような船舶および人材の供給地であったのである。大内氏は上洛に際し、あるいは九州渡海のたびに赤間関に関役として船を仕立てるよう命じている[81]。

また大内氏支配下の赤間関においても、関料徴収は行なわれていた。すでに述べたとおり阿弥陀寺は一三世紀末、灯明料として一二艘分の勘過料を収得していた。これが継続されたか否かについては史料を欠くが、天文三年（一五三四）大内義隆は、長門二宮に灯明料として三〇貫文を寄進し、春秋二回「赤間関済銭」から関役人が納入することとしている[82]。また長禄三年（一四五九）長門二宮浜面石築地修築にあたっては、長門守護代が赤間・門司両関の代官に宛て「両津入船地下船」に申し付けて費用を捻出するように指令している[83]。

以上のような入津料としての関料だけではなく、中世の海上交通に特徴的な海上警固料とも言うべき帆別銭の徴収もまた、一六世紀末には赤間関で行なわれていた。

[史料15]『武家万代記』「因ノ島衆御理の事」（『中国史料集』戦国史料叢書七、人物往来社[84]）

一、九州表、筑後・筑前・肥前・肥後の廻船帆別の義、赤間にて相究候、周防・長門・豊前東西の義は上ノ関にて、帆別相澄せ申候、然ば、豊後・日向の廻船の儀、伊予に乗候へば、来嶋衆相究、備後は因の島にて帆別取候て免符を出候所に、上の関衆幷大島衆、姫島・佐加〔賀〕関上まで番船を出候て帆別を取り候こと、因島痛にまかり成候事、

すなわち、九州から瀬戸内に入ってくる船については、赤間関において帆別銭を徴収したとしている。ただしこの海賊衆による帆別銭徴収と、大内氏あるいは毛利氏の赤間関支配がいかなる関係にあるのかは、現時点では不明である。

（3）赤間関の対外的機能

a　外交使節往来における赤間関の機能

前項で大内氏の赤間関代官の職掌に、外国使節の来日時における瀬戸内海への進入の管理があったことを指摘したが、このことを含めて当該期の赤間関の対外的機能について次に検討していきたい。

一四世紀後半から一五世紀前半にかけての時期には、高麗および朝鮮王朝の使節が頻繁に来日した。この護送に際して、赤間関は独特の役割を果たしたことは、前節で述べたとおりである。また、一四三九年来日の高得宗は、赤間関で大内持世と会談している[85]。この結果、暫く途絶していた大内氏の直接通交が復活し[86]、さらに朝鮮にとって沿海部治安上の懸案事項であった少弐氏と大内氏の戦争状態の解決の途が探られた[87]。朝鮮王朝から重視・優遇され、室町政権・朝鮮王朝の取次役を果たしていた大内氏の特性が発揮される政治的な場として、赤間関が機能していたことを示す事例と言えるだろう。

ところで、赤間関は直接外に開かれた港というイメージは、博多に比して薄い。しかし対馬―赤間関間に直行航路があったことは、一四二三年の朴熙中の来日時の例から明らかである。前節第二項で触れたように九州探題渋川義俊は朴熙中の博多到着を朝鮮に報告したが、そのなかで次のように述べている。

[史料16]『朝鮮王朝実録』世宗五年（一四二三）七月己丑条

（前略）吾国王所㆑求大蔵釈典、見㆑賜㆓恩恵㆒、所㆑載船隻、自㆓対馬㆒直至㆓長門州赤間関㆒繋㆑纜、待㆓貴朝使船㆒（後略）

大蔵経を積んだ船は対馬から赤間関に直行し、そこで朴熙中の到着を待っていると言うのである。ここから、赤間関が博多を経ずに直接、対馬そして朝鮮につながっていく港であったことが判明する。

江戸期の朝鮮通信使が博多に寄らず、対馬―壱岐―相島―赤間関の航路をとることからも明らかなように、釜山から瀬戸内海を経て京都に至ろうとする場合、博多を経由することは必然ではない。朴熙中は九州探題や少弐氏に接触するためにわざわざ博多に寄っているのであり、それは彼らが倭寇禁圧や密貿易阻止に力を発揮するであろうと期待していたからにほかならない。したがって応永三二年（一四二五）ころの彼らの没落は(88)、博多に寄るべき政治的意義の後退を招いたと考えられる。実際、一四四三年来日の卞孝文は、往路には対馬の水先案内に従って直接赤間関に向かっており、博多に寄った形跡は見られない(89)。

ただ、九州探題・少弐氏の没落によって朝鮮使節がまったく博多に寄らなくなったわけではなかった。朝鮮使節にとって、博多には赤間関の持つ政治的機能とは異なる機能が存在した。それは博多に集まる人・情報および富である。一四二九年来日の朴瑞生は、往路か帰路かは不明だが博多に寄っており、被虜人・漂流人情報を得、送還を交渉している(90)。すでに前節第三項で触れたように、一四三二年来日の李芸は、往路に博多に寄り博多商人と結託し貿易を行なった。一四四三年来日の卞孝文も帰路には博多に立ち寄り、被虜人の送還工作を行ない、そのために半年を費やしている(91)。これらの事実は人・情報・富の集まる博多、政治港としての色彩の濃い赤間関というそれぞれの特色を示している。

以上、対朝関係上の赤間関の特質について述べたが、赤間関の対外的機能については、遣明船派遣時の役割も見逃すことができない。

一五世紀半ば以前の遣明船と赤間関の関わりは断片的にしか見出すことができないが、たとえば永享四年度船帰国の際には、船の出資者の一人であった満済は、赤間関まで人を派遣して、遣明船の帰国を馳報させている(92)。このほかにも遣明船の赤間関帰着が京都に報じられている例は多く[93]、赤間関が「帰国」を認識する港であったことをうかがわせる。宝徳度遣明船の旅日記『笑雲入明記』では、寧波府に到達した時点より明年号が用いられ、赤間関に帰着した時点より日本年号に切り替わる。寧波が明側の、赤間関が日本側の入り口と意識されていたのである[94]。

また遣明船は兵庫を出発してのちも、瀬戸内・北九州の各地の港に立ち寄って物資を積み込み、最終的に五島列島にて艤装を終え、中国に向けて東シナ海に出て行くことになるが、そうした物資集積地のひとつとしても赤間関は機能していた。たとえば、寛正度遣明船の派遣の際には、京都で調達された荷物は、鳥羽より淀川を下り、尼崎に積み出された後、尼崎から兵庫、兵庫から赤間関まで運ばれて一時保管された。この保管所には門司・赤間関および長府の寺社が宛てられた。また長門二宮である忌宮神社には、重要貿易品である硫黄の一部は、赤間関道場（専念寺）・門司大通寺に分置されていた[95]。また長門二宮である忌宮神社には「渡唐御馬」の預置を免除する旨の大内氏奉行人奉書が残り[96]、これらの寺社が、守護大内氏からかけられる臨時役のひとつである異国諸役として、遣明船物資保管を行なったことを示している。

一六世紀前半の大内氏の遣明船独占期には、赤間関は大内氏の貿易機構の要を占める港湾として機能するようになる。すなわち、赤間関には、遣明船経営の根幹とも言うべき抽分銭徴収のための抽分司官が置かれ、貢物の調達・管理を担う蔵司が存在していた。一六世紀中期に中国人によって書かれた日本研究書『日本図纂』には、赤間関について次のように記されている。

〔史料17〕「日本紀略」（『日本図纂』、静嘉堂文庫所蔵[97]）

山口之西為二長門一（横直皆二日程、畧為二花浦一、為二薫州一、為二番記一、為二倭委一、北至二三島一、懸レ海三百五十里、）関渡在レ焉（其西旱関、為二阿介馬失記一、抽分司設二於此一、）渡レ此而西為二豊前一、（中略）其貢使之来、必由二博多一開洋、歴二五島一而入二中国一。因下造舟水手倶在二博多一故上也、貢船回則径収二長門一、因二抽分司官在一レ焉故一也、

〔大意〕山口の西は長門である（割注略）。ここには関渡〈西の旱関（陸関）で、阿介馬失記（赤間関）という。

抽分司がここに設けられている〉がある。ここを渡ると西は豊前である。（中略）（日本からの）貢使は必ず博多から出発し、五島を経て中国に入る。造船（技術）と水手の両方が博多にあるからである。貢舶が帰るときにはまっすぐ長門にむかう。抽分司官がここに置かれているからである。

ここに遣明船経営における博多と赤間関の違いが端的に現れている。すなわち、モノ・人の集まる博多、権力の機関が置かれる赤間関という対比である。日朝関係における博多・赤間関の機能の対比と相似形をなしている。実際、大内氏が初めて独占派遣した天文八年度船は、博多で一年近くを過ごして季節風に合わせて出港し、帰路においては、博多を経由せず、肥前呼子から筑前藍島（相島）を経て豊前宮浦まで昼夜兼行で航海し、宮浦で一泊後、対岸の赤間関に至っている。数日後、正使は博多に帰り、堺商人は船を乗り換え東上した。このことは、赤間関で抽分が行なわれるために、帰路においてはまず、赤間関に帰港することが求められ、遣明船乗組員たちは抽分司官による抽分終了後にそれぞれの根拠地に帰ったものと理解することができる(98)。

b　赤間関の景観

最後にこのような機能を持った赤間関の景観について、触れておこう。

中世の赤間関の景観を具体的に描写しているのは、応安三年（一三七〇）に九州探題として下向してきた今川了俊の紀行文『道ゆきぶり』である。

[史料18]『道ゆきぶり』（『群書類従』第一八輯「紀行部」）

（前略）霜月の廿九日、長門の国府を出て、赤馬の関にうつりつきぬ、ひの山《（火の山）》とかやいふ、ふもとのあらいそをつたひて、はやとも《（早鞆）》の浦に行ほとに、向の山は豊前の国門司の関のうへのみねなりけり、海の面は八町とかやいふめり、しほのみちひのほとは、宇治の早瀬よりも、猶おちたきりためり、（中略）赤まの関のにしのはしによりて、なへ《鍋》の崎とやらんいふめる村は、柳のうらの北にむかひたり、此関は北の山きはにちかく、家とならひて岡のやうなる山あり、かめやま《亀山》とて、おとこ山の御神のたゝせたまひたり、其東に寺あり、阿弥陀だうといふ、（中略）門司の関はこの寺にむかひたり、（後略）

北の山際に関としての「赤間関」があり、そのならびに亀山八幡宮がある。八幡宮の東隣は阿弥陀寺で、海峡を隔てて門司関に向き合う。赤間関の西には鍋崎という村、現在の南部町がある。この描写に従えば赤間関はほぼ現在の唐戸の辺りに位置していたと言えよう（次頁図2・図3参照）。

一四二〇年来日した朝鮮使節宋希璟の使行録である『老松堂日本行録』には「阿弥陀寺」と題する詩が所収されており、次のような詞書が添えられている。「寺在㆓平氏影堂㆒、王属㆑僧、具㆑楽四時享㆑之、平氏日本前朝王子也、寺前有㆑湖、人言、原《源氏》氏・平氏争㆑位相戦、平氏不㆑勝、窮来㆓于此㆒、原《源氏》氏執而沈没之水也」（『老』七八）。「平氏影堂」とは、阿弥陀寺内に設けられた安徳天皇を祀る御影堂、今の赤間神宮の前身である。宋希璟は阿弥陀寺の安徳天皇の祠を訪れ、源平合戦の末、安徳天皇が水死した顚末を聞き、詩を作ったのである。

一四七一年に対日外交マニュアルともいうべき『海東諸国紀』を編纂した申叔舟は一四四三年、卞孝文を正使とする一行について来日したが、彼の文集にも「赤間関阿弥陀寺板上、次㆓昔年通信使高得宗詩韻㆒」と題する詩が収められている[99]。彼の直前に来日した朝鮮使節高得宗が阿弥陀寺を訪れて作詩したこと、申叔舟もまた阿弥陀寺を訪れ、その詩に次韻したことがわかる。詩の末尾には割注で「平氏末主敗死之地、至㆑今作㆓像于寺中㆒祀㆑之」とあり、申叔舟が御影堂に祀られた安徳天皇像を見たことをうかがわせている。江戸期には、朝鮮通信使はしばしば阿弥陀寺内の安徳天皇の祠を訪ねて、その由来を聞き作詩しているが[100]、当該期にもそのような習慣があったことが知られる。

宋希璟が赤間関滞在中に訪れている寺には、このほかに永福寺・全念寺（＝専念寺）がある。この二つの寺は『道ゆきぶり』には見えないが、江戸期の絵図では南部の西の高台に描かれ[101]、遣明船往来の際には使節たちの宿舎となっ

図 2　赤間関付近図（国土地理院発行「下関」2 万 5000 分の 1 に加筆）

た。[102]伊藤幸司氏は、永福寺が長府の長福寺とともに、大内氏の外交活動の重要な人的基盤であったことを明らかにしている。[103]また専念寺はすでに述べたように、対岸の門司大通寺とともに遣明船物資保管所としても機能した。この専念寺は『老松堂日本行録』によれば、「此津（赤間関）下、有極浦、中有人家、上有僧舎」（『老』一六八）という立地にあった。浦と高台の間に門前町のような形で人家が形成され、高台に寺があることがわかる。『老松堂日本行録』には、その専念寺の門前に住む三甫羅なる人物が宋希璟を訪ねてきたことが記されているが、三甫羅は朝鮮の人であった。またどこの寺に居住していたのかは不明ながら当時赤間関には悟阿弥なる僧が居たが、彼は「かつて我国にゆきて上恩を受けた」者であり、「我国に向きて誠心ある者」であった（『老』一六九）。

図3　関門海峡全図（2003年撮影）

こうした赤間関の国際的な雰囲気は、朝鮮使節高得宗の来日時に、赤間関で高得宗の麾下の金淵なる人物が逃亡した事件からもうかがえる。

［史料19］『朝鮮王朝実録』世宗二二年（一四四〇）八月庚午条

上御二勤政殿一受朝、大内殿多多良持世所レ遣上官人禅和子一照等、随レ班献二土物一、引二見一照一謂曰「大内殿待二我国一以二至誠一、予亦待レ之益厚、今汝等険路艱苦而来」、一照対曰「大内殿受任以後、常欲二遣使来朝一、第因二兵乱一不レ得二使人一、貴国先遣レ人通信、大内殿不レ勝二惶懼一、又感二　上徳一、遣二我等一来謝二厚恩一、且大内殿爰自二祖宗一崇二信仏法一、今幸営二建寺刹一、恨無二釈典一、因二我等之来一、請二大蔵経一、又通信使到二我境一、船軍一人逃匿、大内殿旁捜未レ得、深慮二稽緩一、姑先遣二我等一、欲二随後更捜追捕以献一」、上曰「厚意予已具悉」、多多良持世（中略）奉二書于通信使僉知中枢院事高得宗一曰「伏聞、麾下率金淵、俄而遁逃、不レ知レ所レ往、茲者、下二令于赤間・関〔門〕司両関一、以家諭戸訊未レ得也、歎有二赤間一婢一、粗説二其物色一、恐下渠有二交契一隠二匿之私一也否上、仍雖レ加二苛剋鞠讃一、渠大誓二于神一、以レ不レ知、既無レ可レ罪也、然而猶縛而納二于麾下一、麾下亦知レ無二一辞可一レ措、却見二伝報一、留二渠于下国一、具経二殿旨一而後、可レ決二之緒一、由レ是、下国之所レ未レ知也、凡有レ生之徒、朝不レ慮レ夕、下国豈得二一婢一、以悠久護レ之耶、麾下恕レ焉、不レ知下金淵作レ僧以混二緇徒一歟上、就二于諸寺一百計求レ之、亦未二脱白一、下国既無二籌策之可一レ設也、它時後日捜二索金淵一以得レ之、則附二船舶一可レ回、件件匪二下国之慢一也、恕察為レ幸」、

[史料20]『朝鮮王朝実録』世宗二二年（一四四〇）九月庚戌条

（前略）今年春暮、本国通信使回還時、船軍金淵、到二於貴境一、逃匿不レ還、窮披発還為レ幸、

史料19は、永享一一年（一四三九）に来日した朝鮮国王使高得宗の帰国にあわせて、大内持世が朝鮮に遣わした使者と朝鮮国王との間で交わされた問答、ならびに高得宗宛の持世の手紙である。史料20は史料19を受けて礼曹が持世に向けて出した返事である。

持世は、この金淵について、赤間・門司両関に令を下して捜索したが、見つからず、隠匿しているのではないかと疑われる「赤間一婢」を拷問したが口を割らず、僧徒に混じっているのではないかと疑って寺を捜したけれどもやはり見つからない、もし見つかったら、送還するのでご了承願いたいと、朝鮮側に伝えている。この事例は、大内氏による検断とその不成功を伝え、本節第二項で述べた大内氏による赤間関支配が、地下の協力を不可欠としたことを示すとともに、赤間関に「国外」逃亡者を匿う、あるいは結託する土壌があったことを示している。(104)

おわりに

以上、本章では、朝鮮使節護送の実態の検討から、中世日朝関係における大内氏の特異な位置を解明し、その役割が大内氏膝下の港湾赤間関に、独特の性格を与えていたことを論じてきた。

従来、室町政権の朝鮮使節護送そのものについて検討した研究はなく、いくつかの重要な、しかし断片的な事実が指摘されるにとどまっていた。本章ではまず、『朝鮮王朝実録』・『老松堂日本行録』・『東寺百合文書』などの検討により、室町政権下における朝鮮使節護送が、整ったシステムのもとで行なわれていたことを明らかにした。

使節来日の報告を受けて、使節の受け入れが決定されると、室町殿は、赤間関・兵庫に対し「入送之文」を発給し、併せて各国守護に対する護送命令を出す。それを守護・守護代が遵行する。航路における護送船発送を主軸とする護送体制の起点である赤間関に対し、兵庫は陸路における護送体制の起点である。護送体制が整うまでの間、使節は赤間関・兵庫に滞留した。使節来日の報告は、はじめは九州探題からであったが、のちには赤間関からとなり、大内氏がこれにあたった。

こうした室町政権の護送システムとは別に、朝鮮王朝は使者発遣ごとに特定の勢力に対して独自に使節護送を依頼していた。特定の勢力とは、具体的には朝鮮から大内氏までの行程をその勢力圏とする各氏であり、地理的に言えば赤間関までであった。ここから朝鮮王朝が、朝鮮―大内間については独自に護送を依頼し、大内氏から先は大内氏に委ねるという形で使節の安全を図っていたこと、そしてそのような発想のもとでの使節護送の結節点として赤間関が機能していたことを確認することができる。

こうした慣行を受けて、一五世紀後半の朝鮮王朝には、日本への使節行にあたり、赤間関についたら大内氏と連絡を取り、日本における進退は大内氏と相談して決めるのだという認識が存在していた。実際、使節の入京を拒み赤間関での抑留を命じた室町殿に対し、大内氏が説得して入京を実現させた事例もあり、大内氏が管轄する赤間関がいわば「入国管理地」として機能していること、朝鮮使節がその任務を全うするためには、大内氏との交渉が重要かつ効果的であったことがうかがえる。ここに、室町政権と朝鮮王朝をつなぐ「取次」としての大内氏の特性と、その特性が発揮される政治的な場としての赤間関の機能を明確に知ることができる。

古代、東の三関に対応する西の関として重視された赤間関は、古代以来のそのような政治的機能あるいは機能認識を、潜在的にであれ、持ち続けた。朝鮮使節往来時の機能や遣明船帰朝時の機能などはその反映とも言える。赤間関は、遣明船の物資集積地としての機能を果たし、のちには遣明船経営の根幹とも言うべき、抽分銭徴収のための抽分司官が置かれ、大内氏の遣明船経営において要の地位を占めた。朝鮮使節の往来が活発であった時期には、使節護送の結節点のひとつであり、朝鮮—京都間における主要な中継点として認識され機能した(105)。中世後期の赤間関は、対外関係遂行上、極めて重要な港であったのであり、前掲図1における「赤爛関」の存在感は、こうした赤間関の特質の視覚的表現なのである。

一六世紀中期に中国で作成された日本研究書、『日本一鑑』には次のような記述がある。

［史料21］『日本一鑑』窮河話海巻之二「関津」(106)

西緊関則有二太宰府一即西守護所、又、為二謂探題所一也、王使入朝所レ齎文、移必由二府中一掛号、府謂二文司関一、有二大唐通事一、以俟二天使往来一、昔夷太宰開二府筑前一、後移二周防一、此必択レ人、以為レ之、

〔大意〕（日本）の西の緊要な関としては太宰府〈西守護所である。また探題所ともよばれている〉がある。王使（日本国王使）が明に入朝してもたらす文書は、必ず太宰府を経由しチェックされたものである。太宰府を文司（門司）関と言い、大唐通事がいて天使（明使）の往来を待っている。むかし夷の太宰はその府を筑

前に開いたが、のちに周防に移した。この太宰という官には必ず適任者を厳選して任命する。

ここに、古代における入国管理の歴史的イメージが投影され、そこに当該期大内氏の特性と赤間関の地理性が不可分に組み合わさって形成された中世後期赤間関の特質を明確に読み取ることができる。

（1）拙稿「中世後期の赤間関の機能と大内氏」（『ヒストリア』一八九、二〇〇四年）。橋本雄「朝鮮国王使と室町幕府」（日韓歴史共同研究委員会編・発行『日韓歴史共同研究報告書　第二分科篇』二〇〇五年）。

（2）佐伯弘次「室町時代の遣明船警固について」（九州大学国史学研究室編『古代中世史論集』吉川弘文館、一九九〇年）。

（3）山内譲「海賊と関所」『海賊と海城』（平凡社、一九九七年）。

（4）村井章介校注『老松堂日本行録』（岩波書店）は、一九八七年に第一刷が発行されているが、二〇〇〇年に発行された第三刷は多くの語注が増補されるなど、「事実上、改訂版と言ってよいものになっている」（同書「付記」）。したがって本書では一九八七年の第一刷ではなく、二〇〇〇年の第三刷を用いる。

（5）関周一「朝鮮王朝官人の日本観察」（『歴史評論』五九二、一九九九年）。伊川健二「諸国王使をめぐる通交制限」（『遥かなる中世』一八、二〇〇〇年。のち同著『大航海時代の東アジア』吉川弘文館、二〇〇七年所収）。

（6）「康暦二年四月日矢野荘学衆方永和三散用状」（『教王護国寺文書』二〇、東京大学史料編纂所架蔵写真帳、四一函五号）の「国下用」項にも、「高麗人上洛人夫催促使雑事」「高麗人下向時送夫催促使雑事」の計上が見られ、上洛時・下向時ともに人夫の徴発がなされていたことがうかがえる。羅興儒は永和二年中には帰国しているので、実際の支出は永和二年中のことであろうが、経費の計上は翌永和三年分として行なわれたのであろう。

（7）『教王護国寺文書』二〇、三九函一号。

（8）『高麗史』巻一三三「辛禑一」三年（一三七七）六月・同巻一三四「辛禑二」六年（一三八〇）一一月条。

（9）伊川健二氏は、博多は応永三〇年（一四二三）の九州探題没落以後、幕府の外交窓口としての機能を喪失し、その機能は赤間関に吸収されたと論じている。そしてそこに、一四二〇年来日の宋希璟のときには九州探題から報告がなされているのに、一四二四年来日の朴安臣以降は赤間関から報告がなされているという変化の要因を求めている（伊川健二前掲注5論文）。しかしこの所論は、第一に朴安臣の復命には博多についての記載がないとしている点、第二に九州探題没落の時期について、通説である応永三二年（一四二五）説を、根拠を挙げずに否定し、すでに批判された応永三〇年説を採用して、一四二四年の朴安臣の来日段階には、すでに九州探題は没落していたという理解に立脚している点に、問題がある。朴安臣は、帰路、博多で九州探題渋川義俊と探題使送倭人統制について会談し、義俊の護送を受けて壱岐に至っている（『朝鮮王朝実録』世宗六年一二月戊午条）。したがって一四二四年段階において九州探題が外交機能を果たせないほど没落をしていたということはできず、赤間関から使節来日の報告がなされるのは九州探題没落以前からと結論せざるをえない。

(10) 朝鮮使節船は航路案内のために日本人を数人乗せていた（『朝鮮王朝実録』成宗一〇年正月丁丑条「一、指路倭人二三名、依㆓前例㆒、給㆓盤纏㆒率行」）。

(11) 桜井英治「山賊・海賊と関の起源」（同著『日本中世の経済構造』岩波書店、一九九六年。初出一九九四年）。

(12) 『朝鮮王朝実録』世宗六年（一四二四）二月癸丑条。

(13) 『朝鮮王朝実録』世宗六年（一四二四）正月丙戌条。

(14) 『朝鮮王朝実録』世宗五年（一四二三）七月己丑条。

(15) 『朝鮮王朝実録』世宗五年（一四二三）七月己丑・一一月辛丑条。

(16) 『朝鮮王朝実録』世宗六年（一四二四）二月癸丑・一二月戊午条。

(17) この「合島」は福岡県糟屋郡新宮町の相島に比定するのが適切であると考える。相島は、江戸期には朝鮮通信使の停泊地のひとつで接待担当は福岡藩であった。

(18) 『朝鮮王朝実録』世宗一一年（一四二九）七月甲戌条。

(19) 朴瑞生の帰国後の復命に「臣等到㆓日本博大《（博多）》㆒」と見えることから（『朝鮮王朝実録』世宗一一年（一四二九）一二月乙亥条）、往路あるいは帰路に、博多に寄港していることが確認できる。

(20) 『朝鮮王朝実録』世祖六年（一四五九）正月辛巳・壬午・癸未条。

(21) 『朝鮮王朝実録』成宗一〇年（一四七九）七月戊辰・己巳・己卯・壬午条、八月壬寅条。

(22) 第一章第二節参照。

(23) 関周一前掲注5論文。

(24) 田中健夫「日鮮貿易における博多商人の動向」（『中世海外交渉史の研究』東京大学出版会、一九五九年。初出一九五三年）。佐伯弘次「室町期の博多商人宗金と東アジア」（『史淵』一三一、一九九九年）。

(25) 桜井英治「中世商人の近世化と都市」(同著『日本中世の経済構造』〔前掲〕)。初出一九九〇年)。

(26) 『朝鮮王朝実録』世宗一一年(一四二九)一二月乙亥条。

(前略)若㆓対馬・一岐・内外大島・志賀・平戸等島㆒、赤間関以西之賊也、四州以北竈戸社島等処、赤間関以東之賊也、其兵幾至㆓数万㆒、其船不㆑下㆓千隻㆒、若東西相応、一時興兵、則禦㆑之難矣、其西向之路、則対馬島、為㆓諸賊都会之処㆒、赤間関、是四州諸賊出入之門、如有㆓西向之賊㆒、宗貞盛下㆓令其民㆒、不㆑許㆑汲㆑水、大内殿下㆓令赤間関㆒、禁㆓其西出㆒、則海賊不㆑得㆓往来㆒矣、且志賀・竈戸社島等賊、大内殿主㆑之、(後略)

(27) 赤間関研究は、中世について言えば、『下関市史』原始―中世編(下関市役所、一九五八年)の該当箇所を除けば、岸田裕之「大名領国下における赤間関支配と問丸役佐甲氏」(『内海文化研究紀要』一六、一九八八年。のち同著『大名領国の経済構造』岩波書店、二〇〇一年所収)がほとんど唯一の成果である。岸田氏の研究は新出史料を駆使して赤間関問丸について明らかにされた重要なものであるが、時期的には一六世紀後半が主となっている。したがってそれ以前の赤間関の実像については具体的検討を重ねていく段階にある。

(28) 『日本図纂』「日本国図」(静嘉堂文庫所蔵『鄭開陽雑著』所収)。『日本図纂』は鄭若曾が一五六一年に執筆刊行したもの。

(29) 『吾妻鏡』元暦二年(一一八四)三月二四日条。

(30) 『山口県史』史料編古代。

(31) 『山口県史』史料編古代。

(32) たとえば、「(前略)赤間薬　長門国赤間稲置等家方(後略)」(『大同類聚方』、大同年間(八〇六―一〇)編纂、『山口県史』史料編古代所収)など。

(33) 「貞観一一年九月二七日太政官符」(『類聚三代格』巻一八「軍毅兵士鎮兵事」所収)。

(34) 「延暦一五年一一月二一日太政官符」(『類聚三代格』巻一六「船瀬並浮橋布施屋事」所収)。

(35) 「延暦二一年一二月□□太政官符」(『類聚三代格』巻一八「軍毅兵士鎮兵事」所収)。

(36) 『日本三代実録』貞観八年(八六六)四月一七日辛卯条・同年五月二一日甲子条。

(37) 石上英一「日本古代一〇世紀の外交」(『日本古代史講座』第七巻、学生社、一九八二年)。

(38) 『御堂関白記』寛弘元年(一〇〇四)閏九月二日・同五日条。

(39) 「寛弘□〔元〕年閏九月五日条事定文写」(『平松家文書』、『山口県史』史料編古代所収)。

(40)『平安遺文』二四七四号「康治元年六月三〇日大宰帥庁宣案」。三宅寺は醍醐寺円光院末寺（同、二六七二号）。相田二郎氏は本史料を「関と言ふ名目を持つ所で、明かに財貨を徴収した初見」であると指摘している（相田二郎『中世の関所』吉川弘文館、一九四三年）。
(41)『本朝無題詩』巻七「過門司関述四韻」（『群書類従』第九輯「文筆部」所収）。
(42)「弘安五年三月日長門国司庁宣」（『赤間神宮文書』（吉川弘文館、一九九〇年）一二号）。
(43)『鎌倉遺文』二八六九五号「元亨四年三月九日長崎高資奉書案」。本文書は袖に「在判」とあり、袖判があったことが示されている。『鎌倉遺文』はこれを将軍守邦のものと解し、「将軍守邦王袖判過書案」とするが、石井進氏は内管領長崎高資が奉じていることから、この袖判を得宗高時のものと解する（石井進後掲注46論文）。本書はこの見解に従う。
(44)『南北朝遺文　九州編』六九一六号「足利尊氏所領注文案」。
(45)『鎌倉遺文』九二五号「豊前国図田帳写」。
(46)石井進「九州諸国における北条氏所領の研究」（竹内理三博士還暦記念会編『荘園制と武家社会』吉川弘文館、一九六九年）。
(47)『鎌倉遺文』一二九〇三号「僧尭寛書状」。
(48)佐藤進一『増訂鎌倉幕府守護制度の研究』（東京大学出版会、一九七一年）。
(49)「永仁四年八月一〇日金沢実政袖判執事奉書」（『赤間神宮文書』一五号）・「正安元年一二月二一日北条時仲袖判執事奉書」（同、一七号）・「正安三年八月二五日北条時村袖判執事奉書」（同、一八号）。当該期の長門守護の在職状況については、秋山哲雄「鎌倉期の長門国守護と『長門国守護職次第』」（『東京大学史料編纂所紀要』一五、二〇〇五年。のち「長門国守護職をめぐって」と改題の上、同著『北条氏権力と都市鎌倉』吉川弘文館、二〇〇六年所収）参照。
(50)松岡久人『大内義弘』（人物往来社、一九六六年）。
(51)『南北朝遺文　中国四国編』二九〇八号「正平一二年七月一三日大内弘世願書写」。
(52)同右、三三八三号「貞治三年三月日門司親尚軍忠状」。
(53)同右、三三九一号「貞治四年四月日門司親尚軍忠状」。
(54)佐藤進一『室町幕府守護制度の研究』下（東京大学出版会、一九八八年）。
(55)『南北朝遺文　九州編』六二〇五号「明徳二年一一月一三日室町幕府御教書写」。

(56)『朝鮮王朝実録』世宗六年（一四二四）一二月戊午条の朝鮮使節朴安臣の復命。
(57)『笑雲入明記』（村井章介・須田牧子編『笑雲入明記』（平凡社東洋文庫、二〇一〇年）所収「原文」参照）景泰五年（一四五四）七月一四日条。
(58)「内藤盛世書状」（『忌宮神社文書』三、東京大学史料編纂所架蔵写真帳、四〇―四一丁）。
(59)『大内氏掟書』（『中世法制史料集』第三巻所収）一〇八―一一五「赤間関小倉門司赤坂渡賃事」。
(60)「天文三年三月一五日大内氏奉行人奉書写」（『忌宮神社文書』三、七九丁）。
(61)『策彦和尚初渡集　下之下』（『妙智院所蔵史料』一二、東京大学史料編纂所架蔵写真帳）嘉靖二〇年（一五四一）七月一〇日・一六日条。
(62)佐伯弘次「大内氏の博多支配機構」（『史淵』一二一、一九八五年）。
(63)関周一前掲注5論文。
(64)「興隆寺一切経勧進帳」（『興隆寺文書』、『山口県史』史料編中世三所収）など。
(65)「永享二年六月一三日大内盛見寄進状写」（『常栄寺文書』、『山口県史』史料編中世三所収）。
(66)『策彦和尚初渡集　下之下』嘉靖二〇年（一五四一）七月二八日条。
(67)『房顕覚書』（『広島県史』古代中世資料編Ⅲ所収）。
(68)『野坂文書』（『広島県史』古代中世資料編Ⅲ所収）二六一―二八一号。『厳島野坂文書』（『広島県史』古代中世資料編Ⅱ所収）七九・八〇号。
(69)義隆が家督を継ぐのは、享禄元年（一五二八）一二月である。
(70)『森脇覚書』（『廿日市町史』資料編Ⅰ所収）。
(71)岸田裕之前掲注27論文。
(72)岸田裕之「中世の内海流通と大名権力」（広島県立歴史博物館編『商人たちの瀬戸内』広島県立歴史博物館友の会、一九九六年）。
(73)たとえば「大内氏奉行人書状」（『厳島野坂文書』一七六号）では大内氏奉行人弘中正長が、厳島門前町で唐錦一端・練緤糸三〇疋の調達を棚守房顕に依頼している（鈴木敦子「地域市場としての厳島門前町と流通」（同著『日本中世社会の流通構造』校倉書房、二〇〇〇年。初出一九八三年））。

(74)『山口県史』史料編中世一所収。
(75)宮内庁書陵部所蔵。本章では国文学研究資料館マイクロフィルムを参照した。
(76)『大内氏掟書』四六―五〇「奉行人掟条々」、六七―七六「諸役人掟事」など。
(77)『実隆公記』の分析による。
(78)『壬申入明記』(『妙智院所蔵史料』六)。
(79)林屋辰三郎編『兵庫北関入船納帳』(中央公論美術出版、一九八一年)。
(80)以上『戊子入明記』(『妙智院所蔵史料』六)・『大明譜』(『妙智院所蔵史料』四)。
(81)『大内氏掟書』五八「兵船渡海関役事」・一四五「諸人被官公役事」。
(82)「天文三年三月一五日大内義隆寄進状」(『忌宮神社文書』二、一六一丁)・「天文三年三月一五日大内氏奉行人奉書」(『忌宮神社文書』〔前掲注60〕)。
(83)「内藤盛世書状」(『忌宮神社文書』〔前掲注58〕)。
(84)『武家万代記』は因島村上氏の支流村上喜兵衛元吉が朝鮮出兵直後にまとめた回顧録的記録であり、歴史的事件の取り扱いには注意が必要であるが、海賊の行動・考え方については、参考になるものであるとされる(山内譲『瀬戸内の海賊』講談社、二〇〇四年、六六頁)。
(85)『朝鮮王朝実録』世宗二二年(一四四〇)八月庚午条など。
(86)第一章第三節参照。
(87)佐伯弘次「永享十二年少弐嘉頼の赦免とその背景」(地方史研究協議会編『異国と九州』雄山閣出版、一九九二年)。
(88)本多美穂「室町時代における少弐氏の動向」(『九州史学』九一、一九八八年)。黒嶋敏「九州探題考」(『史学雑誌』一一六―三、二〇〇七年)。
(89)『朝鮮王朝実録』世宗二五年(一四四三)一〇月甲午条。
(90)『朝鮮王朝実録』世宗一一年(一四二九)一二月乙亥条。
(91)「在博多島、次韻寄仁叟・伯玉・仲章・謹甫・清甫山居」(『保閑斎集』巻四、『韓国文集叢刊』一〇所収。『保閑斎集』は、このときの書状官申叔舟の文集)、『朝鮮王朝実録』世宗二五年(一四四三)一〇月甲午条。
(92)『満済准后日記』(『続群書類従』補遺一)永享六年(一四三四)五月八日条。

(93)『教言卿記』(史料纂集)応永一三年(一四〇六)閏六月一〇日条、『満済准后日記』永享六年五月一一日・一四日条、『笑雲入明記』景泰五年(一四五四)七月一四日条など。

(94)村井章介「解説」(村井・須田編『笑雲入明記』〈前掲〉)。

(95)以上『戊子入明記』。

(96)「寛正六年一一月二八日大内氏奉行人連署奉書」(『忌宮神社文書』二、四五丁)。「異国事者諸役無沙汰」ということなので先例に任せ(て免除す)る、とある。

(97)京都大学文学部国語学国文学研究室編『日本寄語の研究』(京都大学国文学会、一九六五年)に影印が所収される。

(98)以上『策彦和尚初渡集』の分析による。なお詳細は拙稿「中世後期の赤間関の機能と大内氏」(『ヒストリア』一八九、二〇〇四年)第二章第二節参照。

(99)『保閑斎集』巻九。

(100)たとえば、延享度朝鮮通信使(一七四八年)の従事官曺命采による使行録『奉使日本時聞見録』(仲尾宏ほか編『大系・善隣と友好の記録朝鮮通信使』第六巻、明石書店、一九九四年所収)は、「安徳天皇祠在下於距二館所一不レ遠之地上、而従前使行皆歴二見之一矣」として、歴代の朝鮮通信使が安徳天皇祠を訪れていることを記している。また、正徳度朝鮮通信使(一七一一年)の正使趙泰億による使行録『東槎録』には、「赤間関、謹次下保閑斎申文忠集中阿弥寺《ママ》板上次二昔年通信使高得宗詩韵一之作上」・「安徳祠、次二松雲師韵一」と題する詩が所収される(『謙斎集』巻七、『韓国文集叢刊』一八九所収)。保閑斎申文忠とは一四四三年の使行の書状官申叔舟。本文で触れたように申叔舟は一四四三年来日の折、高得宗が詠んだ詩に次韻しているが、趙泰億はその詩にさらに次韻しているのである。松雲は慶長九年(一六〇四)に来日した松雲大師惟政。惟政もまた安徳天皇祠を訪れ、作詩したことがわかる。なお詳細は拙稿「朝鮮通信使と安徳天皇」(川合康編『平家物語を読む』吉川弘文館、二〇〇九年)を参照。

(101)寛保二年(一七四二)作成「御国廻御行程記」第六帖(『関の町誌の世界』下関市立長府博物館、一九九五年)など。

(102)『笑雲入明記』宝徳三年(一四五一)一二月一一日条、『策彦和尚初渡集　下之下』嘉靖二〇年(一五四一)七月一一日条など。なお伊藤幸司「中世後期外交使節の旅と寺」(中尾堯編『中世の寺院体制と社会』吉川弘文館、二〇〇二年)にも同様の指摘がある。

(103)伊藤幸司「大内氏の外交と東福寺聖一派寺院」(同著『中世日本の外交と禅宗』吉川弘文館、二〇〇二年)。

（104）なお、朝鮮使節の随行員の逃亡の事例は、この金淵のほかにもう一件を見出だしている。

『朝鮮王朝実録』世宗七年（一四二五）四月辛亥条

（前略）梵齢啓曰、「回礼使朴熙中、到二本国一時、帯去船軍一名、逃留二本国一、如今領還」、上曰「已知」、命饋二于東廊一、逃留船軍、清道郡人朴奉也、坐二杖一百・徒三年一、

一四二三年に来日した朴熙中の随行員に、慶尚道清道郡出身の朴奉という者がいた。彼は朴熙中の日本滞在中、場所は不明であるが逃亡した。しかし日本側の捜索によって捕えられ、逃亡から二年後に、日本国王使梵齢に付せられて朝鮮へ送還されてしまった。そして、杖一百・徒三年という刑に処せられたのである。金淵が結局どうなったのかは、不明である。しかし朝鮮使節の随行員の逃亡が起こりうる事態であり、それに対して朝鮮側が厳しい姿勢をとっていたことは、「朝鮮に殺到する倭人」という一方向への流れだけではない視点で当該期日朝交流をとらえようとしたとき、示唆に富むように思われる。

（105）なお、一五世紀段階の朝鮮の赤間関に対する認識をうかがわせるものとして、以下の史料も紹介しておきたい。これは朝鮮官僚金宗直が、日本に帰る人（不詳）を送った詩であるが、赤間関は日本の西岸であり、大内殿に属している、とする。

「送人帰日本」（『佔畢斎集詩集』巻一四、『韓国文集叢刊』一二）

満腔忠信未蒼顔、縹渺雲濤入眼閑、剣佩已遥青瑣闥、舟航将卸赤間関、蛮衢井井分三町、鰲頂茫茫冠五山、已把壮遊酬素志、家人忽夢大刀鐶、山城州、日本国都、其都中道路、皆旁通四達、毎一町有中路、三町為一條、條中大路井井不紊、凡九條、赤間関、乃日本西岸、隷大内殿、

（106）『日本一鑑』は、その一部が保科富士男氏・中島敬氏によって諸本との校訂の上、翻刻されている（『東洋大学大学院紀要』二六―二九、一九九〇―一九九三年）。本記事は保科富士男氏らの翻刻に依拠する。なお『日本一鑑』の未翻刻部分に関しては、早稲田大学所蔵の文殿閣影印本を参照した。文殿閣影印本とは、民国二八年（一九二九）、北京人文科学研究所所蔵本に富岡謙蔵氏所蔵本を補って、北京の古書店・文殿閣により影印刊行されたものである。以上、『日本一鑑』の書誌については、富岡謙蔵「日本一鑑解題」（『芸文』五―九、一九一四年）、渡辺三男「明末の日本紹介書「日本一鑑」について」（『駒澤大学研究紀要』一三、一九五五年）、大友信一・木村晟「解題」（『日本一鑑――本文と索引』笠間書院、一九七四年）を参照した。また『日本一鑑』は、類書に比べて研究史が厚い。これについては、中島敬「『日本一鑑』研究史」（『東洋大学文学部紀要』五〇、一九九七年）に詳しい。

第三章　大蔵経輸入とその影響

はじめに

第一章・第二章と論じてきたように、大内氏は室町殿と朝鮮王朝を媒介する取次としての機能を果たし、中世後期日朝関係に特異な位置を占めた。この日朝関係における位置ならびに大内氏自身の対朝関係は、当該期の大内氏権力にとって、「国内」的にはどのような意味を持ったのであろうか。本章ではこの課題を解くひとつの手がかりとして、朝鮮からの最大の輸入品である大蔵経に着目する。約七〇〇〇巻に及ぶ仏典の集大成である大蔵経が、どのような経緯のもとに朝鮮王朝に求められ、どのように利用されたのか、あるいはどのような機能を果たすことが期待されたのかを探ることによって、大内氏の対朝関係が「国内」に与えた影響を具体的なモノに即して考えてみたい。

第一章で大内氏の対朝関係を概観した際にも指摘したように、大内氏が対朝交渉を行なうときの目的には、多く大蔵経求請が含まれている。ことに盛見期の対朝交渉のほとんどは大蔵経求請をその目的としている。一五世紀段階において大蔵経輸入が、大内氏の対朝交渉の基調をなしていることは、第一章の表1を一見するだけでも明らかであろう。

したがって本章では、まず大内氏による大蔵経輸入が当該期における日本の大蔵経輸入の全体のなかでいかなる位置を占めたものであったのかを確認する。そのうえで、大内氏による大蔵経輸入の実態について網羅的な検討を加え、輸入しえた大蔵経を大内氏はどこの寺院に施入したかを確定しつつ、大蔵経輸入が大内氏自身にとっていかなる意味を持つ行為であったのかについて、時期的変遷を含めて追究していく。併せて現存する大内氏ゆかりの大蔵経の特徴の検討を通じて、中世東アジア交流の一断面を切り取ってみたいと思う。

一　中世日朝関係のなかの大蔵経

（1）中世日朝関係史研究における大蔵経の位置

大蔵経とは仏教の経典類を集大成したものである。一切の経典をすべて集めたという意味で、「一切経」ともよばれ、日本では史料的には「大蔵経」よりは「一切経」と表現されることのほうが多い。中国においては一〇世紀に木版大蔵経が刊行されて以降、しばしば刊行され、韓国では一二世紀に高麗版大蔵経が、日本では一七世紀に天海版と鉄眼版大蔵経が刊行された(1)。

研究史上、大蔵経を所持することにどのような意味があったのかは明らかにされていないように思う。大蔵経を所持する寺院であることが、ただちに寺格の上昇につながり人々の信仰と喜捨を集める要因になるといった、明示的な事例は、管見の限り見出すことができない。ただ、大蔵経は仏教にかかわる基本文献の集大成なのであり、大蔵経を手に入れることは、いわば仏教的知識の総体を所持することになる。中世後期の在地の村々で大量に大般若経六〇〇巻が筆写されていたことはよく知られているが、大蔵経はこの大般若経六〇〇巻を含みこんだ、全体で約七〇〇〇巻に及ぶ大部なものであった。日本に大蔵経の版木が存在しない段階にあって、大蔵経を所持することは村落レベルでなしうることではなく、特権的であったことは確かである。近世、鉄眼版大蔵経が刊行されてからは村落寺院でも大蔵経を所持するところが増え、次第に普及していくことになる[2]。

中世日朝関係史研究において、大蔵経研究は独自の意味を持っている。一五世紀、日本側諸勢力が大蔵経輸入を強く希望し、あらゆる手段を使って朝鮮王朝に大蔵経を要求していたことは、当該期日朝関係の顕著な特徴として注目され、その実態については、厚い研究が蓄積されてきた[3]。まず、その内容を簡単に述べておこう。

日本の諸勢力の大蔵経求請に対して、朝鮮王朝は、最初は広範な通交者に与えていたが、次第に日本国王使・巨酋使・対馬宗氏に限定していく方向に向かった。これに対し、あるいは琉球国王使を偽称し、あるいは夷千島国・久辺国などという架空の国を創作してまで、大蔵経を求めた例も存在することは、朝鮮の大蔵経が日本側から渇望されていたことをよく示している。一五世紀半ば、日本国王使の大蔵経求請は特定寺社の大蔵経要求を取り次ぐ（以下代理行為と呼ぶ）という性格が濃厚になる。一五世紀後半には、朝鮮王朝から非常に重視され優遇された大内氏も、代理行為を行なうようになり、日本国王使に匹敵するような規模を誇った。こうした特定寺社の大蔵経求請の諸様相についての個別研究も蓄積されている[4]。

以上の研究成果により、大蔵経輸入が、当該期日朝関係を律する重要な要素であることが明らかにされた。当該期の大蔵経輸入は日朝関係の赤裸々な姿をとらえうる素材として研究がなされ、結果として朝鮮王朝から大蔵経を引き出そうとする虚々実々の駆け引きのなかに広がりを持って認識できる日朝関係に関わる諸階層の姿を提示してきたと言える。

しかし、輸入大蔵経が、現実に日本中世社会にどのように受容され、機能したのかという点については、これから具体的な事例を集積していく段階にあると考える。すなわち現段階においては、大蔵経輸入という行為についての詳細な検討は積み重ねられているが、大蔵経輸入がいかなる契機で要請され、輸入後の大蔵経がどのように扱われたのかという点については、ほとんど論及がないのである。この点を追究することは、朝鮮からの大蔵経輸入という事実の意義を問うことであると同時に、中世日朝関係が日本社会に与えた意味をより深く考察することにもつながるであろう。とりわけ大蔵経を輸入する政治権力の事情、すなわち室町殿や大内氏のように継続的に大蔵経の求請・輸入を行なっている権力の側から見た輸入の実態と意義をとらえた研究が求められる。

ただ、室町殿の大蔵経輸入の意義を検討しようとする際に問題となるのは、義政期の代理行為の場合を除いては、施入寺社がほとんど明らかでないことである。代理行為の場合は、大蔵経の贈与を求める書契そのものに、大蔵経が施入されるべき寺社の名が明記されている場合が大半であり、かつ、先述したように先行研究の蓄積によって、そのいくつかの寺社の請来事情も明らかにされている。ところが室町殿が主体的に大蔵経を請来していた足利義満・義持・義教期に関しては、輸入してきた大蔵経をいったいどこに置いたのかを知ることができない。唯一、一四二四年にもたらされた大蔵経が、相国寺に置かれたことが判明するが[5]、これが、相国寺への施入を意味するのか、僧録のもとに一度搬入された後（僧録は相国寺鹿苑院を拠点とする）、改めてどこかの寺社に施入されたのかは、はっきりしない。施入寺社を明らかにすることができなければ、室町殿の大蔵経輸入の意義を検討することは困難であり、義政期の代理行為との比較のもとに時期的な変遷を追うことも難しい。

これに対して、後述するように大内氏の大蔵経に関しては、その行く先をかなり追うことができる。これは、室町殿に比して特徴的であるとともに、当該期の他勢力に比しても特徴的である。対馬宗氏に関わるものについては判明する場合もあるが[6]、他勢力については、輸入された大蔵経が実際に、どこの寺社に施入されたのかは、ほとんど不明なのである。

（2）大蔵経輸入の概観

次に、中世日朝関係における大蔵経輸入の全体像を概観していこう。

一五世紀中葉以降の大蔵経の輸入状況を網羅したものに村井章介氏の研究がある(7)。表1は、その成果を踏まえつつ、一四世紀中葉から一六世紀中葉までの輸入状況について、『高麗史』・『高麗史節要』・『朝鮮王朝実録』などから検出を試みたものである。

当該期の大蔵経求請の初めは、『高麗史節要』辛禑一四年（一三八八）七月条に、「日本国師妙葩・関西省探題源了俊、遣㆑人来、献㆓方物㆒、帰㆓我被虜民二百五十人㆒、仍求㆓蔵経㆒」とあるもので、一三八八年、春屋妙葩と九州探題今川了俊の連名により、被虜人二五〇名の送還の見返りとして求められている。実際に送られたのかどうかは不明である。次いで恭譲王四年（一三九二）六月条に「日本遣使、求㆓蔵経㆒」と見えるが、与えられたか否かは不明である。

大蔵経が実際に日本に送られたことが判明するのは、一三九四年の今川了俊による求請である。『朝鮮王朝実録』太祖三年（一三九四）一二月是月条に「日本国鎮西節度使源了俊使人、求㆓大蔵経㆒」とあり、つづく太祖四年（一三九五）七月辛丑条に所収される了俊の書状に「重承㆓国使㆒戸曹典書金積善護㆓送両蔵経㆒、今歳三月初八日繫㆓纜于此岸㆒」とあって、大蔵経が二部送られていることがわかる。ただ、この大蔵経が来日後どこに収められたのかは不明である。

応永二年（一三九五）の了俊の召還・失脚後、まっさきに大蔵経を求めたのは大内義弘で、次いで新任の九州探題渋川満頼、日本国王すなわち足利義満、とつづく。ただし一四一〇年ごろまでは日本国王たる室町殿はあまり姿を見せず、大内氏、九州探題やその関係者、壱岐の勢力などによる求請が多い。一五世紀前半段階の九州探題名義での求請は特に多く、一四二〇年から一四二三年にかけて連年に及ぶ。ただし、成就したかどうかが確認できる例は二例にとどまり、応永三二年（一四二五）の九州探題渋川義俊の没落以後は見えなくなる。

足利義持は盛んに大蔵経を求め、その数は七回前後に及ぶ。つづく足利義教の時期は一回のみだが、足利義政の時期には一〇回を数える。義政による大蔵経求請は特定寺社のための代理行為が多く、書契作成以外の実務は大蔵経を

年　月	求請主体	史料上の主体の表記	可否	納入先／（　）内備考
1450. 2	足利義政	日本国源義成	○	神祠
1450. 12	宗金	日本国関西路筑前州冷川宗金	○	—
1452. 10	足利義政	日本国王	○	—（1452. 4 入京の国王使による求請）
1456. 3	足利義政	日本国源義政	○	美濃承国寺（新創）
1457. 3	足利義政	日本国王源義政	○	山城建仁寺
1459. 6	足利義政	日本国王	○	美濃一宮
1460. 5	畠山義就	日本国畠山殿源義就	?	—
1460. 9	斯波義敏	日本国左兵衛源義敏	○	—
1461. 12	琉球国	琉球国中山王	○	天界寺
1462. 10	足利義政	日本国王源義政	○	大和多武峰
1470. 8	畠山義勝	日本国京城管領畠山左京大夫源義勝	○	能登天徳寺
1471. 11	琉球国	琉球国王尚徳	○	建立一寺
1473. 8	大内政弘★	日本国防長摂泉四州太守大内別駕多多良政弘	×	山城清水寺
1478. 11	久辺国主★	久辺国主李獲	×	創建仏寺
1479. 4	大内政弘	日本国大内左京兆尹中大夫政弘	○	長門安国寺
1479. 6	琉球国	琉球国王尚徳	×	—
1482. 4	足利義政	日本国王源義政	○	大和円成寺
1482. 4	夷千島王★	南閻浮州東海路夷千島王遐叉	×	—
1482. ⑧	久辺国主★	久辺国主李獲	?	—
1483. 12	琉球国	琉球国王尚円	?	—
1485. 8	大内政弘	日本国大内左京兆尹中大夫兼防長豊筑四州大守多多良政弘	○	筑前普門寺
1486. 4	少弐政尚	日本国関西路筑豊肥三州総太守太宰府都督司馬少卿藤原政尚	×	—
1486. 4	宗貞国	日本国対馬州太守宗貞国	×	—
1487. 2	宗貞国	対馬州太守宗貞国	○	対馬島霊神
1487. 4	足利義政	日本国王源義政	○	越後安国寺
1487. 6	大内政弘	日本国左京兆尹中大夫兼防長豊筑四州太守多多良政弘	○	大和長谷寺
1489. 8	足利義政	日本国王源義政	○	山城般舟三昧院
1490. 9	大内政弘	日本国大中大夫左京兆尹兼防長豊筑四州太守多多良政弘	○	紀伊安楽寺
1490. 9	少弐政尚	日本国関西路筑豊肥三州総太守太宰府都督司馬少卿藤原政尚	?	—
1491. 8	足利義稙	日本国源義材	○	筑前妙楽寺
1491. 12	琉球国	琉球国王尚円	○	安国寺（不帙）
1499. —	足利義澄	日本国源義高	?	—（『続善隣国宝記』による．『実録』に記載なし）
1500. 11	琉球国	琉球国中山王尚真	○	興国寺
1502. 正	足利義稙？	日本国	○	—（1501. 8 入京の国王使による求請）
1502. 4	足利義澄	日本国王源義高	×	—
1517. 8	足利義稙？	日本国王	○	—（不帙）
1537. 正	足利義晴？	日本国王	×	—
1539. 9	大内義隆	日本国王臣左京兆尹兼都督長史武衛次将多多良朝臣義隆	×	安芸厳島社（『大願寺文書』による．『実録』に記載なし）

注：★　偽使であることが明白なもの．
　　＊　断りのない限り『朝鮮王朝実録』による．

表1　大蔵経求請一覧

年　月	求請主体	史料上の主体の表記*	可否	納入先／(　) 内備考
1388. 7	春屋妙葩・今川了俊	日本国師妙葩・関西省探題源了俊	?	—
1392. 6	—	日本	?	—
1394. 12	今川了俊	日本国鎮西節度使源了俊	○	— (2部)
1396. 3	大内義弘	日本国左京権大夫多多良義弘	○	—
1397. 12	渋川満頼	日本関西道九州探題源道鎮	?	—
1398. 12	大内義弘	日本六州牧多多良義弘	?	相国大夫人の命
1399. 7	足利義満	日本国大相国	×板	— (大蔵経板の贈与を承諾するも送らず)
1400. 8	承天寺	博多城承天禅寺住持闇公	?	—
1406. 2	足利義満	日本国王源道義	?	—
1407. 7	大内盛見	日本国大内多多良徳雄	○	周防興隆寺
1408. 7	大内盛見	日本大内殿	○	—
1409. ④	大内盛見	日本大内殿多多良徳雄	○	周防永興寺
1410. 正	壱岐	一岐知主源良喜・代言源覚真	?	—
1410. 4	壱岐	一岐知主源良喜	?	—
1411. 5	九州探題配下	日本九州江州守窓満家	?	—
1411. 5	九州探題配下	沙弥源英	?	—
1411. 7	壱岐	一岐知主源良喜	?	—
1411. 10	足利義持	日本国王	○	—
1411. 10	大内盛見	大内殿多多良徳雄	○	—
1413. 2	壱岐	一岐知主源良喜	?	—
1413. 3	宗貞茂	対馬島宗貞茂	○	—
1413. 6	少弐	日本国筑州藤公	○	—
1414. 6	足利義持	日本国王	○	—
1415. 7	大内盛見	日本大内殿	×	—
1416. 8	宗貞茂・大内盛見	対馬島宗貞茂・大内多多良道雄	○	—
1417. 9	大内盛見	大内多多良道雄	?	—
1418. 8	大内盛見	日本国大内殿徳雄・多多良道雄	×	—
1419. 12	足利義持	日本国源義持	○	—
1420. 12	渋川満頼	日本国九州都元帥右武衛源道鎮	×	—
1421. 11	渋川義俊	日本九州総管源義俊	?	—
1422. 11	足利義持	日本国王	○	—
1422. 11	渋川義俊	日本九州都元帥元義俊	○	本国皇太后の命
1423. 11	渋川義俊	日本国源義俊	?	—
1423. 12	足利義持	日本国王	×板	— (板の代わりに経を贈与)
1425. 4	足利義持	日本国道詮	×板	— (板の贈与要求を拒否)
1428. 3	足利義持	日本国道詮	—	伊豆州東福教寺(『善隣国宝記』による．『実録』に記載なし)
1432. 5	足利義教	日本国王	○	— (中国版2部)
1434. 3	宗貞盛	対馬州太守宗貞盛	×	—
1440. 8	大内持世	大内殿多多良持世	○	今幸営建寺刹
1443. 11	足利義勝	日本国王	○	—
1443. 12	大内教弘	日本国大内多多良教弘	○	周防香積寺
1445. 3	呼子	日本呼子殿	○	—
1445. 5	宗貞盛	宗貞盛	○	—
1446. 6	大内教弘	日本国大内殿多多良教弘	○	—
1448. 4	足利義政	日本国	○	山城南禅寺
1449. 8	宗貞盛	対馬州宗貞盛	○	八幡神堂

表2　通交者別大蔵経の求請と獲得一覧

名義	求請回数／獲得回数（概数）
日本国王	25回前後／1-2回を除き基本的に与えられる
大内氏	18回前後／12-15回
九州探題	7回／2回　〈内訳〉今川了俊：2回／1回 渋川満頼：2回／？ 渋川義俊：3回／1回
宗氏	6-7回／4-5回
琉球国	6回／4回
少弐氏	3回／1回
畠山氏	2回／1回　〈内訳〉畠山義就：1回／？ 畠山義勝：1回／1回
斯波氏	1回／1回
宗金	1回／1回
一岐知主源良喜	4回／？
承天寺	1回／？
夷千島主	1回／0回
久辺国主	2回／0回

欲する寺社の側で行なわれていたことは先行研究のすでに指摘するところである[8]。

一五世紀の後半には畠山氏・斯波氏といった王城大臣使名義の求請が現れる。これらは、「偽使」とされる[9]。琉球国王による求請も増えはじめるが、琉球国王名義の使は偽使が多く、どの求請が真に琉球国王の欲求であったのか、実際に琉球国王の手元に届いた大蔵経は何部あったのかは判断できない。研究史上著名な夷千島王・久辺国王を称する使者が大蔵経を求めたのもこの時期である。偽使派遣勢力の手に渡った大蔵経が結局どこに落ち着くことになったのかは知られていない。

一六世紀に入ると、求請の数は急激に落ち込み、『朝鮮王朝実録』に依る限り一六世紀中葉以降には見えなくなる。日本による朝鮮への大蔵経求請とは、一五世紀に特有な状況であったと言えよう。

大蔵経の求請と獲得の様相を、表1に依拠しつつ通交者ごとにまとめると、表2のようになる。集計に際しては、大蔵経を得られたか否か明確でない場合は、求請数には集計しても獲得回数からは省いてある。したがって、たとえば九州探題などは獲得率が上がる可能性がある。またここでは各使節の真偽は問題にしておらず、『朝鮮王朝実録』に現れる名義に従っている。

これを見れば、日本国王が二五回前後求請し、例外を除き基本的には毎回与えられていること、また大内氏が一八回前後求請して、一二―一五回与えられていることが、他勢力に比して圧倒的に有利かつ多いことは一目瞭然である。中世後期に朝鮮から日本に輸入された約五〇蔵のうち、約半分は日本国王、すなわち室町殿の名義になるもの、約四分の一は大内氏によるもの、とまとめることができる。日本国王を除いた他の諸勢力に比べて大内氏が大蔵経輸入において圧倒的に優位にあったことがうかがえる。このことは、当事者たちにも認識されていたようで、一四八六年、少弐氏の使者は朝鮮王朝に抗議して、「大荘〔蔵〕経不レ賜レ我、而賜二大内殿一、対馬州凡有レ献、必厚給二其価一、而於レ我則不レ然、貴国之待二我主一、不レ如二大内殿及対馬州一也」[10]と述べている。「私には大蔵経を賜らないのに、大内氏には賜う。対馬（の宗氏）が物品を献じれば必ず厚く報いるのに私にはそうではない。私の主人である少弐氏に対する朝鮮の待遇は、大内氏や対馬のよう（に手厚く）ない」という言葉に、大蔵経輸入における大内氏の特権的な立場が象徴的に示されている。

二　大内氏の大蔵経の輸入

（1）概　観

さて、大内氏の大蔵経求請は、表1に見られるように、一三九六年の義弘によるものをはじめとし、一五三九年の義隆によるものが最後である。表3は表1より大内氏の大蔵経求請だけを取り出し、一覧にしたものである。一二―一五蔵を獲得していること、求請のピークは一五世紀初頭の盛見期、次いで一五世紀後半の政弘期であることを知ることができる。[11]

これらの大蔵経は具体的にはどの寺社に施入されたのか。その様相を概観してみよう。

表 3　大内氏の大蔵経求請

年	月	日本年号	大内当主	通交名義	使者名	可否	施入寺社	備考		
1396	3	応永 3	義弘	日本国左京権大夫多多良義弘	通竺・永琳	○	—			長門普光王寺
1398	12	応永 5	義弘	日本六州牧多多良義弘	霊智	?	大相国夫人の命			
1407	7	応永 14	盛見	日本国大内多多良徳雄	**通文・通玉・仁方**	○	**周防興隆寺**	**興隆寺文書**	松崎天満宮	
1408	7	応永 15	盛見	日本大内殿	—	○	—		周防国清寺	
1409	④	応永 16	盛見	日本大内殿多多良徳雄	周鼎・**昌伝**	○	**周防永興寺**	**不二遺稿**		
1411	10	応永 18	盛見	大内殿多多良徳雄	—	○	—			
1415	7	応永 22	盛見	日本大内殿	—	×	—			
1416	8	応永 23	盛見	対馬島宗貞茂及大内多多良道雄	—	○	—			
1417	9	応永 24	盛見	大内多多良道雄	—	?	—			
1418	8	応永 25	盛見	日本国大内殿徳雄・多多良道雄	—	×	—			
1440	8	永享 12	持世	大内殿多多良持世	一照	○	（新立寺院）			
1443	12	嘉吉 3	教弘	日本国大内多多良教弘	徳模・慶柔	○	周防香積寺			長門安国寺
1446	6	文安 3	教弘	日本国大内殿多多良教弘	徳模	○	—			
1473	8	文明 5	（政弘）	日本国防長摂泉四州太守大内別駕多多良政弘	源周徳	×	山城清水寺	偽使		
1479	4	文明 11	政弘	日本国大内左京兆尹中大夫政弘	瑞興	○	長門安国寺			
1485	8	文明 17	政弘	日本国大内左京兆尹中大夫兼防長豊筑四州大守多多良政弘	元粛・朱村	○	筑前普門寺			
1487	6	文明 19	政弘	日本国左京兆尹中大夫兼防長豊筑四州太守多多良政弘	鉄牛	○	大和長谷寺			
1490	9	延徳 2	政弘	日本国大中大夫左京兆尹兼防長豊筑四州太守多多良政弘	慶彭	○	紀伊安楽寺			
1539	9	天文 8	義隆	**日本国王臣左京兆尹兼都督長史武衛次将多多良朝臣義隆**	**尊海**	×	**安芸厳島社**	**大願寺文書**		

典拠：明朝体＝『朝鮮王朝実録』，ゴシック体＝他史料，備考に史料名を付した．
注：盛見が周防松崎天満宮に納入．盛見が周防国清寺に納入．義弘または盛見または教弘が長門安国寺に納入．義弘または盛見または教弘が長門普光王寺に納入．

まず、義弘段階において一部獲得したことは確認できるが、これは施入寺社を確認することができない。次いで盛見段階においては五―六部獲得し、周防興隆寺・周防松崎天満宮・周防永興寺・周防国清寺に納入していることが日本側史料から判明する[12]。周防松崎天満宮は大内氏の本来の出身地である防府に鎮座する、菅原道真を祀る大社であり、興隆寺は大内氏の氏寺、永興寺は大内弘幸、国清寺は大内盛見の菩提寺である。

持世段階では一部獲得しており、これは、名前は詳らかにしないが、新立寺院のための求請であること、また教弘段階では二部獲得しており、このうち一部は周防香積寺への施入のためであったことが『朝鮮王朝実録』から判明する。この香積寺のための求請が、具体的な寺社の名前を挙げて大蔵経を求請した最初である。香積寺は大内義弘の菩提寺である。香積寺の五重塔（現・瑠璃光寺五重塔）の完成が嘉吉二年（一四四二）であり、大蔵経求請は一四四三年であるから、教弘による義弘の菩提寺整備の一環ととらえることができる。

さらに、一四七九年以前に長門安国寺にも施入している。一四七九年、大内政弘は長門安国寺のために大蔵経を求めたが、その理由にかつて朝鮮からもらった大蔵経を収めていたが、それが焼失してしまったことを挙げている[13]。長門安国寺は、厚東氏が建立した東隆寺が足利氏によって長門国の安国寺と指定されたものである。大内氏は一四世紀半ば、長門守護であった厚東氏を駆逐して周防から長門に進出した。

政弘段階においては、この長門安国寺のほかにも、筑前普門寺・大和長谷寺・紀伊安楽寺のためにと称して求請がなされ、いずれも獲得に成功している[14]。義興段階においては求請・獲得ともになく、義隆段階においては安芸厳島大願寺のための求請が一回なされているが、獲得には至っていない[15]。このほか明応丙辰（明応五年、一四九六）修復の記録を持つ、もと長門普光王寺にあったことが確認され、現在大谷大学所蔵になる高麗版大蔵経の存在が知られる[16]。これは高麗官僚李穡の執筆になる辛酉（一三八一年）の年記をもつ跋文（後掲史料18）がついたものであるから、一三八一年以降一四九六年までのいずれかの段階に、朝鮮から輸入されてきたものと判断できる。それが大内氏による輸入であるかどうかは確証が取れないが、もと長門国の寺院の所蔵になることから、その可能性は高いだろう。普光王寺は現存せず、近世の地誌類にも見られないので、その性格の詳細は不明だが、応永年間（一三九四―一四二八）に大内盛見と関係の深い禅僧、怡雲寂誾が住持となっていることが確認できる。[17] したがって遅くとも一五世紀初頭には成立し、一八世紀以前には廃絶に至った禅宗寺院、おそらく東福寺大慈門派の寺院であり、大内氏の外護を受けていた有力寺院であった可能性が高い。政弘段階の大蔵経輸入はすべて施入寺院が判明しており、持世段階の求請は新立寺院のためであることを踏まえれば、義弘・盛見・教弘のいずれかの段階での施入であろう。怡雲寂誾と盛見との関係を考慮するならば、盛見による施入の可能性が一番高いのではないかと推定する。

以上、一五世紀前半においては、大内氏は朝鮮から輸入しえた大蔵経を主として領国内寺社に施入していたことが判明する。この施入はいかなる動機に基づいてなされたものであったのか。盛見の時期になされた氏寺である興隆寺への大蔵経施入は、その求請から安置に至るまでの背景が復元でき、これについて考える材料を提供している。[18]

（2）大蔵経の輸入と利用1――一五世紀前半

a　興隆寺一切経請来の事情

周防興隆寺に伝来した文書には、応永一四年（一四〇七）四月、大内盛見が朝鮮に閩浙版（中国版）の大蔵経を求めた書契が残されている。

[史料1]「応永一四年四月日大内盛見書契写」（『興隆寺文書』、『山口県史』史料編中世三所収）

日本国防長豊州刺史大□多多良徳雄、　端粛奉二書

朝鮮国議政府左右政丞閣下一、連年猥辱二

書訊一、兼拝二礼貺一、感媿無レ已、矧乎所二以撫教甚具一、無二以加レ焉、少白、賤者無レ状、久抱下造二蔵経一之

志上、々与力違、力与時違、遂欲レ果二其素之意一、鬱乎尚未レ熄矣、今茲発レ舶、特差二系末僧通文・通玉・仁方
等一、不レ避二干冒之誅一、往諭二所レ求之誠一、願達二
宸扆一仰二于
特旨一、以降二有司一、頒三賜一蔵一、苟俾三賤者遂二其志一、何幸亦如レ之、茲嚮吾兄左京兆大内侯義弘之所レ拝者、迺
大国梓伝之善本也、今更望賜二閩浙之印本一、将下採二彼之所一レ余、以補二此之不一レ足、交相求、而一其致上焉、然
后参二考異同一、併行二于世一、則天下之至宝、莫下踰二於此一者上也、蓋此鴻釐不三啻謝二
聖恩一、抑亦祉二兆民一、両朝修レ好、四夷族レ罪必也、是又非二吾仏教之陰翊而陽報一耶、如レ此区々之私、非二言可一レ諭、
情溢辞蹙、不レ知レ所レ裁、亦惟少憐察、幸々甚々、不腆土宜、具在二別箋一、幸二
容納一、即辰稍熱、万乞二
為レ国自重一、　不宣
応永十四年四月　日
大□□徳雄

（別幅略）

これによれば、盛見は、義弘に贈与された高麗版大蔵経と対比し文字を確定するためとして、閩浙版の大蔵経を求めている。『朝鮮王朝実録』太宗七年（一四〇七）九月辛亥条に「日本大内多々良徳雄客人、詣レ闕辞、賜二大蔵経一部一、以遣レ之、従二徳雄之請一也」と見えるのはこれに対応するものと考えられ、この要求が無事に達成されたことがわかる。

この間の事情をもう少し詳しく伝えるのが、『興隆寺文書』内の「氷上山興隆寺一切経蔵供養条々土代」である。

［史料2］「氷上山興隆寺一切経蔵供養条々土代」（『興隆寺文書』）

氷上山興隆寺一切経蔵供養事条々

京都可被注上条々

一、願文

為二大概先年本堂供養願文写一進レ之、御清書三条殿、草案五条大外記、料紙ハ表裏以二金銀薄一被レ艶畢、

一、蔵経船出津応永十四年卯月日、帰朝同十一月日、衆人無為、海上無事、

一、翼〔翌〕年自二朝鮮国一、両官人為レ礼来朝之、

一、毎年二季彼岸転読事、

一、当寺毎年二月舞楽事、

一、○〔供養〕吉日良辰事、

三月下旬、卯月上旬之間、可レ被二選下一事、

①一切経蔵供養願文は先年の本堂供養のときのものを写して作成した、②応永一四年（一四〇七）四月に朝鮮に大蔵経を求請する使者が出発し、同一一月に無事帰国した、③翌年朝鮮官人がやってきた、④この大蔵経を毎年二回彼岸に転読し、供養を年に一回することを定めた、などの事項を伝えている。

この供養願文にあたるのが、次の史料である。

［史料3］「氷上山興隆寺一切経供養願文」（『弘文荘待賈古書目録』三〇）

昔者箕子授二洪範於周武一、而居二師位一、後受二封於朝鮮一、而子孫廟食焉、嬴秦・劉漢・三国・六朝及隋・唐・五季・宋・元迭興迭亡、而朝鮮鎮二乎一方一而宗祀自若、寧非二盛徳余慶一哉、　吾朝推古天皇御宇、彼邦琳聖太子来朝、遂慕二王化一而留二居防州一、為二西土大族一、後世業継、絶二興廃一、重二修殿堂一、荘二厳仏像一、整二供養軌儀一、丁亥歳（ⓐ）（一四〇七）奉二一代蔵経於本邦朝鮮一、未レ幾造二輪蔵一而安レ焉、（ⓑ）頃年九州群寇蜂起、豊筑郡県騒然、生民塗炭流亡、神

祠仏閣毀敗無レ余、弟子振二一臂乎戦場一、而幸而討平之、（c）出二万死一逢二一生一、莫レ非二冥助一也、因茲今年丁未（一四二七）果二蔵経供養之素願一、而祈二大平（ママ）於百代一、期二家運於不朽一者也、伏惟玄亀負二瑞図一、支那彝倫弗レ乱、白馬載二経曲一、浮屠道化聿レ興、王者専二外護一而上下丕承、神霊加二資助一而陰陽不測、延及二我国一、今闡二此場一、米満（ママ）釈部之玉軸琅函、照二霊壇一而燁燿、群僧童舞之花顔柳黛、飜二綵袖一而繽紛、糸竹之音遏レ雲、幢幡之影映レ地、八吉祥六殊勝、宝所壮麗可レ観、四大海五須弥、仏徳高潔難レ比、尽レ美尽レ善、瞻レ之仰レ之、伏願帝道被二八挺一、覇業及二百代一、家業永保、而神助益至、邦域無レ虞、而犬吠不レ驚、乃至人天平等利済、敬白、

すなわち、（大内盛見は）丁亥歳（応永一四年、一四〇七）、朝鮮から大蔵経を請来し、すぐに輪蔵を作ってこれを安置した（傍線部a）、近年、九州の群盗が世情を騒がすので、出陣し、幸いにしてこれを討ち平らげた（傍線部b）、九死に一生を得たのは、仏の加護によるものだから、今年丁未（応永三四年、一四二七）、一切経を供養して百代の太平と家運の不朽を期す（傍線部c）、というのである。この供養に関しては、『興隆寺文書』に応永三四年四月九日付の「一切経供養料足遣方事」とする注文が残っており、数百貫文を費やして大々的に行なわれたことがうかがえる。

大内盛見は応永三二年（一四二五）、九州騒乱のため、京都から国元に下り、少弐氏と戦い、永享元年（一四二九）足利義教の要請に応え上京したが、一ヵ月後には下国し、永享三年、九州の陣で少弐氏と戦い討死をとげた。この供養はこの間になされており、おそらくは少弐氏との合戦の一時的な勝利を祝ってなされたものであろう。

以上から、朝鮮に大蔵経を求める使は一四〇七年四月に出発し、九月には首尾よく朝鮮から大蔵経を贈られ、一一月には帰国した、盛見は早速輪蔵を作ってこれを安置し、転読・供養などの年中行事を設定した、そして二〇年後には合戦の勝利を祝って、改めて大々的な供養を催した、その願文は本堂供養願文を写して作成した、などのことが知られる。

この興隆寺本堂供養とは応永一一年（一四〇四）二月一九日に盛見により挙行されたものである。『興隆寺文書』に

は「興隆寺本堂供養日記」と題される詳細な記録が残り、大がかりなイベントであったことがうかがえる。[19] ただし本堂が完成したのはこれに先立つ五〇年ほど前、盛見の祖父、大内弘幸の代のことである。供養日記の末尾には、「今之本堂者、寒巌（大内弘幸）御代貞和五年十一月御造替云々、雖レ然未レ被レ遂二供養一而既送二五十余年之星霜一焉」とあり、弘幸の代に本堂供養をしなかったので、今改めて行なうとしている。この供養が明らかに盛見の政治的必要から挙行されたことがわかる。

この背景を考える上で注目したいのは、応永六年（一三九九）一二月に起きた応永の乱である。これは盛見の兄である義弘が室町政権に対し反乱を起こし、堺で敗死したものである。義弘と一緒に堺で戦った大内弘茂（義弘弟）は降伏した。室町政権は、弘茂に周防・長門を安堵し、次いで応永七年（一四〇〇）弘茂を下向させ、周防・長門両国の平定にあたらせた。[20] これに対し乱当時、国元にいた盛見は、弘茂に従わずにこれと戦い、応永九年ごろまでに周防・長門を掌握し、[21] 応永一〇年四月以降、年内には室町政権から正式に周防・長門の守護に補されるに至った。[22] 本堂供養はその直後に行なわれているのである。

本堂供養の儀式の特徴を二点ほど挙げておくと、まず願文の草案作り・清書とも朝臣によりなされている。供養の場においては、盛見が正面、それより西方にやや下がって大内満世が着席した。[23]

京都より願文を取り寄せたことは、室町政権との関係の回復を即物的に示す効果をもたらしたであろう。また、弘茂方について盛見と戦った満世が、[24] 盛見に次ぐ地位を与えられて列席したことは、平和の回復と盛見の地位確定を視覚的に示したであろう。この興隆寺本堂供養は、応永の乱とその後の大内氏の内紛に終止符が打たれ、秩序が回復したことをアピールするという性格が非常に濃い。

b　二つの勧進帳

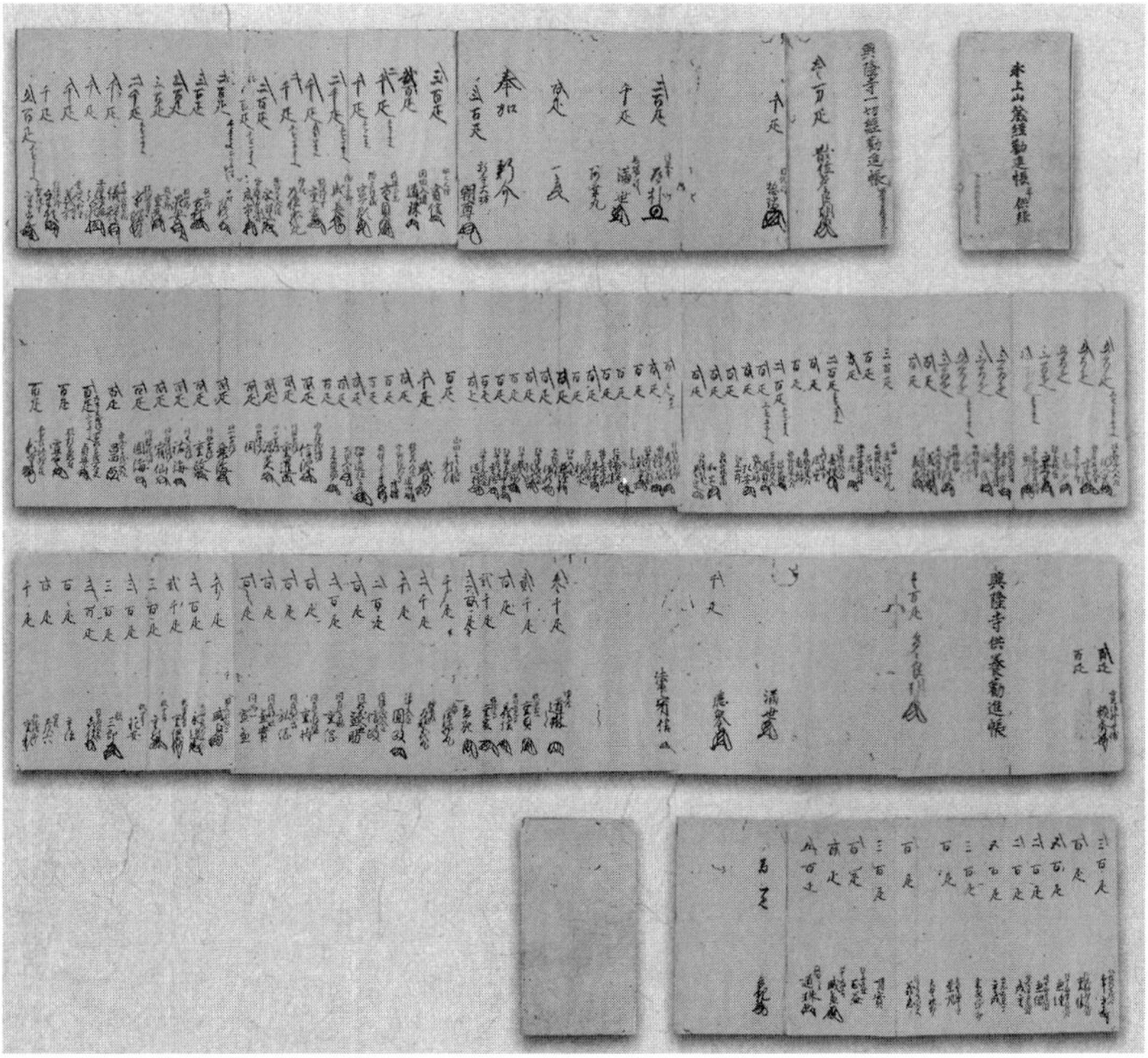

図1　興隆寺本堂供養・一切経勧進帳（山口県文書館ニュース 40, 2006 年）

ところで、この興隆寺本堂供養および大蔵経求請船派遣の費用は、大内氏領国内からの勧進によってまかなわれていた。現在『興隆寺文書』には、「興隆寺一切経勧進帳」と「興隆寺供養勧進帳」という二つの勧進帳が、貼り継がれてひとつにされた折本の形で残っている（図1参照[25]）。

この二つの勧進帳は、両方ともに、筆跡・墨色から、あらかじめ勧進銭を出すべき人間と出すべき額が、同一人物によって書き上げられ、勧進に応じる人間が自らの名前の下に花押を据えるという形で、作成されていることがわかる。額面の横には合点が打たれ、額面の下に未進額が記されているものもある。おそらく支払いがなされた時点で、合点が付され未進などの額も記入されたのであろう。したがって判があって合点のないものは、

表4　一切経勧進ならびに本堂供養勧進の人数と金額

		一切経勧進	本堂供養勧進
総人数		85人	43人
未進者（部分未進）	未進額の記載のある者	15人	—
未進者（完全未進）	花押があって合点のない者	16人	7人
不参加者	花押も合点もない者	6人	8人
不参加率		7%	19%
総額		29000疋	22400疋
未進額（部分未進）		6850疋	—
未進額（完全未進）		4200疋	4600疋
不参加者分額		700疋	3500疋
達成率 1－(未進額＋不参加者分額)÷総額		59%	64%

注：一切経勧進・本堂供養勧進ともに盛見と盛見分10000疋を除く

支払いのすんでいないもの、合点があって判のないものは、代理の者が支払いだけを行なったものと解釈できる。同じ姓が列挙される場所では、たとえば供養勧進帳の弘中一族のように、長老と思われる弘中円政の名前の下にのみ花押が据えられ、あとは合点のみが記されている場合や、一切経勧進帳の白松一族のように、右の人物よりも左の人物のほうが花押の墨色が薄く、一本の筆を使用して花押を据えたであろうことを推測させる場合がある。前者は一族を代表する人間がまとめて支払い、後者は一族が寄り集まっているところに勧進帳を持った使者が訪れ、その場で花押を据えさせたか、あるいは特定の場所に一族が連れ立って赴いた可能性を想定させ、当該期の大内氏の家臣団の集住のあり方をうかがわせる材料ともなりうるものとなっている。

以上から、この二つの勧進帳は、大内盛見による領国内秩序構想を示すものであり、これに花押を据え、勧進銭を払うことは、盛見によって構想された秩序を受け入れることであったと考えられる[26]。

表5は、この勧進帳に見える者と奉加の額、合点と花押の有無を一覧にしたものである。表5をもとに人数と金額をまとめたものが表4である。合点も花押も見られない、つまり勧進に参加していないと思われる者は少数である。しかも供養勧進より、一切経勧進のほうがその比率が低い。また、供養勧進帳に記載されている人物よりも、一切経勧進帳に記載されている人物のほうが多く、供養勧進帳に記載されている人物は、大部分が一切経勧進帳にも記載されているという特徴がある。こ

表 5 興隆寺本堂供養・一切経勧進人名表

記載名	名前	額	花押	合点	未進	勧進帳	記載	不参加	
散位多々良朝臣	大内盛見	1 万疋	○	○	—	一切	◎	—	
目代殿惣瑞	目代殿惣瑞	1000 疋	○	○	—	一切	▲	—	
法泉寺道朴	法泉寺道朴	200 疋	○	○	—	一切	▲	—	
馬場殿満世	大内満世	1000 疋	○	×	—	一切	◎	—	
阿幸丸	阿幸丸	—	×	×	—	一切	▲	×	
一玄	一玄	100 疋	○	○	—	一切	▲	—	
新介	大内持盛	奉加	×	○	—	一切	▲	—	
新寺大坊朝尊	朝尊	300 疋	○	○	—	一切	▲	—	
氷上大坊宥信	宥信	300 疋	○	○	—	一切	◎	—	
問田入道道珠	問田道珠	200 疋	○	○	—	一切	◎	—	国
杉弾正忠重貞	杉重貞	2000 疋	○	○	10 貫文	一切	◎	—	
陶宮内少輔宣顕	陶宣顕	1000 疋	○	○	5 貫文	一切	◎	—	国
陶三郎盛長	陶盛長	2000 疋	○	○	10 貫文	一切	▲	—	
杉駿河守重宣	杉重宣	1000 疋	○	○	5 貫文	一切	◎	—	
鷲頭道祖千代丸	鷲頭道祖千代丸	2000 疋	×	○	15 貫文	一切	◎	—	
安富大夫入道永選	安富永選	200 疋	○	○	—	一切	◎	—	国
沓屋帯刀左衛門尉成重	沓屋成重	300 疋	○	○	1 貫文	一切	◎	—	
中村艮阿	中村艮阿	200 疋	○	○		一切	▲	—	
杉十郎重村	杉重村	300 疋	○	○	—	一切	◎	—	
杉四郎範安	杉範安	300 疋	○	○	—	一切	◎	—	
杉三郎重茂	杉重茂	300 疋	○	×	—	一切	◎	—	
杉伯耆守重綱	杉重綱	2000 疋	○	○	10 貫文	一切	◎	—	
豊田民部少輔儀種	豊田儀種	1000 疋	○	○	—	一切	▲	—	
安富大蔵大輔弘範	安富弘範	1000 疋	○	○	—	一切	▲	—	国
豊田大和守義種	豊田義種	1000 疋	×	○	—	一切	▲	—	
仁保次郎重頼	仁保重頼	1000 疋	○	×	—	一切	◎	—	
三和若狭守重光	三和重光	500 疋	○	○	2 貫文	一切	▲	—	
波多野蔵人入道明実	波多野明実	500 疋	○	○	3 貫 500 文	一切	◎	—	
沓屋石見守重成	沓屋重成	500 疋	○	○	—	一切	◎	—	
桑原孫十郎忠久	桑原忠久	500 疋	○	×	—	一切	◎	—	
弘中民部丞兼実	弘中兼実	300 疋	○	×	—	一切	◎	—	
弘中勘解由左衛門尉兼連	弘中兼連	300 疋	○	○	1 貫文	一切	◎	—	
仁保新右衛門尉幸重	仁保幸重	300 疋	○	○	—	一切	◎	—	
来原次郎左衛門尉盛氏	来原盛氏	300 疋	○	○	—	一切	▲	—	
由利伊豆守尚詮	由利尚詮	500 疋	×	○	3 貫文	一切	▲	—	
杉掃部助重治	杉重治	300 疋	○	○	—	一切	▲	—	
右田石見守義信	右田義信	100 疋	○	○	—	一切	◎	—	国
河内左衛門大夫義忠	河内義忠	100 疋	○	○	—	一切	◎	—	国
右田虎法師丸	右田虎法師丸	300 疋	×	×	—	一切	◎	×	
右田越後入道昌清	右田弘房	100 疋	×	×	—	一切	▲	×	
弘中七郎右衛門尉兼綱	弘中兼綱	100 疋	○	○	—	一切	◎	—	国
弘中縫殿入道喜快	弘中喜快	200 疋	○	○	1 貫文	一切	◎	—	国
毛利下総守広重	毛利広重	100 疋	×	○	—	一切	▲	—	
森勘解由入道恵慜	森恵慜	100 疋	×	×	—	一切	▲	×	

記載名	名前	額	花押	合点	未進	勧進帳	記載	不参加	
都野兵庫入道昌益	都野昌益	200 疋	○	○	1 貫文	一切	◎	—	
古曾河内入道道貞	古曾河内道貞	100 疋	○	○	500 文	一切	▲	—	
野田左馬助弘安	野田弘安	100 疋	○	○	—	一切	▲	—	国
江木四郎	江木四郎	100 疋	×	○	—	一切	▲	—	
白松兵部少輔和定	白松和定	100 疋	○	○	—	一切	▲	—	
白松縫殿允基定	白松基定	100 疋	○	○	—	一切	▲	—	
伊佐掃部助秀清	伊佐秀清	100 疋	○	○	—	一切	▲	—	
恒富隼人佑重治	恒富重治	100 疋	○	○	—	一切	◎	—	
波多野弾正忠範実	波多野範実	100 疋	○	×	—	一切	▲	—	
宇野弥七	宇野弥七	100 疋	○	×	—	一切	▲	—	
仁保勘解由重勝	仁保重勝	100 疋	○	×	—	一切	◎	—	
幡生九郎次郎忠本	幡生忠本	100 疋	○	○	—	一切	▲	—	
宮河大炊助頼永	宮河頼永	100 疋	×	×	—	一切	▲	×	
江口入道慈源	江口慈源	100 疋	○	○	—	一切	▲	—	
宮内入道浩然	浩然	100 疋	○	○	—	一切	▲	—	
弘中源左衛門入道信政	弘中信政	100 疋	○	○	—	一切	◎	—	国
弘中蔵人兼助	弘中兼助	100 疋	○	×	—	一切	◎	—	
弘中雅楽助重兼	弘中重兼	100 疋	○	×	—	一切	▲	—	国
弘中左馬允重綱	弘中重綱	100 疋	○	×	—	一切	◎	—	
弘中四郎右衛門入道道権	弘中道権	100 疋	○	○	—	一切	▲	—	
山田三郎右衛門尉頼治	山田頼治	100 疋	×	×	—	一切	▲	×	
盛貞	内藤盛貞	1000 疋	○	○	—	一切	◎	—	国
杉大蔵入道道固	杉道固	100 疋	○	○	—	一切	▲	—	
宇野筑前守宣清	宇野宣清	100 疋	○	×	—	一切	▲	—	
杉但馬守重尚	杉重尚	100 疋	○	×	—	一切	▲	—	
弘中道祖王丸	弘中道祖王丸	100 疋	○	○	—	一切	▲	—	
大田入道	大田入道	100 疋	○	○	—	一切	▲	—	
高石兵庫助	高石	100 疋	○	×	—	一切	▲	—	
氷上理蔵坊信源	信源	100 疋	○	○	—	一切	▲	—	
同円乗坊重暹	重暹	100 疋	○	○	—	一切	▲	—	
同十乗坊源英	源英	100 疋	○	○	—	一切	▲	—	
同習禅坊同	源英	100 疋	×	○	—	一切	▲	—	
同一乗坊舜海	舜海	100 疋	○	○	—	一切	▲	—	
同仏乗坊重政	重政	100 疋	○	○	—	一切	▲	—	
同真如坊祐海	祐海	100 疋	○	○	—	一切	▲	—	
同宝浄坊宥仙	宥仙	100 疋	○	○	—	一切	▲	—	
同静林坊円海	円海	100 疋	○	○	—	一切	▲	—	
沓屋六郎左衛門入道昌西	沓屋昌西	100 疋	○	○	—	一切	▲	—	
岡部左衛門大夫貞景	岡部貞景	100 疋	○	○	500 文	一切	▲	—	
杉新左衛門尉宣重	杉宣重	100 疋	○	×	—	一切	▲	—	
奈良修理亮頼重	奈良頼重	100 疋	○	×	—	一切	▲	—	
吉見治部少輔頼秀	吉見頼秀	100 疋	○	○	—	一切	▲	—	
多々良朝臣	大内盛見	1 万疋	○	×	—	供養	◎	—	
満世	大内満世	—	○	×	—	供養	◎	—	

記載名	名前	額	花押	合点	未進	勧進帳	記載	不参加	
慶誉	慶誉	1000 疋	○	○	—	供養	■	—	
法印宥信	宥信	—	○	×	—	供養	◎	—	
陶入道道琳	陶道琳	3000 疋	○	○	—	供養	■	—	国
杉弾正忠重貞	杉重貞	2000 疋	○	○	—	供養	◎	—	
右田石見守義信	右田義信	100 疋	○	○	—	供養	◎	—	国
杉駿河守重宣	杉重宣	2000 疋	○	×	—	供養	◎	—	
宣顕	陶宣顕	300 疋	○	○	—	供養	◎	—	国
右田虎法師丸	右田虎法師丸	1000 疋	×	×	—	供養	◎	×	
鷲頭道祖千代丸	鷲頭道祖千代丸	2000 疋	×	○	—	供養	◎	—	
弘中入道円政	弘中円政	1000 疋	○	○	—	供養	■	—	国
同源左衛門入道信政	弘中信政	200 疋	×	○	—	供養	◎	—	国
同新蔵人丞兼助	弘中兼助	100 疋	×	○	—	供養	◎	—	
同左馬助重綱	弘中重綱	200 疋	×	○	—	供養	◎	—	
同左近将監重時	弘中重時	100 疋	×	○	—	供養	■	—	
同民部大郎弘綱	弘中弘綱	100 疋	×	○	—	供養	■	—	
同民部丞兼実	弘中兼実	100 疋	×	○	—	供養	◎	—	
同与一宣兼	弘中宣兼	100 疋	×	○	—	供養	■	—	
内藤肥後守盛貞	内藤盛貞	1000 疋	○	○	—	供養	◎	—	国
安富大夫入道永選	安富永選	200 疋	○	○	—	供養	◎	—	国
杉伯耆守重綱	杉重綱	2000 疋	○	×	—	供養	◎	—	
杉十郎重村	杉重村	300 疋	○	×	—	供養	◎	—	
杉四郎範安	杉範安	300 疋	×	○	—	供養	◎	—	
杉三郎	杉重茂	300 疋	○	×	—	供養	◎	—	
弘中縫殿入道喜快	弘中喜快	300 疋	○	○	—	供養	◎	—	国
重治	恒富重治	100 疋	×	×	—	供養	◎	×	
内藤彦六	内藤彦六	100 疋	×	○	—	供養	■	—	
仁保次郎重頼	仁保重頼	1000 疋	×	×	—	供養	◎	×	
仁保新右衛門尉幸重	仁保幸重	300 疋	○	○	—	供養	◎	—	
仁保勘解由左衛門尉重勝	仁保重勝	100 疋	×	○	—	供養	◎	—	
弘中勘解由左衛門尉兼連	弘中兼連	500 疋	×	○	—	供養	◎	—	
同七郎右衛門尉兼綱	弘中兼綱	200 疋	×	○	—	供養	◎	—	国
沓屋帯刀左衛門尉成重	沓屋成重	200 疋	×	○	—	供養	◎	—	
沓屋石見守重成	沓屋重成	500 疋	×	×	—	供養	◎	×	
桑原孫十郎	桑原忠久	500 疋	×	×	—	供養	◎	×	
矢野備中守景明	矢野景明	100 疋	×	×	—	供養	■	×	
矢野次郎	矢野次郎	—	×	×	—	供養	■	×	
河内左衛門大夫義忠	河内義忠	100 疋	×	○	—	供養	◎	—	国
明実	波多野明実	300 疋	×	×	—	供養	◎	×	
都野兵庫入道正益	都野正益	100 疋	×	○	—	供養	◎	—	
弘中又四郎盛兼	弘中盛兼	100 疋	○	○	—	供養	■	—	
問田入道道珠	問田道珠	500 疋	○	○	—	供養	◎	—	国
良親	良親	馬 1 匹	○	×	—	供養	■	—	

注：一切勧進帳＝一切／供養勧進帳＝供養

名前の記載：両方＝◎（33 名）　供養勧進帳のみ■（11 名）　一切勧進帳のみ▲（53 名）

国＝国清寺興行を誓う連署状の署名者

こから、一切経勧進は供養勧進よりも広範な人々を対象としたものであったと言える。一切経勧進については長門の人々にあてた勧進を促す盛見の書状も残されている[27]。

以上の事実を整理して述べるならば、おおよそ次のようなことを指摘できる。すなわち、室町政権により大内盛見による周防・長門の支配が公認されてのち、応永の乱後の大内氏の内紛が、盛見の優位という結果で終結したという事実を象徴、正統化するものとして興隆寺本堂供養が行なわれた。その費用は大内氏の一族・家臣による勧進によりまかなわれたが、この勧進は、自発的なものではなく、あらかじめ出すべき人間・出すべき額、それに勧進帳に記載される序列が定められた上で、なされたものであった。

この本堂供養につづくものとして、朝鮮からの大蔵経輸入がなされた。この大蔵経輸入の際にも本堂供養と同様の勧進形式が取られ、本堂供養よりもより広範な人間を対象とした。大蔵経は無事輸入され、新しく建てられた輪蔵に安置され、毎年恒例の転読・供養など、行事の設定もなされた。応永三四年（一四二七）には、少弐氏との合戦に勝利したことを祝って大々的な輪蔵供養も行なわれている。

したがって、盛見にとってこの大蔵経は、求請段階においては領国内勢力が自己のイニシアチブに従うかどうかを試す機会であり、行事の設定はその再確認のための場であったと位置づけることができる。朝鮮から大蔵経をもらってくることは、一面で盛見の権力を支えるための装置としての役割を果たしたのである。

c　国清寺の元版一切経

この興隆寺の勧進と関わってもうひとつ注目したいのは、周防国清寺の興行の問題である。国清寺は盛見により建立され、のちに盛見自身の菩提寺となる寺である。その創建年代は明確ではないが、史料上の初見は応永七年（一四〇〇）に盛見が長門国大田郷地頭職を寄進したものである[28]。『防長寺社証文』によれば、応永七年から一四年にかけて諸堂がおいおい完成したとされ、仏殿の棟札の写は応永一四年の年記を持つ(29)。応永一一年（一四〇四）二月一〇日には、他門住持を禁じ、人夫諸役の免除等を定める盛見の条々が出ている(30)。ついで翌一一日には「国清寺は天下泰平の御祈願所であるとともに、家門繁栄・武運長久を祈り、盛見の父弘世と兄義弘の菩提を弔う寺であるので、子々孫々国清寺の興行に努め、被官人も一味連署を捧げて子孫に至るまで寺家興行に努めよ」とする盛見の書下が出され、国清寺の性格が明確にされた。したがって国清寺成立の画期は応永一一年二月に求めることができよう。

この盛見書下に対応する大内氏家臣の請文を現在七通確認することができる。冗長にはなるが、盛見書下も含めて以下に掲げる。

[史料4]「応永一一年二月一一日大内盛見書下写」（『常栄寺文書』、『山口県史』史料編中世三所収）

防州香山国清禅寺

右当寺者、天下泰平之御祈願所、特為二家門繁営〔栄〕・武運長久一、所レ令二建立一也、兼亦正寿院殿（大内弘世）玄峰大禅定■門・雲峰大師幷香積寺殿（大内義弘）秀山大禅定門御菩提不退勤行、乃至代々先亡利益広大善願尽未来際為レ無二退転一、寺家法度・寺領事書別紙在レ之、当家子々孫々尤可レ被レ致二興行之一、同被官人々捧二一味連暑〔署〕一、彼子孫各守二此旨一、可レ専二寺家興隆之一、仍状如レ件、

応永十一年二月十一日　多良〔々、脱〕朝臣盛見　在判

[史料5]「応永一一年二月一八日大内氏家臣連署請文写」（同右）

A　弘中円政等連署請文写

国清寺御興行、同寺領等御沙汰条々、守二御事書之旨一、可レ致二奔走一事、捧二連署一上者、云二当時一云二将来一、更不レ可レ有二聊尓儀一、可レ申二沙一汰寺家御興隆一、面々子孫等、若及二末代一、背二上意一、違二衆儀一、現二不忠不孝一者、可レ申二行罪科一之状如レ件、

応永十一年二月十八日

（弘中）左衛門尉重兼　在判

（弘中）左衛門尉兼綱　在判

（弘中）沙弥　信政　在判

（弘中）沙弥　喜快　在判

（弘中）沙弥　円政　在判

B　某請文写

国清寺御興行、同寺領等御沙汰条々、守二御事書之旨一、可レ致二奔走一事、云二当時一云二将来一、更不レ可レ有二聊尓之儀一、可レ申二沙-汰寺家御興隆一、面々子孫等、若及二末代一、背二　上意一、違二衆儀一、現二不忠不孝一（後欠）

C　陶道琳等連署請文写

（前欠）孫等、若及二末代一、背□□衆儀、現二不忠不孝一者、□□罪科之状如レ件、

□□□□年二月十八日

（陶）宮内少輔宣顕　在判

（問田）沙弥　道琳（珠）　在判

（陶）沙弥　道琳　在判

D　内藤盛貞請文写

国清寺御興行、同寺領等御沙汰条々、守二御事書之旨一、可レ致二奔走一事、捧二連署一上者、云二当時一云二将来一、更不レ可レ有二聊尓儀一、可レ申二沙-汰寺家御興隆一、面々子孫等、若及二末代一、背二　上意一、違二衆儀一、現二不忠不孝一者、可レ申二行罪科一之状如レ件、

応永十一年二月十八日

（内藤）肥後守盛貞　在判

E　右田義信等連署請文写

国清寺御興行、同寺領等御沙汰条々、守二御事書之旨一、可レ致二奔走一事、捧二連署一上者、云二当時一云二将来一、更不レ可レ有二聊尓儀一、可レ申二沙一汰寺家御□者、可レ申二行罪科一之状如レ件、

応永十一年二月十八日

左（野田）馬　助弘安　在判
左衛門大夫義忠（河内）　在判
石（右田）見　守義信　在判

F　安富弘範等連署請文写

国清寺御興行、同寺領等御沙汰条々、守二御事書之旨一、可レ致二奔走一事、云二当時一云二将来一、更不レ可レ有二聊尓儀一、可レ申二沙一汰寺家御興隆一、面々子孫等、若及二末代一、背二　上意一、違二衆儀一、現二不忠不孝一者、可レ申二行罪科一之状如レ件、

応永十一年二月十八日

左馬助弘安　在判
左衛門大夫義忠　在判
沙弥（安富）永選　在判
源（安富）種嗣　在判
源（安富）弘範　在判

G　某請文写

□□寺御興行、同寺領等□守御事書之□致二奔走一事、捧連署上□時云二将来一、更不有（後欠）

史料5は前欠・後欠文書が多いが、七通ともほぼ同様の文言で、史料4を請けて、国清寺の興行を誓っていることがわかる。史料5のAは全員弘中を名乗る人物による連署で、一族から差し出されていることが判明する。Fも安富一

族による連署である。この連署状の署判者と前項の勧進帳のまとまりとは、共通する部分があり、当該期の武士団結合状況を示す好材料となっている。

さて、年月日が判明するA・D・E・Fの四通は、すべて応永一一年二月一八日付であり、年の部分が虫食いとなっているCも日付は二月一八日である。したがって二月一一日に盛見が求めた被官人の連署状は、二月一八日に一斉に作成されたと言えるだろう。これは興隆寺本堂供養の一日前にあたる。ただ「興隆寺本堂供養日記」には「一、供養者可レ為二十八日一之処、依二深雨一令二延引一、十九日被レ遂レ之」と記され、雨天のため、二月一八日の予定だったものが二月一九日に延引されて行なわれたことを伝えている(31)。つまり本来であれば、興隆寺本堂供養とこの請文提出は同日になされたはずであり、興隆寺本堂供養と国清寺興行とは、明らかに相互に関係を持ってなされたものと考えられる。実際、判読できる請文の署判者一五名のうち、一名（源種嗣）を除き、全員が興隆寺一切経勧進帳または供養勧進帳に名前が見える（前掲表5参照）。

ところで、よく知られているように現在、滋賀県の園城寺境内に立つ経蔵はもともと国清寺にあったものである。このことは経蔵に残る墨書から判明する。

［史料6］「園城寺一切経蔵墨書」（文化庁監修『重要文化財総索引／建造物編』毎日新聞社、一九七五年所収）

防州吉敷郡山口郷国清寺ニ在之、慶長六年之冬是ほとき上也　同七年之春取上建申也、
慶長七年三月吉日　小野甚右衛門政経
昭和三年解体修理　三十八年屋根替

すなわち慶長六年（一六〇一）の冬、解体して奉られ、慶長七年（一六〇二）の春、改めて組み立てられたという。経蔵の中央には、八角輪蔵が据えられ、輪蔵内には函入りの元版大蔵経が収められるようになっている。

この大蔵経は巻末の願文から、一四世紀、高麗官僚により高麗寺院に施入されたものであることが知られる(32)。函は

輪蔵に収めて、抽出形式で安置するための環座がついた形のもので、技法により二種類に分けられる。一方は弘治三年（一五五七）の毛利氏の山口侵攻で焼けたために作り直した旨の函裏銘があり[33]、一方はその手法や銘からおそらく高麗産であろうとされる[34]。つまり園城寺に現存する元版大蔵経とその函は、弘治三年以前から国清寺にあったものであり、朝鮮からもたらされたものなのである。

この大蔵経が輸入された時期ははっきりしないが、参考になるのは輪蔵の建築年代である。輪蔵は回転式書架として五世紀ころに中国で傅大士により開発されたという伝承を持ち、日本には禅宗様建築とともに入ってきたと推定されている。現存最古の輪蔵は応永一五年（一四〇八）の墨書銘を持つ飛騨安国寺のものである[35]。

園城寺の経蔵はこの安国寺の経蔵と同形式のもので、室町中期をくだらない、おそらく安国寺と同じころの建立であろうとされる[36]。したがって、園城寺に現存する経蔵は応永年間（一三九四―一四二八）、盛見（一三七七―一四三一）の時期に元版大蔵経・函に合わせる形で建立されたと考えうるのではないか。国清寺には、「香山国清禅寺蔵院須知」と題される、応永二一年（一四一四）付の盛見の掟書が残っている[37]。これは、経典をいかに扱うべきかを定め、蔵院で遊談せず勉学に励むことを定めたものである。あるいは本文書は経蔵建立を契機として出された可能性もあるかもしれない。

以上をまとめれば、大内盛見は応永の乱後の内紛を清算し、大内氏一族・家臣団の秩序を形成・維持する核として興隆寺ならびに国清寺を位置づけ、それぞれに大蔵経を納入したことになる。大蔵経の輸入・施入は領国内秩序の形成構想に深く関与していたのである。

d　大内領国内における大蔵経の日常使用

こうして各寺院に納入された大蔵経は、日常においてはどのように使われていたのだろうか。それを示す史料はあまり多いとは言えないが、いくつか手がかりになる史料はある。

現在東京都の増上寺には宋版・高麗版・元版の三種の大蔵経が現存するが、このうち元版に次のような奥書を持つ書写経が残っている。

［史料7］『道行般若波羅蜜経』巻六（六九鱗六）末（「増上寺元版大蔵経奥書」増上寺史料編纂所編『増上寺史料集別巻』
続群書類従完成会、一九八一年所収[38]）

防州大内普広禅院大蔵道場寄寓釈妙欽、焚レ香、謹書二此一巻一、以補二
氷上寺大蔵之闕一、憑二茲善因一、伏願
大蔵道場無二諸魔障一、緇侶四来、早畢二筆工一、
北辰妙見大菩薩、俯賜二
加被一、
于時応永廿七年歳次庚子太蔟弗舎之日謹志、

「氷上寺」とは氷上山興隆寺を指す。したがって興隆寺に大蔵経が納入されて十数年後の応永二七年（一四二〇）、この大蔵経の欠を近隣の寺院に寄寓する僧が書写して補っていることがわかる。ここから、興隆寺の大蔵経が近隣の僧により閲覧・補写されていたこと、山口内において、補写を可能とするだけの仏典の整備があったことがうかがえる。このことは、興隆寺の大蔵経を求請する際に、盛見が高麗版と中国版の対校を希望して、中国版を求めていることにも対応し、そうした対校を可能にするような文化状況が当時存在したことを示している。また、宝徳年間（一四四九―五二）においては興隆寺で大蔵経の書写が行なわれていたことも確認され[39]、永正年間（一五〇四―二一）には、周防に下向して闘雲寺に寄寓し、大蔵経の転読をした僧の存在を確認することができる[40]。大蔵経が本来的な目的のために使用されていたことがわかる。

（3）大蔵経の輸入と利用2――一五世紀後半以降

以上、一五世紀前半段階の大蔵経の輸入と利用について検討してきた。次いで一五世紀後半以降の大蔵経の輸入と利用の諸側面を見ていくことにする。

従来、一五世紀後半の特徴として、大内氏が他国寺社のための大蔵経求請を行なっていることが指摘されている[41]。大和長谷寺（一四八七年）・紀伊安楽寺（一四九〇年）がそれである。また筑前普門寺は大内氏の領国内寺院であるが、橋本雄氏が明らかにしたように日本国王使に求請してもらうことに失敗した後、大内氏によって求請してもらっている[42]。この大蔵経求請が寺院側の主体的な要求に基づいていることがわかる。大蔵経を欲する寺の僧侶自らが大内氏の使者となって渡海して求請した一五三九年の厳島大願寺の例を併せ考えると、政弘以降の大内氏の大蔵経求請に、大内氏の領国支配上の戦略に基づく動機を見出すことは難しい。むしろ「国内」外交の道具として、大蔵経輸入の媒介を行なっているという性格が濃厚である。

ただし一五世紀後半段階の大内氏の代理行為は、同時期の室町殿のそれとは若干性格を異にする。この時期の室町殿の代理行為においては、具体的に室町殿が関与するのは、書契の発給と牙符の貸与のみである。遣朝鮮船発遣にともなうさまざまな業務は、求請する寺院側に委ねられ、使節として渡航したのも、求請寺院の僧侶であった。それに対し、大内氏の代理行為の場合には、求請寺院の僧侶が自ら使節として朝鮮に出向いているのが確認されるのは、一六世紀の尊海のときのみである。一五世紀後半段階では、各使節は求請寺院の僧侶ではなく、大内氏の外交人脈から選出されており、大内氏の使者であることの実態を失ってはいない[43]。

輸入の媒介だけではなく、この時期、すでに蓄積した大蔵経の献上・寄進を申し出ることにより大蔵経保持者としての売り込みを図っている例も見られる。

［史料8］『蔭凉軒日録』（増補続史料大成）長享二年二月二四日条

（前略）興文《(東周)》首座語レ愚云「大内方、大蔵経十三蔵持レ之、就レ中、七蔵者好経也、其内上々之経有二一部一、公方様若有二御所望一、被レ置二東府一、乃可レ令二進上一、若為レ置二他所一、有二御所望一者、不レ可二領掌申一、先為レ置二東府一、有二御所望一、経二一両年一後、御二寄-進于相国一可レ然……」（後略）

長享二年（一四八八）大内政弘の在京雑掌東周興文は、大内氏の所持する大蔵経一三蔵のうち、極上のものを足利義政に献上することを蔭凉軒主亀泉集証に申し出た。この興文と亀泉集証とのやりとりから、長享二年当時、大内氏は一三蔵もの大蔵経を領国内に蓄積していたこと、そのうち八蔵は全巻揃であったこと、東山山荘に一、二年置いた後は相国寺に寄進するという興文と亀泉集証との内々の計画が存在していたことが読み取れる(44)。

この献上の申し出の背景を直接うかがわせる史料は乏しいが、相国寺はこれに先立つ半年前に義政亡母供養の法会のために建仁寺から大蔵経を借りている(45)。したがって自前の大蔵経をそろえようという欲求があった可能性はあるだろう。興文は相国寺の塔頭競秀軒を本拠としていたから、相国寺の欲求は踏まえやすかったと思われる。

一方、大内氏側には、朝鮮と自己との密接な関係を視覚的に明示するものを室町殿の手元に置かせたいという執着があり、大蔵経献上の申し出もその一環であった可能性がある。亀泉集証とのやりとりのなかで、興文が、この大蔵経献上は、東山山荘、つまり義政の居所に置くことが大内方の条件であることを強調していることに注目したい（史料8傍線部）。

この大蔵経献上が実際になされたかどうかについては史料を欠くが、それから半年後の長享二年九月、興文がまた亀泉集証を訪ねて大内氏の庭にある高麗渡りのソテツを、義政の庭、つまり東山山荘の庭に植えることを条件に献上しようという申し出を行なっている(46)。

文明一八年（一四八六）、後土御門天皇の叡覧に備えるという形で百済聖明王第三王子琳聖太子の子孫とする大内氏の「家譜」が完成することを併せ考えると(47)、一四八〇年代後半、大内氏は明らかに朝鮮出自を誇示し、対朝関係に卓越した自己を演出し、以て室町政権における自己の位置づけとしようとしていたと言えるだろう。当該期に明応度遣明船の準備が進んでいることを考慮すれば、遣明船への参加を果たすべく外国通を喧伝していた可能性も想定される(48)。

注意したいのは、その大内氏の大蔵経献上の申し出をためらいもなく受けようとしている室町殿の行動である。ここから、少なくともこの時期の室町殿である義政には、一五世紀前半の室町殿である義持に指摘されるような、大蔵経を梃子とした求心性の確保といった発想(49)を認めることはできない。

政弘の子、大内義興による永正七年（一五一〇）近江日吉十禅師社への大蔵経寄進も以上の文脈でとらえうる。

[史料9]『実隆公記』（続群書類従完成会）永正七年七月一一日条

（前略）遣二書状於龍崎許一、大蔵経全部、義興朝臣令レ寄二進十禅師社一、件寄進状事、昨日談合也、其文言可レ然之由、以レ状申遣之、（後略）

義興が大蔵経を日吉十禅師社に寄進するにあたって、その家臣である龍崎道輔が三条西実隆を訪ね、寄進状の文言について相談していることがわかる。当時義興は足利義稙を擁して在京中であり、道輔は義興の使者としてたびたび実隆の家を訪れていた。

日吉十禅師社は、明応二年（一四九三）一一月、馬借一揆のために社頭を焼かれた(50)。このとき大蔵経も焼失したらしく、翌明応三年（一四九四）正月、大蔵経が紛失したことを理由に、山科言国を介して朝廷に「高麗勘合」を申請した。

[史料10]『言国卿記』（史料纂集）明応三年正月二四日条

一、今日早旦ニ番相残、執当申高麗勘合事奏聞畢、執当書状懸二御目一也、今度日吉十禅師寺廻禄、一切経粉実（ママ）之間、南谷南光坊祐舜ゟ競望可レ渡之由申、勅答之趣在レ之、毎度武家下知在レ之云々、

「高麗勘合」とは、対朝交渉に当たって必要となる牙符を指す[51]。ここでは、具体的には大蔵経求請のために、牙符を貰って朝鮮に船を出したい旨が奏聞されたと解釈される。朝廷は、対朝交渉は武家の管轄であると返答した。日吉社がこのあと改めて室町殿に対して申請を行なったかどうかは不詳であるが、いずれにしろ、大蔵経を求めて朝鮮に船を出すという計画はうまくいかなかったようで、永正元年（一五〇四）ごろより、日吉社は大蔵経書写のための勧進活動を始めた。朝廷はこれに対し、勧進帳に奉加銘を加え、太刀一振を寄進している[52]。この勧進の成果は不明であるが、その後、永正七年（一五一〇）大内義興の近江日吉十禅師社へ大蔵経寄進という事態に至ったことを考えると、十分な成果は得られなかったのであろう。

以上の経緯から、大蔵経入手のための一番容易な選択肢は朝鮮への求請であったことが判明する。すなわち当該期の畿内の寺社の発想として、大蔵経がない→「高麗勘合」を申請して朝鮮に船を出そう→無理なら勧進を募って書写しようという流れがあった。そしてそれが頓挫したとき、大内氏が寄進者として現れたのである。

室町殿の大蔵経輸入は、周知のようにすでに一五世紀半ばから、大蔵経を欲する主体による請負によって経営されていた。一四七四年の日朝牙符制開始の主眼は、日吉社が「高麗勘合」を申請しようとしたところに端的に示されているように、いわば対朝関係の勘合化にあったと言えるだろう。この結果、室町殿の対朝外交は、対明外交と同じく請負可能な利権としての性格を形式的にも付与されることになり、その性格を強化していくことになる。対して、政弘段階の大内氏の場合は、基本的には大内氏主体の経営になる使節によって大蔵経求請がなされていた点、得られた大蔵経は京都において朝鮮との関係の深さを誇示するときの道具として使われた点に特徴がある。一五世紀後半においては、大蔵経入手可能な外交主体・蓄積している主体として、大蔵経を供給する形態が特徴であり、それは、朝鮮との密接さを誇示する動向と連動したものであったのである。

三　輸入大蔵経の所在と特質

以上のような形で大内氏の領国に輸入され、それぞれに特定の意味を持ちながら動いた大蔵経は、大内氏の滅亡後、毛利氏によって大量に移出されていく。本節では、その様相を含め大内氏の輸入になる大蔵経の消息を可能な限り追究していきたい。

（1）大蔵経の移動

すでに前節で見たとおり、一五世紀後半になると、大内氏自身によっても領国外への大蔵経の献上・寄進がなされるようになる。ただし東山山荘にせよ日吉十禅師社にせよ、現実に大蔵経が献上・寄進されたのかどうか、それは現在どうなっているのかを確認することはできない。

現況を確認できる最古の移動例は、大内義隆による厳島大願寺への寄進である。先に触れたように、大蔵経を得たいという厳島大願寺僧尊海の要望に応え、義隆は朝鮮王朝宛の書契を発給したが、この求請は結局失敗に終わっている[53]。その後尊海は、大蔵経を寄進してくれれば豊前宇佐宮か筑前箱崎宮の屋根葺を請け負うと約束し、これに応えて義隆は長門普光王寺蔵の高麗版大蔵経を寄進した[54]。梶浦晋氏によれば、この大蔵経は経蔵ごと長門から運ばれて厳島に納入され、江戸期を通じて厳島神社の境内に存在したが[55]、明治期の廃仏毀釈により流出し、東本願寺を経て、現在大谷大学図書館に所蔵されているという[56]。

次いで天正一〇年（一五八二）、毛利輝元が正親町天皇綸旨と青蓮院宮令旨に応えて、大蔵経を日吉十禅師社に寄進していることが確認される。

［史料11］「正親町天皇綸旨写」（『大日本史料』天正一〇年（一五八二）一二月一二日条所収）

就二日吉社造立之儀一、十禅師宝前一切経事、於二寄進一者、仏法紹隆、可レ為二神忠一者、

天気――

天正十年十二月十二日

（鳥居小路）経孝

毛利右馬頭（輝元）

［史料12］「青蓮院尊朝法親王令旨写」（同右）

就二一切経蔵之儀一、御直礼如レ此候、於レ有二運送一者、別而可レ為二御敬信一旨、青蓮院宮御気色所レ候也、恐々謹言、

――

毛利右馬頭殿

この寄進は織田信長の叡山焼討ち（元亀二年、一五七一）後の復興の一環としてなされている[57]。本大蔵経は現存せず、史料上においても日吉社に寄進される以前に、どこの寺社の所蔵であったのかは不明である。ただし第一章で述べたように毛利氏は対朝通交を行なえていないので、大内氏の遺産と考えるのが穏当であろう。青蓮院宮らがことに毛利輝元に対し大蔵経の寄進を要請していることは、防長における大蔵経の集積の状況が周知のものであったか、大内義興の寄進を先例としたものであった可能性がある。

さらに、慶長六年（一六〇一）に毛利輝元が、国清寺の元版大蔵経を経蔵ごと園城寺へ寄進している（前節第2項c参照）。このころ園城寺は豊臣秀吉による破却からの復興途上にあった[58]。前節で指摘したように大内盛見によって領国秩序の核として位置づけられていた国清寺は、毛利氏の防長移封の際、毛利隆元の菩提寺である常栄寺に統合され、常栄寺は幕末、毛利元就の菩提寺である洞春寺の萩からの移転にともない近隣に移転した。現在国清寺の跡地は、洞春寺の寺地となっており、本堂の裏の墓地に輪蔵の礎石のみが残っている（図2）。

八角輪蔵の軸足

園城寺一切経蔵内八角輪蔵

洞春寺に残る輪蔵の礎石

図2　国清寺関連写真（2004年・2006年撮影）

同じく輝元が徳川家康へ献上し、慶長一九年（一六一四）に家康が天海へ寄進した大蔵経が[59]、宋版と元版が混合した大蔵経として埼玉県の喜多院に現存している[60]。この大蔵経の旧蔵寺院は不明である。喜多院は慶長一七年（一六一二）から造営が開始され、大蔵経が寄進された慶長一九年は境内の景観が最終的に整備された年にあたる[61]。

また、年代・経緯ともに不明ながら、香積寺と興隆寺に納入されていた大蔵経の一部が、東京都の増上寺の元版大蔵経内に混入している（前掲史料7も参照）。

［史料13］『大乗大集地蔵十輪経』巻一〇（九六唐三）末（「増上寺元版大蔵経奥書」『増上寺史料集別巻』）

　　防州上方山香積禅寺大蔵経之内、
　（異筆）「今也入二三縁山増上教第二蔵一」

前掲の史料7は興隆寺の大蔵経の欠を補うために書写したという応永二七年（一四二〇）付

の奥書を持つ書写経であり、史料13は香積寺所蔵で現在は増上寺の所蔵である旨を記した奥書を持つ元版大蔵経である。これら興隆寺・香積寺の大蔵経が増上寺の元版大蔵経全体のどの程度を占めているかは不明であり、増上寺に入った経緯も不詳である[62]。ただ興隆寺の沿革や什器などについて書き記した、寛延三年（一七五〇）成立の『氷上山秘奥記』には、次のようにある。

［史料14］「一切経之事」（『氷上山秘奥記』、山口県文書館多賀社文庫所収）

一切経二蔵アリ、一蔵は書写ノ本ナリ、又一蔵ハ唐本、此ハ、大内十九代盛見公、人皇百一代　後小松院御宇二十四年、応永十三年丙戌ノ歳、高麗ノ王へ蔵経御所望ノ使者ヲ立ラル、使者万里ノ波濤ヲ凌キ、彼国ニ至リ、帝王へ奏シテ、高麗国第一ノ経ヲ持テ、翌年応永十四年丁亥ノ歳十一月、帰朝ス、盛見公秘蔵シ玉フテ、同十五年ヨリ同十六年ニ至リ、当山へ輪蔵ヲ建立シテ、此経ヲ納メ玉フ、其後、輪蔵頽破ニヨツテ、本堂ニ納後、此経ヲシテ百五十ヶ年已前、大守輝元公、天下へ献シ玉フト云云、

すなわち興隆寺には盛見が施入した「唐本」の大蔵経があったが、一五〇年前に毛利輝元が天下に献上したというのである。また、香積寺の大蔵経のうちの大般若経の部分は、輝元が萩の洞春寺へ寄進したことが、『防長寺社由来』に見えている[63]。したがって徳川家康が増上寺を整備し、高麗版・元版・宋版三種の大蔵経を取りそろえた慶長一四年（一六〇九）―一八年（一六一三）ころに[64]、興隆寺所蔵のものに香積寺所蔵のものを補って、輝元が献上した可能性が一番高いのではなかろうか。

以上をまとめるならば、しばしば指摘される近世初頭における統一権力による地方所在の文化財召し上げという時代状況のなかで[65]、朝鮮から輸入されてきた大内氏領国の大蔵経も、毛利氏による献上という形で流出し、畿内寺院および新立寺院へ施入されていったことが判明する。こうした経緯をたどった大蔵経の大内氏領国以外の例としては、対馬厳原八幡宮の高麗版大蔵経（一四四九年の施入、輸入は一四四五年ヵ）が木食応其の勧めにより、石田三成の手によ

り高野山金剛峰寺へ寄進された例(66)、大和円成寺の高麗版大蔵経（一四八二年の輸入）が、寺領と引き換えに増上寺へ献上された例(67)などを挙げることができる。

（2）現存大蔵経の諸特徴

これら現存する朝鮮ゆかりの大蔵経の諸特徴を次に述べてみたい。

喜多院の大蔵経については、調査報告書『喜多院宋版一切経目録』（喜多院、一九六九年）が刊行されており、奥書情報などを一覧することができる。それによると、元版部分は皇慶三年（一三一四）正月と三月、朴景亮によって京畿道開城神孝寺に施入されたものであることがわかる。

[史料15]「朴景亮願文」（文化庁監修『重要文化財』二一、毎日新聞社、一九七七年所収の写真より翻刻。改行は原文のまま。
なお目録の記載によれば皇慶三年正月の年記を持つ奥書も文章は同一。）

□〔嘉〕議大夫耽羅軍民万戸府達魯花赤高麗国匡靖大夫都僉議評理上護軍朴景亮、
　自撰二非才一、幸塵有レ位、籍二庇
　仏天之巨海一、涵二恩
聖沢之陽春一、愧居二天地之間一、莫レ效二涓埃之報一、謹捐二浄財一印二造
　聖典全蔵一、奉二安于神孝寺一、永充二供養一、流二通教法一、所レ集レ鴻因端、為祝二延
皇帝聖寿万万歳、
皇太后斉年、
濬王　国王寿齢一、延永福禄増レ崇、仍願孝妣即登二浄域一、見レ
仏聞レ法、延及二自身一康二寧寿考一、恒二居禄位一、在レ生則安二世縁於順境一、終レ身則超二

善会之楽邦一、願与二挙世吉人一、同二證菩提彼岸一、無レ人無レ我、悉潜二心
獅座之具真詮一、有レ相有レ情、共拭二目
龍華之妙会一者、
皇慶三年三月　　日謹誌

朴景亮は奴身分から忠宣王の側近となり、忠宣王が元に逮捕され流罪になったとき服毒自殺した人物である(68)。皇慶三年は長く元に滞在していた忠宣王について、高麗に一時的に戻っていた年に当たる(69)。朴景亮が仕えた忠宣王は崇仏で知られており、元版大蔵経を五〇部印刷し、中国江南の寺々に奉納したことが指摘されている(70)。この印造は皇慶元年になされている(71)。朴景亮がこの事業にかかわっていたのかどうかは不明だが、時期を考えれば忠宣王の大蔵経印造と朴景亮の印造とには何らかの関連は認められよう。

園城寺の大蔵経については、管見の限り公刊された調査報告書がなく、全貌については確認できない。しかし石田茂作編『秘宝園城寺』に掲載されている写真および山本信吉氏の論文により(72)、延祐元年（一三一四）、趙文簡の妻車氏により印造された元版大蔵経（施入寺院不明）と、至正年間（一三四一―六七）、李允升とその妻により全羅道古阜郡万日寺に施入された元版大蔵経が混合していることが判明する。

［史料16］「星山郡夫人車氏願文」（山本信吉「対馬の経典と文書」（『仏教芸術』九五、一九七四年）より転載。改行は原文のまま。）

奉三宝弟子高麗国星山郡夫人車氏　特為
皇帝万々歳、
瀋王為レ首、三殿各保二千秋一、亡耦趙文簡霊儀、超二生浄界一、兼
及二己身与祖母国大夫人李氏一、見レ増二福寿一、後世永捨二女

身一、同生二安養一、風調雨順、国泰民安、先亡父母法界含
霊、倶霑二利楽之願一、捨二納家財一、印二成
大蔵経一部一、流布無レ窮者、
延祐元年甲寅十月　日誌

幹善大徳　靖恭
殿前　仁成
殿前　天友
通事康　仁伯

［史料17］「李允升願文」（石田茂作編『秘宝園城寺』講談社、一九七一年所収の写真より翻刻。改行は原文のまま。）

奉　三宝弟子高麗国通直郎典校寺丞李　允升
同妻咸安郡夫人　尹氏
謹発二誠心一、捨レ財印二成
大蔵尊経一蔵一、敬安二于郷邑古阜郡万日寺一、看
誦流通、普利無窮、所レ集レ洪因端、為祝二延
皇帝万万歳、
皇后斉年、
太子千秋、
国王千年一、文虎協朝野寧、
仏日増輝、法輪常転、四恩普報、三有斉資、

次冀二追薦一、先考通直郎李祚、外考奉常大夫
尹鎮、先妣光山郡夫人金氏、洞州郡夫人金氏、各離二
苦趣一、倶成二妙果一、皆得二楽方一、兼及二己身、合門眷属、
助善檀那一、同増二福智一之願、法界有レ情、同霑二利楽一者、
至正　年　月　日幹善比丘　　法琪
同願比丘玄珠　祖行　承湛　覚胡
同願善人奉翊大夫王承慶
奉常大夫許　繕
検校罕器監孫　烈
同願本寺住持比丘　辞彦
同願大　禅　師　　乃云

趙文簡は、『高麗史』によれば、金方慶に従って元の日本侵攻の際に将軍を務めた趙冲の子で、極官は密直副使である(73)。李允升は『高麗史』・『高麗史節要』には見出すことができないが、高麗国通直郎典校寺丞を名乗っていることから、高麗の官僚と判断できる。忠宣王の事例を併せ考えるならば、一四世紀前半における高麗人による元版大蔵経の輸入は、すでに高麗再彫版が完成していたにもかかわらず、かなり盛んであったと言いうるであろう。

ここで注意しておきたいのは、喜多院・園城寺の大蔵経はともに、朝鮮からの輸入でありながら、高麗版ではなく元版であることである。香積寺・興隆寺の大蔵経も元版であった可能性が高いことを考えると、朝鮮王朝は必ずしも、日本の求請に対して自国の版木で印造した物に限って与えたわけではなく、また日本側もとりわけて高麗版にこだわっていたわけではなかったことがうかがえる。大内盛見のように高麗版はあるから閩浙版（中国版）が欲しいという、

対校を意識した要望もあるが、多くの場合求請者たちにとって、高麗版・元版といった版の違いよりも、経典七〇〇〇巻という圧倒的な量から得られる功徳こそが重要だったのかもしれない。大蔵経を使った代表的な行事である一切経会の実態が、多く真読ではなく転読であったことも版に対する無頓着さの背景となっていると考えられる。

もちろん、朝鮮から当該期に輸入されてきた大蔵経には、高麗版大蔵経も存在する。長門普光王寺から厳島大願寺に寄進され、現在大谷大学図書館に所蔵されるものは、辛酉年（一三八一）に廉興邦の発願により、印造された高麗版大蔵経（高麗における施入寺院は不明）であることが奥に付せられた願文から判明する。

[史料18]「李穡跋文」（梶浦晋「本館所蔵高麗版大蔵経」（『大谷大学図書館報』一一、一九九〇年）掲載の写真より翻刻。改行は原文のまま。）

門下評理廉仲昌父語レ予曰、興邦事
玄陵（恭愍王）、由二進士一至二密直典貢士一、極二儒者栄一、所二以
図法之靡レ所レ不レ為也、
如来一大蔵経万法具、挙二三根一、斉被レ無二
幽明一、無先後革、凡成二聖之大方便一也、是
以、帰崇日多、流布日広、如レ吾者亦幸印二
出全部一焉、所以追二
玄陵冥福一也、同吾心、助以レ財者、雖二甚衆一、吾父
領三司事曲城府院君、吾母
辰韓国大夫人権氏、吾室之義父
判門下漆原府院君尹公、前判書朴公、

出銭尤最多、幹二茲事一、化レ楮為レ紙、化レ紙為レ
経、捐二其財一、尽二其力一者、華厳大禅師尚聡、
陽山大禅師行斉、宝林社主覚月、
禅洞社主達剣、又与二吾同志一者也、将誌二
諸巻末一、以告二後之人一、幸子無レ辞、穡曰、吾
先人文孝公事二
玄陵潜邸一、及二　即位一、穡由二及第一至二政堂一、図報
之至、亦化二大蔵一部一矣、吾二人者心同、
事又同焉、故不レ辞、蒼龍辛酉九月　日
推忠保節同徳賛化功臣三重大匡領
芸文春秋館事韓山君李穡跋
同願慶尚道上元帥兼都巡問使推誠翊衛保理功臣重大匡宜春君南　秩
同願慶尚道按□使兼□勧農使□刑獄□奉常大夫□全　五倫
同願江州道兵馬使奉翊大夫晋州牧史兼管内勧農防禦使朴　蔵
幹善道人　智正
同願道人　恵宗
同願禅洞社道人　達剣
同願宝林社道人　覚月
同願陽山寺住持広智円明妙悟無尊大禅師　行斉

同願華厳寺住持行解相応円悟大禅師　尚聡
同　願　文　化　郡　夫　人　柳　氏
同願奉翊大夫前礼儀判書進賢館提学朴　僯
三重大匡判門下事上護軍漆原府院君尹　桓
同願推忠秉義同徳燮理翊賛功臣辟上三韓
同　願　辰　韓　国　大　夫　人　権　氏
三重大匡領三司事上護軍曲城府院君廉　悌臣
同願忠誠守義同徳論道保理功臣辟上三韓
平　壌　郡　夫　人　趙　氏
理兼成均大司成芸文館大提学上護軍廉　興邦
大功徳主忠勤翊戴賛化功臣匡靖大夫門下評

国家事業として作られた大蔵経板を使って、個人が大蔵経を印造していることがわかる。廉興邦は高麗の高官であり、『高麗史』に伝が立つ。(74)願文は李穡の作成になり、廉興邦の事業に賛同して浄財を出した人間として、南秩・全五倫・尹桓などの名が連なっている。いずれも高麗の高官であり、高麗末期の官僚の人脈を考える上でも重要な史料となりえよう。

同様に、対馬厳原八幡宮を経て、高野山金剛峰寺に現存する大蔵経は、高麗版であるが、奥書に多数の高麗人名が見られ、それらの人々の喜捨を受けて印造されたものであることが判明する。(75)「施主清州判官盧和処」といった地方官の名が見られ、また「施主朴仁貴」として、一三九七年に対馬への使者を務めている前司宰少監朴仁貴に該当すると思われる名前が見られることは、(76)『高麗史』・『朝鮮王朝実録』などには記載されない彼らの事跡を付け加えられる

表 6　地域寺院所蔵大蔵経の捜索・賜与

年	記事
1414 年	日本国王使に，（京畿道）驪興郡神勒寺所蔵大蔵経全部を与える．
1416 年	宗貞茂・大内盛見の求請に対し，僧録司の僧に馬を給して大蔵経を所蔵する忠清・慶尚道の寺に派遣し，選出・成帙すべしとする意見が出され，これに従う．
1445 年	宗貞盛使に，収拾成帙して与える．
1450 年	宗金に対し，慶尚道善山府得益寺所蔵 3800 巻を与える．
1452 年	日本国王使の求請に対し，郷本大蔵経を捜して与えよと指令が出される．
1485 年	筑前普門寺のための大内政弘使に，諸寺私蔵を広く捜して与える．
1487 年	対馬霊神のための宗貞国使に，私蔵を広く捜して与える．
1487 年	越後安国寺のための日本国王使に，集めて一件をなして与える．
1487 年	大和長谷寺のための大内政弘使に，私蔵を広く捜して与える．
1489 年	般舟三昧院のための日本国王使に，遍ねく伽藍を探し集めて一件をなして与える．
1490 年	紀伊安楽寺のための大内政弘使に，公家のものが尽きているので諸寺を広く捜して与える．
1502 年	日本国王使に，（全羅道）星州安峯寺所蔵のものを与える．

という意味でも重要であろう。

個人の事業としてではなく、朝鮮王朝の国家事業として印造されたことが確認できるのが円成寺を経て増上寺に現存する高麗版大蔵経である(77)。崇儒廃仏を基本方針とした朝鮮王朝にあって、例外的に崇仏の念篤かった世祖は、一四五七年、命じて五〇部を印造させ、各道の寺院に分置させた(78)。増上寺の高麗版大蔵経はそのうちの一つであることが、付されている印成記から判明する(79)。

増上寺の大蔵経は、朝鮮王朝が印造したものであるが、こうしてみると、一五世紀に日本に渡ってきている大蔵経には、高麗時代、個人の発願によって寺院に施入されていた元版・高麗版の大蔵経が相当数存することが改めて確認される。

（3）　朝鮮王朝の大蔵経賜与の特徴

この事実は『朝鮮王朝実録』に、日本の大蔵経求請に対して私蔵を広く捜してこれを与えるという記事が頻発するのに対応する。その様相を表6にまとめておく。

すでに早く一四一四年には日本国王使に対し、京畿道驪興郡神勒寺所蔵大蔵経全部を与えるという記事が見えている。神勒寺所蔵の大蔵経は一三八二年、高麗官僚李穡の発願により印造され施入されたものである(80)。

一四一六年には、宗貞茂・大内盛見の求請に対し、僧録司の僧に馬を給わって、大蔵経を所蔵する忠清道・慶尚道の寺に派遣し、選び出して成帙すべしとする意見が出され、これに従った旨が見える。

一四四五年には宗貞盛使に対し、収拾成帙して与えようとしているが、これが対馬厳原八幡宮を経て、現在高野山金剛峰寺に所蔵される高麗版大蔵経と推定される。この記事を踏まえれば、印造者として多数の高麗人名が見られるのも理解できる。すなわち、単独で印造され、寄進されていたものが寺々から集められて一個の大蔵経として「収拾成帙」、整えられた結果、あたかも多数の人間の喜捨によって成立したかのような景観を呈したものであろう。

以上、朝鮮王朝が、日本からの求請に応えて大蔵経を地域寺院から探して与えているという実態を、史料上からも現物からも確認できる。一四九〇年に大蔵経を求めた大内氏に対し、朝鮮王朝が「所レ索大蔵経、前此諸州求去殆尽、且国家不レ崇二釈教一、公家無レ儲、広捜二諸寺一、僅得二一部一、以塞二厚望一[81]」と回答していることに典型的に示されるように、朝鮮王朝が日本側諸勢力に与えた大蔵経は、地域寺院からの没収が多かったのであり、そのために各地の寺院の所蔵状況の調査がなされていることも確認できる。

［史料19］『朝鮮王朝実録』世宗七年（一四二五）四月庚子朔条

礼曹啓、日本国王及諸島土主、求二仏経・板一者頗多、今京外革去寺社及無レ僧寺社所蔵金銀字経・印写諸経及諸経板子、無識之徒、或偸取、或破毀、将来塞レ請為レ難、京中則令二禅・教両宗一、外方則令二所在官守令一、考察収頓、移置二僧人聚居寺社一、其各寺見在諸経及板数、明白置レ簿伝掌、具録以聞、従レ之、

〔大意〕礼曹が国王に啓した。「日本国王ならびに諸島の土主には、仏教の経典や版木を求める者が非常に多い。今、地方に移された寺社や無住の寺社が所有する金銀の写字経・印刷経ならびに諸経の版木を、無知な輩が、あるいは盗み取り、あるいは壊したりしている。このような状態では、将来、要請に従うのが難しくなるから、京中については禅・教両宗に、地方については所管の地方官に令して、調査・整理させ、経類を僧侶が

させるようにしたい」。国王はこれに従った。
居る寺社に移置し、各寺に所在する諸経と版木の総数をはっきりと台帳に記して管理させ、その詳細を報告

このことは朝鮮王朝の地域政策・寺院政策とその実効性を考えるひとつの材料になりうるものである。また高麗末期、一四世紀末において、国家的事業として造成された版木を使用して個人が大蔵経を印刷することがありえたこと、対して一四世紀半ばまでは、高麗に自前の版木があるにもかかわらず元版大蔵経を購入して地域寺院へ寄進するという形態が多いことも、当該期の高麗社会を考えるひとつの視座となりうるであろう。

おわりに

以上、本章では、日朝関係史上における大蔵経の位置を概観し、大内氏の大蔵経輸入の特性について追究してきた。大内氏の大蔵経輸入は、求請回数・獲得回数ともに日本国王使に次ぎ、他勢力に比して圧倒的であった。中世後期、朝鮮王朝から贈与されて日本に渡った大蔵経は約五〇蔵を数えるが、その半分が日本国王使、四分の一が大内氏の求請によるものであり、大蔵経は、通信符と並んで、日朝関係における大内氏の卓越した位置を具体的なモノで象徴するものととらえられる。

この輸入しえた大蔵経を大内氏は、戦略的に配置・利用していた。一五世紀前半段階においては、贈与された大蔵経は大内氏領国内の寺社に施入された。盛見の時期には、大内氏の氏寺である興隆寺、父弘世・兄義弘の菩提を弔い家門繁栄を祈る寺として位置づけられた国清寺、大内氏の本来の出身地である防府に鎮座する松崎天満宮、祖父弘幸の菩提寺である永興寺への納入が確認される。また教弘は義弘の菩提寺である香積寺に施入している。このほか誰によるかは不明であるが、一五世紀前半の施入であることが確認できる寺院として長門安国寺・普光王寺がある。長門

安国寺は、南北朝期の長門守護厚東氏の創建になる東隆寺が安国寺に指定されたものであり、大内氏としては長門国支配のためにも外護しておく必要があったであろう。普光王寺も大内氏とゆかりの深い寺であった可能性がある。大内氏によって、対朝関係の成果のひとつである大蔵経が施入されている寺社は、大内氏にとって領国支配上、あるいは自らが正統であることを示すのに重要な寺社であったことは明らかである。勧進を募ってなされた興隆寺のための大蔵経求請は、大内氏権力にとって、領国支配上有効な手段として対朝関係が機能したことを端的に示している。

こうした内向きとも言える一五世紀前半の大蔵経利用に比して、一五世紀後半段階では「国内」外交の道具としての要素が濃く、いわば外向きの利用が主となっている。

当該期、目立つのは研究史上「代理行為」と呼ばれる、寺社側の欲求に応じる形での求請である。室町殿の対朝外交は一五世紀半ばからすでにそのような傾向を強めているが、大内氏においても、一五世紀後半、政弘段階には代理行為が見られる。紀伊安楽寺・大和長谷寺・筑前普門寺がそれである。ことに筑前普門寺の場合は、室町殿に求請を要請したにもかかわらず、大和円成寺が優先されて、求請が実現されなかったという結果を受けて、大内氏による求請が実現している。対朝通交上、大内氏が室町殿に代わりうる存在であったことを示す事例と言えよう。ただし、大内氏の場合の「代理行為」は一五世紀後半段階においては、書契発行以外の実務を求請寺院にやらせるという形態をとらず、大内氏の側で派遣が準備され、実行されている点に、同時期の室町殿との違いが見える。大内氏が書契発行以外の実務を求請主体の寺院に丸投げするようになるのは、一六世紀に入ってからのことであり、第一章で論じた請負通交の一般化と軌を一にしている。

一五世紀後半に特徴的なのは、こうした代理行為と並行して、すでに領国に蓄積された大蔵経の数を誇示し、それを献上・寄進しようとする動きが見えることである。大内氏は、大蔵経入手可能な外交主体・蓄積している主体としてふるまい、大蔵経を「国内」外交の道具として利用していた。それは当該期、京都において朝鮮との深い関係をしきりにアピールする動向の一環をなすものであり、大内氏の室町政権における自己の位置づけの問題と強く関連しているものと思われる。

大内氏が朝鮮から贈与された大蔵経は、大内氏領国内ではない地域に散逸した形で、その一部が現存している。第三節ではこの現存大蔵経の検討を試みたが、その結果、日朝関係のみにとどまらない、中国・韓国・日本をつなぐ交流が浮かび上がってきた。

朝鮮王朝が大内氏に与えた大蔵経は、朝鮮王朝が所持していた高麗版大蔵経であるとは限らず、多く高麗期に個人の発願によって、高麗の各寺院に施入された高麗版もしくは元版の大蔵経であった。そして大内氏が領国内寺社に施入した輸入大蔵経は、毛利氏によって、近世初頭、畿内寺社の復興にあたって、あるいは近世統一権力による象徴的な寺社の新設・整備にあたって、寺社から持ち出され、寄進された。それは、中世に湯浅党が建てた勝楽寺が醍醐寺に移築されたような(82)、地方所在の文化財の中央への集中という、当該期の動向のひとつとして位置づけうるものである。

一四世紀、高麗人によって中国で購入されて、高麗の地域寺院に入り、一五世紀、朝鮮王朝によって大内氏に与えられて、地域権力の荘厳に使われ、一六世紀末—一七世紀初頭、大内氏に代わって防長を支配した毛利氏によって、日本の統一権力に献上されるという変遷をたどって、園城寺や増上寺などに現存する大蔵経は、それそのものが、中世東アジアにおける交流の実態と、それぞれの時代の歴史的特質を端的に示していると言いうるであろう。

(1) 竺沙雅章「漢訳大蔵経の歴史」(同著『宋元仏教文化史研究』汲古書院、二〇〇〇年。初出一九九三年)。『国史大辞典』「一切経」項(藤田宏達執筆)。なお天海版は天海の発願により江戸寛永寺で開版されたもの。一六四八年の完成。鉄眼版は、黄檗僧鉄眼道光が諸方から寄進を集めて一六八一年完成させたもので、明の万暦版大蔵経の覆刻。天海版が木活字によって作成され、少数部を刷ったのみで解版されてしまったのに対し、鉄眼版は版木に刻され、その版木は、現在も万福寺塔頭宝蔵院に収蔵されている（赤松晋明『鉄眼禅師』（弘文堂、一九四二年）・『鉄眼』（雄山閣、一九四三年）。源了円『鉄眼』（講談社、一九七九年）。『国史大辞典』「黄檗版」項（平久保章執筆））。

（2）鉄眼版は天和元年（一六八一）の完成後約二〇年の間に、全巻の印刷は四〇五件、一部分のみの印刷は五五七件に達したといい（赤松晋明・平久保章、同右書）、急速に普及していったさまがうかがえる。

（3）近年のものとしては、村井章介「《倭人海商》の国際的位置」（同著『アジアのなかの中世日本』校倉書房、一九八八年。初出一九八七年）・「中世日朝貿易における経典の輸入」（同著『国境を超えて』校倉書房、一九九七年。初出一九九二年）、関周一「室町幕府の朝鮮外交」（阿部猛編『日本社会における王権と封建』東京堂出版、一九九七年）などがある。夷千島王に注目した研究は前出の村井論文をはじめとして数多い。代表的なものとして、高橋公明「夷千島王遐叉の朝鮮遣使について」（『年報中世史研究』六、一九八一年）・長節子『中世国境海域の倭と朝鮮』（吉川弘文館、二〇〇二年）を挙げておく。

また、大蔵経輸入のための駆け引きに当該期の朝鮮通交の実態を見出していくという近年の問題関心とは異なるものの、大蔵経輸入についての研究は戦前からさかんである。大蔵経についての網羅的研究を行ない、かつ現存輸入大蔵経についても言及している常盤大定「大蔵雕印考」（『哲学雑誌』三一三―三二四、一九一三―一九一四年）を嚆矢として、大正期当時に現存した高麗版大蔵経を追った小田幹治郎「内地に渡れる高麗板大蔵経」（『朝鮮』七四、一九二一年）、室町期の大蔵経輸入の概観を追った菅野銀八「高麗版大蔵経について」（朝鮮史学会編『朝鮮史講座　特別講義』一九二四年）および竹内理三「中世寺院と外国貿易（下）」（『歴史地理』七二―二、一九三八年）および今村鞆「足利氏と朝鮮の大蔵経板」（『朝鮮』一八六、一九三〇年）、足利義持の大蔵経板求請について論じた川口卯橘「大蔵経板求請と日鮮の交渉」（『青丘学叢』三、一九三一年）、高麗版大蔵経の開版の事情と版木の性質について論じた池内宏「高麗朝の大蔵経」（『満鮮史研究』中世第二冊、一九三七年）など、その蓄積は非常に厚い。輸入大蔵経が現在どこに所蔵されているかという点に関しては、これら戦前の研究、および仏教美術史の立場からの研究が参考になる。代表的なものとして、山本信吉「対馬の経典と文書」（『仏教芸術』九五、一九七四年）・「日本に伝来した韓国古版経・古写経について」（『日韓両国に所在する韓国仏教美術の共同調査研究』科研報告書、一九九三年）を挙げておく。従来、これらの成果は対外関係史的な問題関心のもとでは十分に利用されていない。しかし、これらの成果を接合させることにより、中世東アジア交流の一断面を垣間見ることが可能である。この点については本章第三節にて後述する。

(4) 丸亀金作「高麗の大蔵経と越後安国寺について」(『朝鮮学報』三七・三八、一九六六年)は、一四八七年の日本国王使による越後安国寺のための大蔵経求請について紹介する。越後安国寺に関しては、皆川義孝「越後安国寺大蔵経請来関連史料の紹介」(『上越市史研究』六、二〇〇一年)もある。堀池春峰「室町時代における薬師・長谷両寺再興と高麗船」(同著『南都仏教史の研究』下、法蔵館、一九八二年。初出一九六〇年)は、一四八七年の大内殿使による長谷寺のための大蔵経求請について触れ、同「中世・日鮮交渉と高麗版蔵経」(同著『南都仏教史の研究』下〔前掲〕初出一九六〇年)は、一四八二年の日本国王使による大和円成寺のための大蔵経求請について詳述する。円成寺については、橋本雄「遣明船と遣朝鮮船の経営構造」(『遥かなる中世』一七、一九九八年)でも触れられている。また伊藤幸司「一五・六世紀の日明・日朝交渉と夢窓派華蔵門派」(『朝鮮学報』一七一、一九九九年。のち「室町幕府の外交と夢窓派華蔵門派」と改題の上、同著『中世日本の外交と禅宗』吉川弘文館、二〇〇二年所収)は一四五六年の日本国王使による美濃承国寺のための求請および越後安国寺について考察している。

(5) 『朝鮮王朝実録』世宗六年(一四二四)一二月戊午条の朴安臣の報告に「五月二十一日、到レ京、館二城北深修庵一、輸二蔵経与木板一、置二于相国寺一」とある。

(6) 宝徳元年(一四四九)に宗貞盛・成職により「八幡宮」に奉納された旨、奥書のある大蔵経が高野山金剛峰寺に現存する(本章第三節第二項参照)。この八幡宮は対馬の下津八幡宮(現・厳原八幡宮)に比定されている(山本信吉「対馬の経典と文書」(『仏教芸術』九五、一九七四年)九七頁。長節子『中世日朝関係と対馬』(吉川弘文館、一九八七年)三〇・三一頁注24。荒木和憲『中世対馬領国と朝鮮』(山川出版社、二〇〇七年)七九頁注24)。また、宝徳四年(一四五二)にやはり宗貞盛・成職により、伊津八幡宮(上津八幡宮、現・海神神社)に奉納された大蔵経があったことが知られる(山本、同論文。長、同書三〇・三一頁注24・25・26)。この大蔵経は、現在、杏雨書屋に所蔵される磧砂版大蔵経にあたるのではないかと推定している(長崎県立対馬歴史民俗資料館宗家文庫所蔵「対馬紀事附録抄書一切経文之銘及目録之類」の古泉円順「杏雨書屋所蔵磧砂版大蔵経の刊記」『杏雨』一二、二〇〇九年)。下津八幡宮・上津八幡宮はともに対馬一宮である。また対馬の多久頭魂神社には高麗版大蔵経が現存しており、室町期の対馬宗氏の奉納ではないかと推定されている(山本、同論文)。宗氏が、南北に展開する対馬島の北(海神神社)・中(厳原八幡宮)・南(多久頭魂神社)の各地域を代表する神社に大蔵経を奉納していたことがうかがえる。

(7) 村井章介「《倭人海商》の歴史的位置」(同著『アジアのなかの中世日本』〔前掲〕)三三七頁の表7。なお村井氏は本表を

「高麗版大蔵経の請来」と名づけるが、本章第三節で述べるように、この時期、朝鮮から輸入されてきた大蔵経は元版も含み高麗版とは限らないので、単に「大蔵経の請来」とするほうが正確である。

(8) 関周一「室町幕府の朝鮮外交」（前掲注3論文）。橋本雄「『遣朝鮮国書』と幕府・五山」（『日本歴史』五八九、一九九七年）・「室町幕府外交の成立と中世王権」（『歴史評論』五八三、一九九八年）。

(9) 橋本雄「中世日朝関係における王城大臣使の偽使問題」（『史学雑誌』一〇六―二、一九九七年。のち「王城大臣使の偽使問題と日朝牙符制」と改題の上、同著『中世日本の国際関係』吉川弘文館、二〇〇五年所収）。

(10) 『朝鮮王朝実録』成宗一七年（一四八六）四月癸未条。

(11) 本節の検討は、二〇〇三年一〇月に大韓民国春川市の翰林大学校で行なわれた朝鮮王朝実録を読む会・韓日関係史学会共催のシンポジウム「朝鮮王朝実録からみた日本と朝鮮」での報告「一五世紀における日本の朝鮮仏具輸入とその意義――大内氏の大蔵経輸入を中心に」の一部をもとに、増補改訂したものである。報告の内容は二〇〇四年四月に『韓日関係史研究』（大韓民国）二〇号に韓国語で掲載された。なお大内氏の大蔵経輸入については、貝英幸「室町期における地域権力と大蔵経」（佛教大学総合研究所紀要別冊『一切経の歴史的研究』二〇〇四年一二月）も参照されたい。

(12) 松崎天満宮については次に掲げる史料Aから、永興寺については史料Bから、興隆寺については「応永一四年四月日大内盛見書契案」（『興隆寺文書』、『山口県史』史料編中世三所収）ならびに『朝鮮王朝実録』太宗七年（一四〇七）九月辛亥条から判明する。国清寺については園城寺に大蔵経そのものが現存している。なお興隆寺・国清寺については本章第二節第二項で後述する。

〔史料A〕「大永六年九月二九日松崎天満宮執行僧重雄言上状写」（『防長寺社証文』「天満宮社僧円楽坊」項、『萩藩閥閲録』所収）。

（前略）国清寺殿様徳雄御代、塔波鐘楼其外社頭所々至造作等、御再興之、幷一切経御寄進之、（後略）

〔史料B〕「与朝鮮国議政左右政丞書　代道雄居士」（『不二遺稿』、『五山文学全集』三所収）。

日本国防長豊三州刺史多々良道雄《盛見》、頓首百拝、奉二書于朝鮮国議政府左右政丞閣下一、海壌比来寒暄不節、不レ審二上国一如何、伏惟二元勲柱石神明所相一、百福来臻、道雄去冬入京以致二　吾国新主即位之賀一、国主挽留、未二能即回一、茲聞　左参議梁学士《需》、路遇二海寇一、不レ能二奈何一、礼幣衣粮財物全般為二其所レ奪、苟全命脱身而已、海中島嶼、　吾主不レ能二覊縻一者、往々有レ之、是乃姦宄所レ致者、而不レ可レ知也、　政府所レ賜幣物名件、　学士逐一開二列品目一見レ示、仰二荷眷意之篤一、感懼交並、但媿国用鄙窶、無三物以用二其衣粮一、俯垂二台察一、去秋（一四〇九）周鼎・昌伝二僧回、毘盧大蔵経合部賚至、即日捨二置防州永興寺一、所レ願四方僧侶且看且読、結二来世縁一、且亦祈二国家安全一、道雄致レ賀、事訖而回二周防一、則必当三専人以伸二謝忱一、茲又僭有二冒昧之懇一、仰瀆二台听一、道雄自二幼歳一受二持大華厳経一、但以レ未レ看二清涼疏鈔一為レ憾、若我得レ窺二其深旨一、不二亦快一乎、伏願疏鈔合部附二商舶一見レ恵、則不二啻道雄一人之幸一、抑亦本国仏門幸甚、疏鈔巻目具在二別幅一、于冒威尊、下情不レ勝二戦慄之至一、不備、

応永十七年（一四一〇）秋八月廿六日日本国周長豊三州刺史多々良道雄頓首百拝奏上

朝鮮国議政府左右政丞閣下

(13)『朝鮮王朝実録』成宗一〇年（一四七九）四月癸卯条。なお一蔵を得ている（同五月丁丑条）。

(14)『朝鮮王朝実録』成宗一六年（一四八五）八月戊申・九月庚午条。同一八年（一四八七）六月甲申・八月庚午条。同二一年（一四九〇）九月丁卯・一〇月壬戌条。

(15)「天文五年二月日朝鮮国礼曹参判宛大内義隆書写」・「嘉靖一八年九月日大内義隆宛朝鮮国礼曹参判姜顕書写」・「尊海渡海日記」（『大願寺文書』、『広島県史』古代中世資料編Ⅲ所収）。

(16)梶浦晋「本館所蔵高麗版大蔵経」（『大谷大学図書館報』一一、一九九〇年）。

(17)「勝定院殿集纂諸仏事」（『大日本史料』応永二一年（一四一四）五月六日条所収）。

鹿苑院殿七年忌拈香

（前略）大日本国長州路豊東郡仏日山普光王禅寺住持毘丘訹訔、茲屬本州太守、頫二伝征夷大将軍厳命一、今月初六日、就于本山、追二崇鹿苑院殿准三宮大相国天山大禅定門台位一、官旆臨□、追以公命、其勢不レ可レ奪レ之、因率二合山毘丘衆一、転二閲毘盧法寶蔵一、（後略）

本史料から怡雲寂訔が大内盛見の委嘱を受けて足利義持主催の足利義満の追善仏事に参加していること、応永二一年（一四一四）当時普光王寺住持の名を帯びたまま、在京していたことが確認される。大内氏と極めて深い関係のもとに、足利義持の側に居たと判断される。

また玉村竹二氏は、「神護寺蔵足利義持画像」の賛文の末尾に「応永二十一季甲午九月六日仏日山怡雲訹訔謹讃」とあることを紹介している（玉村竹二「足利義持の禅宗信仰に就て」同著『日本禅宗史論集下之二』思文閣出版、一九八一年。初

出一九五一年)。足利義持とはかなり親密だったと考えられる。この怡雲寂誾は周防国の武士伊藤新左衛門の弟で、応安年中に東福寺に居し、のち、中国に留学した大慈門派の禅僧であることが知られている。防長関係の大慈門派の僧侶には、長門国豊東郡府中の長福寺の開山となった虚庵寂空(?—一三二九)、長福寺二世でのち周防山口の正護寺開山となった傑山寂雄(?—一三五七)がおり、怡雲寂誾はこの傑山の人脈に連なって大慈門派に属したのではないかとされる。(福島恒徳「三恵寺蔵白衣観音図」『山口県文化財』二〇・二一、一九九〇年。伊藤幸司「大内氏の外交と東福寺聖一派寺院」同著『中世日本の外交と禅宗』〔前掲〕)。

以上を考慮するならば、普光王寺は東福寺大慈門派の寺院であり、大内氏の外護を受けていた有力寺院であった可能性が高い。また怡雲寂誾は地元の伝承では長門国飛来山三恵寺中興の祖・川棚温泉の発見者として著名である。三恵寺との関わりは「三恵寺蔵紙本墨画白衣観音図」に「丁酉春季、飛来怡雲杜多焚盥拝題」とあることから裏づけられる(福島恒徳前掲論文)。丁酉は応永二四年(一四一七)である。怡雲寂誾が京都のみならず、長門での活動も活発に行なっていたことが推測される。

(18) 興隆寺への大蔵経施入に関しては、村井章介「室町時代の日朝交渉と禅僧の役割」(『駒澤大学禅研究所年報』一〇、一九九九年)、伊藤幸司前掲注17論文、貝英幸前掲注11論文も参照されたい。

(19)「興隆寺本堂供養日記」(『興隆寺文書』、『山口県史』史料編中世三所収)。

(20) 応永の乱後、室町政権に降伏した弘茂は(「応永記」、『群書類従』第二〇輯「合戦部」所収)、室町政権の命を受け、応永七年(一四〇〇)七月、「長門・周防凶徒対治」のために下向した(「応永七年七月六日足利義満御判御教書」『大日本古文書　益田家文書』一一号)。

(21) 興隆寺の諸公事の免除(「応永九年四月一三日大内盛見書下」『興隆寺文書』)、長門一宮(住吉神社)への寄進(「応永九年二月二九日大内盛見寄進状案」『住吉神社文書』三、東京大学史料編纂所架蔵写真帳、六二丁・六三丁)などを行なっていることが確認できる。

(22) 応永一〇年(一四〇三)四月段階においては、室町政権はまだ盛見を認めておらず、盛見に対する「治罰」を命じる文書を発給している(「応永一〇年四月二八日足利義満御判御教書」、『大日本古文書　毛利家文書』二三号)。室町政権がいつ盛見を公認したのかは、はっきりしないが、応永一〇年中には、盛見は周防・長門を安堵されたと見られ、応永一五年(一四〇八)までには豊前の守護職も回復している(「応永一五年八月二七日大内盛見書下」、『大日本史料』同日条所収)。

(23)「興隆寺本堂供養日記」(『興隆寺文書』)。

(24)大内満世は義弘の弟満弘の子。満弘は、康暦二年(一三八〇)ころ、義弘と家督争いをしている。のち和解し、応永四年(一三九七)末、少弐氏・菊池氏との合戦で戦死した。応永の乱を起こすにあたって、大内義弘が絶海中津に挙げた謀反の理由にこの満弘戦死に対する恩賞がないことも含まれている。室町政権は、弘茂を下向させるにあたって、石見の益田道兼に弘茂への協力を命じるとともに、その庇護下にいたと思われる満世を召し出し、弘茂のもとに参向させた(「応永七年七月六日足利義満御判御教書」『大日本古文書　益田家文書』一二号、「大内弘茂書状」同、六九・七二・七三号など)。

(25)山口県文書館蔵。『山口県史』中世三に翻刻がある。また、『山口県文書館ニュース』四〇(山口県文書館、二〇〇六年)の表紙には、カラー写真で全文が掲載されている(本章図1として転載)。

(26)この「興隆寺一切経勧進帳」を指標として応永年間(一三九四—一四二八)ころに防長国人の大内氏被官化が完成したとする見解もあるが、川岡勉氏は、奉加が盛見から国人層への主体的はたらきかけによって実現したものであるという史料的性格、および防長国人に混じって周防国目代や氷上山諸坊が書き上げられていることなどから、本史料から大内氏権力の強大さを指摘できても、書き上げられている者がすべて大内氏家臣であった明証はないとされる(「大内氏の軍事編成と御家人制」同著『室町幕府と守護権力』吉川弘文館、二〇〇二年、二九八頁。初出一九八二年)。ここでは、家臣とは限らないにせよ、盛見によって勧進するべき人間と規定されているという事実に注目しておきたい。

(27)「大内盛見書状」(『興隆寺文書』)。

氷上山興隆寺蔵経勧進事、各奉加尤可レ然候、恐々謹言、

二月廿一日　　盛見(花押)

長門国人々御中

(28)「応永七年八月一日大内盛見寄進状写」(『常栄寺文書』、『山口県史』史料編中世三所収)。

(29)「防州吉敷郡山口香山常栄広利禅寺諸堂之額幷境致」・「国清寺仏殿棟札」(『防長寺社証文』「香山常栄寺下」項)。

(30)「応永一一年二月一〇日大内盛見条書写」(『常栄寺文書』)。

(31)「興隆寺本堂供養日記」(『興隆寺文書』)。

(32)石田茂作編『秘宝園城寺』(講談社、一九七一年)。山本信吉「対馬の経典と文書」(『仏教芸術』九五、一九七四年)。なお全文を本章第三節に史料16・史料17として掲げた。

(33) 「園城寺所蔵輪蔵経筥蓋裏墨書」（『秘宝園城寺』〔前掲〕）。

防州路香山国清旌忠禅寺大蔵経函、去弘治三年（一五五七）丁巳沽洗上旬、芸州大江朝臣毛利右馬頭元就・嫡子中守隆元〔備、脱カ〕・次男備州

小早川隆景幷三吉両国之諸軍勢、於山口乱入之時、彼経函数多失脚之間、合山僧衆同僕従各令勧進仕足之矣、

于時永禄二年（一五五九）己未七月十五日

本願当山住叟　慶承謹白

(34) 『秘宝園城寺』〔前掲〕。

(35) 「安国寺経蔵輪蔵真木墨書」（文化庁監修『重要文化財総索引／建造物編』毎日新聞社、一九七五年）。

(36) 『秘宝園城寺』〔前掲〕。

(37) 「大内盛見掟書写」（『常栄寺文書』）。

(38) 『増上寺三大蔵経目録解説』（『増上寺史料集別巻』附録、一九八二年）の五頁に写真と翻刻が掲載される。翻刻は『解説』に従う。

(39) 『防長風土注進案』「山口宰判御堀村五天台宗氷上山興隆寺真光院」項。

蔵経五百三拾六笈

教弘朝臣施入一切経

仏本行集経奥書

宝徳元年七月十八日　永興筆者昌樹

大願主従四位下行左京大夫多々良朝臣教弘

又、信力入印法門経奥書

宝徳元年十一月鬼宿日

大願主従四位下行左京大夫多々良朝臣（「多々良教弘」印の写）

又、仏名経奥書

宝徳元年　結縁筆者自堂敬書了

大願主従四位下行左京大夫多々良朝臣教弘

(40) 「贈慶祐上人」（景徐周麟『翰林葫蘆集』、『五山文学全集』四所収）。

釈慶祐上人、奥之産也、俗出レ自二田村丸氏一、旅二食于京華一者三十年、而遊二於貴介縉紳之間一、専以二連歌一為二家学一、従二自然一老人者有レ年矣、晩歳踰レ海入レ防、寓二闢雲院一、転二大蔵経一、修身清苦、絶二鹽醬一、経二三十日一、而転レ蔵了矣、因抄二写仏説老母経等数巻一、其志無二他願一、其七世父母、必遂二成仏本懐一也、（中略）上人在レ防、見二大明正使了庵（桂悟）大禅師一、師贈以二禅詩一、去レ防入レ洛、問二文総禅師於北山一、亦作二禅詩両三篇一贈レ之、頃訪レ予而至、以二香炉・画扇一、為二謁見之資一、不レ克二默止一、賦二四韻八句一以謝二其来意一、上人今年華二甲子一、其矍鑠可レ見云、

(41) 村井章介「中世日朝貿易における経典の輸入」（前掲注3論文）。

(42) 橋本雄「遣明船と遣朝鮮船の経営構造」（『遥かなる中世』一七、一九九八年）。

(43) たとえば一四八七年の大和長谷寺のための大蔵経求請の使節鉄牛は、長谷寺の僧侶ではなく、福成寺の僧侶であり、大内氏の委嘱によって、不本意ながら使節を務めたものである（『蔗軒日録』文明一八年八月二九日条。堀池春峰「室町時代における薬師・長谷両寺再興と高麗船」（前掲注4論文）参照）。また一四八五年筑前普門寺のための大蔵経求請使節元粛の場合、同時に大内氏の家譜作成の史料として朝鮮の「国史」を求めており、大蔵経求請以外にも大内氏にとって必要な用件を帯びて渡航している。この元粛は、一四九三年にも大内殿使を務めている。

(44) 『蔭凉軒日録』（増補続史料大成）長享二年（一四八八）二月二四日・五月五日・同九日・同一三日条。

(45) 『蔭凉軒日録』長享元年（一四八七）八月七日条。

(46) 『蔭凉軒日録』長享二年（一四八八）九月一六日条。

(47) 拙稿「室町期における大内氏の対朝関係と先祖観の形成」（『歴史学研究』七六一、二〇〇二年）。なお、本書第四章にて後述する。

(48) 文明一五年度遣明船は、この二年前の文明一八年（一四八六）に帰国している。この遣明船の経営には大内氏は関与していない。文明一五年度船の帰国直前から大内氏は次の遣明船経営に携わるべく各方面に運動を重ね、一度は三号船の経営権を手に入れている。ただしこの経営権は土壇場で大内氏から没収されて細川氏の手に渡った（明応度船）。大内氏が遣明船経営参入に成功したのは、その次の永正三年度船で、これは前回経営に参加しえた寛正度船から数えて四〇年ぶりのことである。長享二年（一四八八）はまさに、大内氏が明応度船の経営権を確実に手に入れるべく奔走していた時期にあたる。

(49) 関周一前掲注8論文。橋本雄前掲注8論文。

(50) 『大乗院寺社雑事記』（増補続史料大成）明応二年（一四九三）一一月一八日条。

（51）『蔭凉軒日録』延徳二年（一四九〇）九月一六日条に「又万阿云、高麗勘合在二愚所一歟、愚云、高麗勘合無レ之、象牙破符有レ之、毎度被レ遣レ之、愚方仁無レ之、御倉可レ在乎、高麗事望方有レ之者、愚方江可レ賜、」とある。ここで亀泉集証は、高麗勘合は蔭凉軒にあるのかという問いに対して、高麗勘合というものはなくて、象牙の割符がある、おそらくそれは御倉にあると答えている。直接、高麗勘合＝牙符であると言っているのではなく、むしろそれを否定しているが、この問答から、明の勘合に対する高麗の勘合が意識され、それにあたるものとして牙符が認識されていることは看取されよう。

（52）『宣胤卿記』（増補史料大成）永正元年（一五〇四）五月九日・一二日条。

（53）前掲注15参照。

（54）「大蔵経目録口書写」（『大願寺文書』、『広島県史』古代中世資料編Ⅲ）。

大蔵経目録　于時天文十四年乙巳四月　日撰之　大願寺尊海

安芸厳嶋於社、雖レ有二一切経一、依レ為二往古分散一、爰大願寺道本上人彼経為二中絶事於悲一、御屋形義隆様之書・勘合申
請、従二天文六年一到二八年一、于二高麗国一尊海為二渡船一、高麗国無二蔵経一而帰朝、天文九年春、坊〔防〕州符中於大善坊御返帳
致二進上一、有二御対面一、従レ其尊海上二厳嶋一、同年笠井帯刀左衛門尉貞盛而取付、道本被レ申レ梟者、為二蔵経望一、高麗国迄
渡、尊海雖二相尋一、無二蔵経一而帰朝哀、御分国之内一切経臺〔壱〕蔵、于二当社一預二御奇進一者、号二其高恩一、宇佐・箱崎之間御
社一宇、檜皮葺可レ致二馳走一之由言上被レ申、然者長門国内日普光王寺之御経有二御賣〔買〕徳一、可レ有二御奇進一之由被二仰下一、
天文拾年五月二日尊海長門国下向、同十二月拾二日御経・輪蔵当嶋著岸、道本弥々奇異成レ思、彼様成行事、希代勝事
也、□随喜之感涙流給、天文十一年正月念七日輪蔵取立、各鍛冶番匠之事者不レ及レ申、絵師・仏師・金物師於集居、
于二第二年一成就候畢、彼輪蔵早速取立事、御屋形様於二三入御陳〔陣〕一被二聞食一付、尊海於被二召出一、箱崎之御社檜皮葺之事、
以二神代左馬允正総一、被二仰出一、即致二御請一、然処道本上人染二老病一、同年霜月七日逝失、因レ茲、従二天文十二季一、請二取
道本遺跡一、尊海渡二与州一、調二檜皮一、天文十三季三月十八日箱崎御社上葺成就畢、然彼蔵経警（ママ）過分依レ為二不足一、任二本目
禄〔録〕一撰レ之、其衆曰具、
理栄、存茂、正泉、実怡、善職、尊海身省、
右者輪蔵目禄口書写畢、
元禄十一年六月十五日

（後略）

(55)『芸藩通志』（東京大学史料編纂所架蔵謄写本）巻一五「安芸国厳島三 仏観」。
輪蔵二所 並に塔岡経堂の下にあり、北にあるは龍宮界蔵、南は転法輪と云額をかけり、転法輪の額は根自休が書なり、各一切梵経を蔵し、並に釈迦、博〔傳〕大士、普成・普建二童子を置く、蔵経、一ハ宋板、一ハ朝鮮板なり、天文五年、大願寺僧道本か願にて、尊海をして大内義隆の書簡を齎して朝鮮に渡らしめ、一部を乞ひけれど、得ずして帰朝す、道本また義隆に申て、天文十一年、長門国普光王寺の経を、経蔵ともに引て、義隆の寄附とす、今に経巻竭に普光王寺より尊海に渡せし事をしるせるもあり、今転法輪を高麗蔵ともいふ、是天文中に所建なり、（後略）

(56) 梶浦晋前掲注16論文。

(57)「比叡山再興勧進帳」（『大日本史料』天正一〇年（一五八二）一二月一二日条所収）。

(58)『孝亮宿禰記』（東京大学史料編纂所架蔵写真帳）文禄四年（一五九五）一一月一七日条、「慶長三年一二月二六日豊臣氏大老連署寺領宛行状案」（『大日本古文書 毛利家文書』一一一七号）、『園城寺再興略記』（東京大学史料編纂所架蔵謄写本、嘉永元年（一八四八）成立）。園城寺は文禄四年（一五九五）一一月、突然豊臣秀吉により闕所が命じられ、建物は破却されて、延暦寺の復興資材に宛てられた。『孝亮宿禰記』が「三井寺可被絶之由、今日被仰出候云々」と記すこの事件は、不明な点が多いが、『園城寺再興略記』によれば、慶長三年（一五九八）八月には諸僧らが還住したといい、同年一二月には五大老から寺領が宛行われた。『園城寺再興略記』には翌慶長四年に北政所の援助により金堂が再建されたこと、その造営奉行は毛利輝元であったことが記されている（以上『新修大津市史中世』（大津市、一九七九年）三三一—三五頁参照）。輝元は五大老の一人として園城寺復興に携わり、その関係で領国にある国清寺の経蔵を寄進したものと思われる。

(59)『駿府記』（史料雑纂）慶長一九年（一六一四）七月一四日条。山本信吉前掲注32論文。

(60)『喜多院宋版一切経目録』（星野山喜多院、一九六九年）。

(61)「仙波建立記」（『大日本史料』慶長一七年（一六一二）是歳条所収）。

(62)『増上寺三大蔵経目録解説』（『増上寺史料集別巻』附録）。

(63)『防長寺社由来』「萩内洞春寺」項。

一、大般若経
但、朝鮮本の由候得共、此方ニおゐて所々書継も有之候、年代久敷故、経巻破損多、修補等も六ヶ敷体ニ御座候、元来山口香積寺什物ニて此方え参候、輝元公御寄進の由御座候事、

(64)『増上寺三大蔵経目録解説』〔前掲〕。

(65) 高橋修「湯浅荘別所勝楽寺考」（『和歌山地方史研究』四五、二〇〇三年）、岸田裕之「統合へ向かう西国地域」（有光友学編『戦国の地域国家』吉川弘文館、二〇〇三年）。

(66) 中野義照『高野山』（講談社、一九六八年）。山本信吉前掲注32論文。

(67) 堀池春峰「中世・日鮮交渉と高麗版蔵経」（前掲注4論文）。

(68)『高麗史』巻一二四「朴景亮伝」。

朴景亮、初名瑄、抄奴録大之子、忠宣趙妃姉妹之婿、韓国公主妬二趙妃専一レ寵、譖二于元一、元遣レ使治レ之、景亮亦被レ執如レ元、遂籍二其家一、後、累二歴軍簿判書・権授密直副使一、忠宣賜二景亮鞓帯一、又教曰「大徳七年（一三〇三）春、奸臣佞豎、至二行在香水園一、謀レ不二利於孤一、朴景亮・劉福和・洪詵・許有全・李連松・姜融・李珍・李蒨・趙通等、奮レ義忘レ生、力沮二奸謀一、忠勤特異、宜下別録レ功用上之、景亮親子及堂兄弟姉妹、至二于子孫一並為上良」、又以二其族抄奴金泰一、補二南海県令一、泰元嬖臣李淑友婿也、国人言「自今抄之路開矣」、遷二僉議評理一、従レ王如レ元、李思温・金深以為王之久留二京師一、実由三景亮等為二之腹心一、言二於徽政院一繫レ獄、語在二深伝一、忠粛時封二興礼君一、忠宣奉二香江南一、景亮与遂安君李連松等従レ之、行至二金山寺一、元遣レ使急召レ王、令二騎士擁逼以行一、侍従臣僚知伯顔禿古思用事、恐二忠宣不一レ免、皆奔竄、景亮・連松皆仰レ薬死、

(69)『高麗史』巻三四「忠粛王一」。

(70) 北村高「高麗王王璋の崇佛」（『東洋史苑』二四・二五、一九八五年）。

(71)［史料A］「南禅寺蔵元版大蔵経解節経序」（辻森要修「南禅大蔵跋文蒐録（四）」『仏典研究』一―六、一九二九年所収）。

推忠揆義協謀佐運功臣開府儀同三司太尉上柱国駙馬都尉瀋王征東行中書省右丞相高麗国王王璋恭聞（中略）遂捨二浄財一、印二造三蔵聖教一切法宝計円五十蔵一、布二施四方梵刹一、（中略）皇慶元年（一三一二）歳在壬子九月日謹題、

［史料B］「大功徳主藩王請疏」（『玉岑山慧因高麗華厳教寺志』東洋文庫所蔵）。

推忠揆義協謀佐運功臣開府儀同三司太尉上柱国駙馬都尉瀋王　使臣諮議参軍洪瀹等祇奉二本国王命一、届古杭印造大蔵尊経五十蔵、施二諸名刹一、杭之上竺一・下竺・集慶・仙林・明慶・演福・慧因・崇先・妙行・青蓮・恵力皆有レ焉、督臨之暇、挟二二三友一散二策湖浜一、因投二本寺一、唯見凝塵満座、風景蕭然、興感形懐、大覚国師受経之地隳弛、若即寺僧福提点訪、以能任二起廃之責一者、以余応レ之、於レ焉、疏詞下賁今主二茲席一、時壬子（一三一二）十有二月也、

（中略）

延祐元年（一三一四）六月　日住持慧福記

(72) 前掲注32参照。

(73) 『高麗史』巻一〇三「趙冲伝」。

(74) 『高麗史』巻一二六「廉興邦伝」。

(75) 『高麗版一切経目録』（高野山文化財保存会、一九六四年）。なお本章注6も参照。

(76) 『朝鮮王朝実録』太祖六年（一三九七）三月戊寅・五月丁巳条など。

(77) 『増上寺三大蔵経目録解説』（前掲）。

(78) [史料A]『朝鮮王朝実録』世祖三年（一四五七）六月戊午条。

○諭二慶尚道観察使李克培一曰、大蔵経五十件、始レ自二来春二月一、粧二印于海印寺一、須下及二六月一前畢功上、今遣二敬差官尹賛・鄭垠一、布置、卿其用意施行、

○諭二忠清・全羅・慶尚・江原・黄海道観察使一曰、大蔵経五十件印出所レ入、忠清道、紙五万一千一百二十六巻・墨八百七十五丁・黄蠟一百二十五觔、全羅道、紙九万九千四巻・墨一千七百五十丁・黄蠟一百二十五觔、慶尚道、紙九万九千四巻・墨一千七百五十丁・黄蠟七十觔・胡麻油一百斗、江原道、紙四万五千一百二十六巻・墨八百七十五丁・黄蠟六十觔、皆官自准備、送二于海印寺一、若収二民楮一、雖二一両一、卿等当レ受二大罪一、

[史料B]『朝鮮王朝実録』世祖四年（一四五八）七月壬子条。

海印寺印　経敬差官鄭垠、進二大蔵経三件一、命置二于興天寺一、

なおこの世祖の大蔵経印出事業の概要と背景については、押川信久「一五世紀朝鮮の日本通交における大蔵経の回賜とその意味」（北島万次ほか編『日朝交流と相克の歴史』校倉書房、二〇〇九年）に詳しい。

(79) 「印成大蔵経跋」（『増上寺三大蔵経目録解説』〔前掲〕所収）。

（前略）惟仏教之流二于震丹一、其来已久、其説之載二于文一、又莫レ若二蔵経之専一、幸其刊板、具在二於海印寺一、近歳、士民之好レ善者、印二成全部一、然間、被三国家賜二于日本一、存者無レ幾、予欲下印就二若干部分一、置中于名山福地上、上為下　先王先王后暨二　祖考之霊一、以二資福一、吉中於冥冥上、下為下法界含霊、以二昆虫草木之微一、幽明共利、普及中無際上、且凡事始厥為レ難、今因レ肇二功成一、至二五十部一、将三遍鎮二我国僧藍之大処一、（中略）遂用二明年（一四五八）春閏二月一創レ役、至二其年四月日一告レ訖、於レ

是、命臣守温跋二其後一、（中略）天順二年（一四五八）六月日嘉善大夫行忠佐衛上護軍臣金守温、拝手稽首謹跋、

（80）［史料A］「驪興郡神勒寺大蔵閣記」（李崇仁『陶隠集』巻四、『韓国文集叢刊』六所収）。

判三司事韓山牧隠（李穡）先生命崇仁曰「大徳庚戌（一三一〇）七月初三日、吾祖井邑府院君病歿、先君稼亭文孝公年十三、喪葬無レ憾、至正庚寅（一三五〇）十月二十日、祖母病歿、先君襄事以レ礼、間請二浮屠一、転二経于郷之僧舎一、先君毎嘆レ吾、「今而後何怙何恃」、座元南山聡公謂二先君一曰「公今苟欲下以二吾法一資中考妣冥福上、蓋成二一部蔵教一乎、吾法尽在レ是矣」、先君即向二金仙肖像一而立願焉、明年辛卯（一三五一）春正月朔、先君不幸歿二於衰経之中一、余自レ燕奔レ喪、仍請二聡公転経一、語及二先君之願一、予方レ読レ礼、未二暇及一也、既免レ喪、僥倖世科名載二仕版一、惟不二克供一レ職之是懼、又未二暇及一也、聡公屢以レ書来曰「先大人之願、其可レ違乎」、則未嘗不レ対レ書、自傷而已、洪武辛亥（一三七一）秋九月二十六日、先妣金氏又病歿、憂二制甫終一、吾疾作レ莫二能興一、甲寅（一三七四）秋九月二十三日、玄陵（恭愍王）奄弃二群臣一、子〔予〕竊伏念先君為二玄陵潜邸旧臣一積有二年紀一、子〔予〕為二玄陵初科及第一、遂陞二宰府一、吾父子蒙レ恩至レ渥、曾未レ有二糸毫之報一、而弓剣忽遺、可レ勝レ痛哉、歳己未（一三七九）、聡公適自二山中一来語レ子〔予〕曰「今茲吾年七十又四矣、而幸不レ死、得二与レ公相見一、豈偶然哉、先大人之言、歴歴在レ耳、公能記憶否乎」、予益自傷レ焉曰「上以資二福於　先王一、下以継二志於先考一、不レ在レ斯歟、不レ在レ斯歟、予病新起、奉レ教撰二懶翁塔銘一未レ久也、因自計二吾力一、則不レ足矣、可レ頼二以レ弁此一者、惟懶翁徒耳」、即馳レ書告レ之、有下号二無及・琇峯一二浮屠者上、率二其徒縦臾一、始レ自二庚申（一三八〇）二月一募レ縁、覚昷於二順與一、覚岑於二安東一、覚洪於二寧海一、道恵於二清州一、覚連於二忠州一、覚雲於二平壌一、梵雄於二鳳州一、志宝於二牙州一、化レ楮為レ紙、釈幻造レ墨、至二辛酉（一三八一）四月一印二出経律論一、九月粧褙、十月覚珠泥二金題目一、覚峯造二黄複一、十一月性空造レ函、朝暮句二升斗一、以飯二諸化士一、終始不レ怠者、国贐里之老媼妙安也、壬戌（一三八二）正月、於二華厳霊通寺一転閲、四月舟載至二于驪興之神勒寺一、懶翁示寂之地也、花山君権公僖主盟二題目一、復二興諸檀一施レ財、同菴順公董役、遂於寺之南起二閣二層一、覚脩舟艧既畢、庋而蔵レ之、五月又転、九月又転、今癸亥（一三八三）正月又転、約歳三次、為二恒規一、中置下花山等身毘盧遮那一軀、唐城君洪公義龍為二亡女一所レ造普賢一軀、姜夫人化縁所レ造文殊一軀上、以起二四衆瞻礼之敬一焉、嗚呼、三十余年之久而、先君之願始成、豈不三自慶又況推二其極功寿君福国於無窮一也哉、諸浮屠謀立レ石垂二示将来一、子其代レ予筆」、崇仁不二敢辞一、乃言曰「仏氏之道、清浄高妙、不レ霑二一塵一、超出二万物一、賢智者固已楽レ之矣、其言又有二所レ謂福田利益一者、於レ是忠臣孝子所二以報一君親之至恩一、無レ所レ不レ用二其極一者、不レ得レ不レ帰焉、其書之盛、伝二於世一宜也、稼亭先生既作レ之、牧隠先生又述レ之、卒能成二此法宝一、奉二福利於君親一、斯乃忠臣孝子之無レ所レ不レ用二其極一者歟、嗚呼、孰非二臣子一哉、自今至二于千万世一、其

有二所感一、発二於所天一者、必於レ此而得レ之也無レ疑矣、崇仁敢不レ楽為二之書一、若下夫四衆之出二財力一以相助上者、其名氏具列二於碑之陰一」云、

この李穡による大蔵経印造は本文中に掲出した史料18「李穡跋文」に「穡由及第至二政堂一、図報之至、亦化二大蔵一部一矣」とあるのと一致する。廉興邦とほぼ同じ時期に李穡も大蔵経印造を行なっていたのである。本文を記した碑は大韓民国京畿道驪州郡神勒寺の境内に現存している。

なお、ここで注目すべきは、李穡が独力で大蔵経全巻を印造したわけではなく、勧進によって費用をまかなった部分もあり、その勧進ならびに印造にあたって懶翁の門徒の力を借りていることである（傍線部）。李穡の文集には次のような詩が収められている。

［史料B］「送懶翁弟子印大蔵海印寺」（李穡『牧隠藁詩藁』巻二八、『韓国文集叢刊』四所収）。

舎利光芒照二刹塵一、門生幹事有二精神一、伽倻海印之全蔵、自道無為閑道人、天闊春光方浩蕩、雲収山勢更嶙峋、帰来朋效非二難見一、九五箕疇献二紫宸一、

懶翁は懶翁恵勤を指し、高麗末期の禅僧である。大内盛見はこの「懶翁」の頂相を二度も求請し、賜与されている（『朝鮮王朝実録』太宗八年（一四〇八）八月丙子条「懶翁画像」・太宗九年閏四月戊辰条「祖師真懶翁和尚影子」）。高麗禅僧の頂相を大内氏が求めたという事実の背景はいまだ明らかにすることができないが、このような大蔵経の印造の問題と併せ考える余地はあるかもしれない。

（81）『朝鮮王朝実録』成宗二一年（一四九〇）一〇月壬戌条。

（82）高橋修前掲注65論文。

第四章　大内氏の先祖観の形成とその意義

はじめに

以上、第一章から第三章を通じ、大内氏の対朝関係の変遷とその特質を明らかにしてきた。中国西部・九州北部を勢力圏とし関門海峡を押さえていた大内氏は、朝鮮側の倭寇禁圧要請を契機として通交を開始し継続的な通交を行ない、また室町政権と朝鮮王朝の取次をつとめて、中世日朝関係に重要な地位を占めた。朝鮮王朝は、通信符・大蔵経の贈与に象徴されるように、大内氏を非常に優遇したが、それは大内氏が日朝関係に占める、こうした地位と実力の反映と言える。しかしながら、大内氏を優遇する際の朝鮮王朝内での議論には、勢力の強大さや倭寇禁圧に有効な権力であるといった現実的な理由のほかに、大内氏は、「我が国」＝朝鮮、から出た一族だからとするものが多く見られる。実際、大内氏が百済聖明王第三王子琳聖太子の子孫を称していたことは、近世初頭に成立した『大内義隆記』・『大友記』といった合戦記などにも散見し、日本でも有名な事実であった。

本章では、この大内氏に対する朝鮮王朝の同系意識、ならびに百済王を始祖とする大内氏の特異な先祖観について、実態と内容を分析し、その形成過程を追うことで、大内氏の対朝関係の特質に、言説の面から迫ってみたい。それを通じて、大内氏権力にとって、朝鮮との関係がいかなる意味を持っていたのかを探っていくことにする。

一　百済王子孫説の展開

（1）対朝交渉のなかの同系意識

朝鮮王朝における大内氏像をよく示しているものに、『海東諸国紀』がある。これは一四七一年、礼曹判書申叔舟によって著述されたもので、対日外交マニュアルともいうべき性格を持ち、日本の沿革・外交慣例のほか、朝鮮と通交のあった各氏についてその概略を書き記したものである。大内氏については以下のようにある。

［史料1］『海東諸国紀』「周防州大内殿」項(1)

（前略）多多良氏、世居二州大内県山口（倭訓也望仇知）一、管二周防・長門・豊前・筑前四州之地一、兵最強、日本人称、百済王温祚之後入二日本一、初泊二周防州之多多良浦一、因以為レ氏、至レ今八百余年、至二持世二十三代一、世号二大内殿一、至二持世一無レ子、以二姪教弘一為レ嗣、教弘死、子政弘嗣、大内兵強、九州以下無三敢違二其令一、以三係出二百済一、最親二於我一、（後略）

〔大意〕多多良氏は歴代大内県山口に居し、周防・長門・豊前・筑前の四州を管轄している。兵は最強である。日本人がいうことには「百済王温祚の後胤が来日して最初に周防州の多多良浦に泊した。よってこの地名を氏とした。それから今まで八百余年が経つ。持世で二三代に至る」と。歴代大内殿と号している。持世には子がなかったので、姪の教弘を嗣とした。教弘の死後は子の政弘が嗣いだ。大内の兵は強く、九州以下、あえて大内の命に逆らうものはいない。百済の流れを引くので我が国にたいそう親しんでいる。

ここでは、「大内氏が百済王温祚の後胤」であると日本人が称していたことが伝えられているが、同時期の朝鮮王朝内では、大内氏が百済の王族の出であるという言説は、しばしば見られた。

［史料2］『朝鮮王朝実録』成宗六年（一四七五）八月庚寅条

（前略）大内殿之先本百済公族也、有下一王子乗レ船被レ風泊二多多良浦一遂居上焉、因レ地為レ氏、称二多多良公一、以レ此、大内待二我国一尤敬、（後略）

〔大意〕大内殿の祖先はもともと百済の公族である。百済の王子の一人が、船に乗って嵐に遭い多々良浦に着き、ついにそこに居した。土地の名をとって氏として、多多良公と称した。この由来により、大内殿が我が国を接遇することは大変丁寧である。

［史料3］『朝鮮王朝実録』成宗一〇年（一四七九）四月癸卯条

（前略）大内本以三系出二我国一、凡所下以事二我国一視二諸酋一尤厚上、（後略）

〔大意〕大内氏はもともと我が国の出身である。我が国につかえることが諸酋のなかでもっとも厚いのはこのためである。

以上、一五世紀後半の朝鮮王朝内には、大内氏の系譜は我国に出ている／もとは百済の王族である／百済王温祚の後胤と言われている、それゆえに大内氏は我と親しいのだという認識が存在した、とまとめることができよう。

こうした同系意識はいつごろから現れるのであろうか。『朝鮮王朝実録』内に散見される朝鮮側の大内氏認識を示す史料をたどっていくと、概ね一五世紀半ばを転換点として、実力や倭寇禁圧の功に基づく重視・好意から、同系意識、すなわち大内氏が朝鮮の出自であるとする認識からくる信頼へと変化していることが読み取れる。史料を見よう。

［史料4］『朝鮮王朝実録』太宗八年（一四〇八）五月庚午条　＊大内氏に使した崔在田の報告の一部。

（前略）大内殿、当二一面巨鎮一、士富兵彊、諸酋長皆畏服、今向二本国一、忠誠至レ切、（後略）

〔大意〕大内殿は一道にもあたるような巨大な地域を管轄する軍団の長である。その領土は豊かであり、兵は強い。日本の諸酋長はみな畏れ服している。いま我が国に対しては非常に忠誠を尽くしている。

［史料5］『朝鮮王朝実録』世宗一二年（一四三〇）五月戊午条　＊李芸が「日本国王は、少弐氏が支配していた筑前州を大内氏が奪ったことを認めて筑前州を賜い、さらに壱岐州も混乱がつづくようなら奪えと大内氏に指令した」という情報を述べた発言の一部。

（前略）大内所領之衆至二数万人一、常備二軍需・兵器一、故九州民同心仰戴、雖二御所一亦畏レ之、一岐州近二我辺境一、而威重兵強、大可レ慮也、然大内殿、自二其祖考一、待二我国一至誠、固無レ所レ疑、（後略）

〔大意〕大内の所領の軍勢は数万人にのぼり、軍需・兵器を常備している。それゆえに九州の民は同心して、大内を仰ぎ奉り、御所（室町殿）さえ、大内を畏れている。壱岐州は我が辺境に近い。そして大内の威勢は重く兵は強い。大いに慮るべきである。しかしながら大内殿はその先祖から、我が国に対して至誠であってもとより疑うところがない。

［史料6］『朝鮮王朝実録』世宗二〇年（一四三八）六月壬戌条　＊右議政許稠が「宗貞盛が請う倭人三四人の送還を認めるべきだ」と提案した発言の一部。

（前略）日本大内殿、自二称百済王温祚之後一、本国使臣到レ国、請下知二裁縫一者上、製二団領衣一、日本国本無二倉庫・站駅一、而大内殿創二府庫一設二站駅一、雖二国王一、若欲二行師一則必傭レ人、而大内殿則可レ発二千万兵一、皆倣二我国之制一而為レ之也、呑二九州・一岐諸島一、兵力甚強、対馬州亦在二掌握一、（後略）

〔大意〕日本の大内殿は百済王温祚の後胤であると自称し、本国の使臣が日本国に至ると、裁縫の心得のある者を請い、まるえりの衣を作る。日本国にはもともと倉庫・站駅がない。しかし大内殿は、府庫を創り站駅を設けた。日本では国王であっても、もし戦争しようと思えば必ず人を雇う。しかし大内殿は千万の兵を発することができる。これらは皆、我が国の制に倣ってこのようにしているのである。九州・一岐の諸島を併呑し、兵力は甚だ強い。対馬州もまた大内氏の掌握するところである。

〔史料7〕『朝鮮王朝実録』世宗二三年（一四四一）一一月甲寅条　＊対馬宗氏が要求してきた孤草島への倭人の出漁許可をめぐる議論の一部（大内氏にすら土地の割譲は許さなかったのだから、この要求も呑むべきでないという論調）。

（前略）昔、新羅後裔遊二多大浦一、娶レ妻生レ子、今大内殿即其後也、以レ故在二太宗朝一、対馬倭人入二寇我境一、大内殿挙レ義問レ罪、屠二殺部落一、其追二念本国交隣一、念レ先之義、誠可二嘉尚一、（後略）

〔大意〕昔、新羅の後裔が多大浦に遊び、妻を娶り子を生した。今の大内殿はその後胤である。このため太宗朝のとき、対馬倭人が我が境に攻め入ってきた際、大内殿は義を唱えて罪を問い、部落を屠殺した。本国との交隣に思いを馳せ、先祖のつながりを思う大内殿の心は、誠に嘉尚するべきである。

〔史料8〕『朝鮮王朝実録』成宗六年（一四七五）八月庚寅条　＊礼曹判書李承召の発言。（前掲史料2、大意略）

（前略）大内殿之先、本百済公族也、有下一王子乗レ船被レ風泊二多多良浦一遂居上焉、因レ地為レ氏、称二多多良公一、以レ此、大内待二我国一尤敬、但海賊恣行、恐致二辱命一耳、（後略）

〔史料9〕『朝鮮王朝実録』中宗一九年（一五二四）九月甲子条　＊大内氏のもとにいる朝鮮人漂流人の送還要求の是非をめぐる議論の一部。

大内殿与二我国一相距甚遠、不二数往来一、且甚強盛、雖二日本尚不レ得レ制レ焉、臣考二古史一、百済時我国人投入居生、故常以二我国一為二昆弟之親一、（後略）

〔大意〕大内殿と我が国とは遠く隔たっていて頻繁には往来しておらず、しかも大内殿は非常に強盛である。日本国王も大内殿を統御することはできないのだが、古史を調べてみるに、大内殿は百済のときに我が国の人が住みついたものである。それゆえに大内殿は常に我が国に対し兄弟のような親しみを持っている。

〔史料10〕『朝鮮王朝実録』明宗五年（一五五〇）九月癸卯条　＊七〇年ぶりに来朝した畠山殿使の処置をめぐる議論の一

部。

（前略）大内殿系出二百済一、最親二於我一、小二殿頃来二馬島一、世輸二忠款一信使不レ絶、故或給二銅符一、或賜二図書一、（後略）

〔大意〕大内殿は百済の流れを引くものであって最もわれわれと親しい。少弐殿は最近対馬島に来ており、代々忠款を通じ、信使は絶えたことがない。それゆえに大内殿には銅符を給い、少弐殿には図書を賜っている。

史料4から史料7ともに軍事力に優れ、勢力が強大であり、朝鮮王朝に誠意を尽くしてきた大内氏像が語られる。史料6では、その強盛を支える基盤が朝鮮の制度に倣って作られたものだと解釈されている。史料7においては、倭寇の禁圧に力を注いだ嘉すべき存在であることが強調される。なお史料6では百済王温祚のあとを自称しているとされ、史料7では、百済ではなく、新羅の後胤とされている。

これに対し史料8は、国王と大内殿が対立し海賊が横行している状態で日本へ通信使を派遣しても大丈夫かという議論のなかで発言されたものである。「大内殿与二国王一相距、恐彼以レ通二于国王一為レ忌而不レ送也」すなわち、大内氏は対立する国王に通信しようとしていることを忌んで通信使を護送しないだろうという意見が出たのに対し、大内氏は百済王族の出であり、それゆえ朝鮮王朝に対して敬意を以て接しているからそれは大丈夫だろう、ただし海賊が横行していては、使命を果たすことができないであろうと述べている。百済の子孫であるという説が確定し、それが大内氏は朝鮮王朝に対して敬意を持って対応するのだという信頼の根拠になっていることがうかがえる。大内氏が朝鮮王朝にとって不利な行動に出るかもしれないという懸念に対し、同系であることを述べて信頼できるだろうという判断を示すのは、史料9も同様である。史料10では百済出身であることが、他勢力とは異なり、銅符、つまり通信符を給して優遇していることの理由に挙げられている。

以上、一五世紀後半には、大内氏に対する認識が同系を理由とする信頼を基調としていくさまを見てきたが、それでは、このような同系意識は朝鮮王朝と大内氏との直接的な外交の場においてはどのように発露されたのだろうか。目に付くのは、外交文書における表現である。たとえば、一四九〇年九月に来朝した使節のもたらした大内政弘の書には「下国於二貴邦一遥遥有二瓜葛之系一、義同二一家一、世輸二誠款一」[2]と見える。瓜を使った類似表現に、「偶《僕》貴国瓜瓞」[3]というものもある。また「我系出二貴国一、世敦二旧好一、久而弥篤」[4]と、同系で交誼が長く深いことを述べ、あるいは「若曰三我系出二貴国一、技芸百工、靡レ非二貴国余流一二」[5]と、同系であるとともに朝鮮からの文化的影響が濃いことを強調する例もある。

外交文書に同系である旨を記すのは大内氏だけではない。すでに早く、一四四三年に朝鮮王朝が作成した、嘉吉の乱で横死した大内持世に対する祭文には「系出二我国一、常輸二款情一、予嘉二乃義一」[6]と述べられ、また一四五九年、朝鮮使節宋処倹派遣の際に大内氏に送られた使節護送依頼の書には、「足下以三系出二我国一、不レ忘二先世一、屢致二誠款一、殿下嘉レ之」[7]と見える。すべての外交文書に必ず見られるわけではないが、朝鮮王朝・大内氏ともに同系である旨を慣用的な外交修辞として用いていたことは、朝鮮―大内氏関係のひとつの特徴と言えるだろう。

次に文書上ではなく、現実の外交の場でのやりとりを、もう少し具体的に見てみよう。まず、一四八五年に大内政弘が大蔵経その他を要求し、朝鮮側がその要求に応える一方、胡椒の種の入手を依頼した事例を挙げる。

大内氏の大蔵経求請をめぐる朝鮮側での議論のなかでは、「大内殿自云、先世系出二我国一、已有二宿好一」として、大内氏は先祖が我が国出身だと言っており、すでに深い好もあるので、要求を受け入れるべきだと主張され、結局この意見が通っている。[8]一方、大内氏使者に対し、朝鮮が胡椒の種の捜索を依頼したときの言には、「聞三爾国産二胡椒一、此物治二暑疾一為レ切、欲下得二其種一種上レ之、爾大内殿既曰、系自レ我出、凡輸二誠款一非二他州比一、則其所一レ以応二我求一者、亦当レ尽レ心也」[9]と述べられる。要するに、「あなたの国には胡椒が産すると聞いている。胡椒は暑気あたりに大変よく効くので、この種を得て植えたい。大内殿は我が国の流れを引いていると言っており、これまでの真心を尽くした交流はほかの勢力とは比較にならないほど（篤いの）だから、私の要求には心を尽くして当たってくれるだろう」というのである。これに対して大内氏使者は、「我主乃係出二百済一、故尽レ心向二仰大国一、椒種雖レ非二我土所一レ産、我尽レ心求レ之、則無二不レ可レ得之理一、得レ之則為レ送矣」⑩、すなわち「我が主は百済の流れを引いており、それゆえ心を尽くして大国（朝鮮）を仰いでいる。胡椒は我が領土には産出しないが、心を尽くして求めれば手に入らないわけはない。入手したら送る」と返答した。さらにこのときの朝鮮側の大内氏宛の書には「貴殿派二出我邦一、凡所二誠款一比二他州一尤篤」と記され⑪、大内氏は朝鮮より出た一族でありその誼の篤さはほかの勢力の比ではない、と同系が強調された上で、改めて胡椒の種の入手が依頼されている。

もうひとつ、一四九三年に大内政弘が、朝鮮に対して軍資を要求したときの記事を挙げておこう。これは露骨な金品の要求であって、交渉は難航した。このときの大内政弘の書には、使を遣わして「謹述二誠款一、以修二同系之好一」と述べられ、大内氏使者は、礼曹と交渉するなかで「大内殿貴国之同係、而日本名将也」と発言している⑫。

以上、大内氏が要求を通そうとするときの論理・大内氏の要求を通すべきとするときの朝鮮官人の判断根拠・使者たちによる交渉術として、同系の強調がなされていることがわかる。朝鮮王朝にはたてまえの論理として同系は優遇すべきとする観念があり、それを大内氏がうまく利用していることがうかがえる⑬。また大内氏ばかりではなく朝鮮王朝も大内氏に要求を出すときには、やはり同系を標榜していることにも注目しておこう。

ところで、当該期、日朝関係において朝鮮出自であることを主張したのは大内氏だけではなかった。『朝鮮王朝実録』には父母が朝鮮人であることを以て帰化を願い、また受職されるケースが散見される。

一四四一年、倭人の「沙《さ》伊《え》文《もん》仇羅《くろう》」は、父母が「本我国人」であることを以て、帰化することを願い、許可されている⑭。一四四四年には、倭人の藤九郎が、「系出二本国一」、すなわち同系である上に、賊倭を捕獲するという功績を挙げたという理由で、受職され銀帯と紗帽を賜っている[15]。一四六五年には、平茂続なる倭人に米を賜ったことを述べた後で、その母は倭寇に連れ去られた「我国高霊県人」であること、その子供である茂続が投化を願ってきたのでこの措置に及んだことが語られている[16]。松尾弘毅氏は、これらの事例から縁故を重視する朝鮮王朝の姿勢を読み取っている[17]。

ただし、このように対朝交渉においてある種の効果を期待して同系を主張する例は、守護クラスの通交者には見られない。「沙伊文仇羅」・「藤九郎」・「平茂続」といった、個人レベルの単発的なものではなく、ひとつの「家」として継続的に同系を駆使して対朝交渉に役立てようとした勢力は大内氏以外にはいない。この点に中世大内氏の大きな特性がある。

（2）琳聖太子伝説の流布状況

大内氏が百済出自の一族であるという認識は、朝鮮側史料だけではなく、日本側史料にも散見される。天文二〇年（一五五一）成立の『大内義隆記』には「誠ニ由来ヲ申セバ、百済国ノ王子琳聖太子ト申セシガ、日本周防国多々良ノ浜へ定居二年ニ来迎シ、大内ニ住居シ玉ヒ、国ノ守護所ノ人ヲ縁トシテ民百姓ヲシタガへ、武英ヲ以テ国ヲ切取ル事ツ、ガナク、次第次第ニ繁昌シテ、義隆卿ニ至マデ廿六代、年ノ数ヲカゾフレバ、九百四十年トゾミエニケル[18]」と見える。同様の記述は『大友記』などにも見え、大内氏は百済国王子の琳聖太子の子孫であるという解釈が、近世初頭にはすでに流布していたことがうかがえる。

旧大内氏領国であった防長両国には、この琳聖太子にまつわる伝説が広く分布している。一八世紀前半に萩藩が作成した『防長寺社由来[19]』に見られる琳聖太子伝説を一部紹介してみよう。

［史料11］『防長寺社由来』「舟木宰判棯小野村法泉寺」項

一、金仏　壱軀

右、琳聖太子御来朝の節、御持渡被ㇾ成たる唐仏ニて船中安穏の御仏と申伝候、

[史料12]『防長寺社由来』「小郡宰判陶村顕孝院」項「金剛山岩屋寺縁記」

（前略）夫此山の観世音と申奉るは、本当郡（吉敷郡）陶村何（嘉）村崎山にあつて聖徳太子一刀三礼して作せ給ひし御長一尺五寸十壱面の薩埵也、推古天皇十九年百済国の王子琳聖太子、日の本へ渡らせ給ひ、深く観音大士を御信心ましく〳〵て、聖徳太子より手つから授け給ひ、大内世々伝来し崇奉りき、（後略）

史料11は、法泉寺に伝わる金仏について、琳聖太子が来日の際に携えてきた唐仏であると紹介するものである。史料12は、金剛山岩屋寺の縁起を語るなかで、この寺に伝わる十一面観音は、聖徳太子が作成したもので、琳聖太子が来日したときに聖徳太子が自ら授けたものだと述べたものである。仏像に、あるいは寺の縁起に、百済王子琳聖太子の来日が含みこまれ、一部は聖徳太子伝承とも関わる形で伝えられていることがうかがえる。

このような伝説は、『防長寺社由来』で確認できる、寺社にまつわるものだけでも、四〇件を超えている。その様相をまとめたのが表1である。二宮啓任氏は、現在山口県内に残る琳聖太子伝説を網羅的に収拾・解説を加え、一〇〇ヵ所近い伝説地を地図上に提示されている[20]。ここからも琳聖太子伝説の濃密な流布がうかがえる。

管見の限り「琳聖太子」という名称の初見は、「応永一一年二月日興隆寺本堂供養願文[21]」に「爰当寺者、扶桑朝推古天王治世御宇、百済国琳聖太子建立仏閣也」とあるものである[22]。第三章で述べたように、興隆寺本堂供養は大内盛見によって挙行された、大内氏の内紛の終結と盛見の家督継承を内外に示すという意味をもたされた儀式であり、願文も盛見の意向のもとに作成されている。供養の顚末を書き記した同年三月成立の「興隆寺本堂供養日記[23]」には「抑当寺者、推古天皇御宇貞居年中、当家曩祖琳聖太子御草創云々」とある。曩祖という表現から、応永一一年（一四〇四）段階で大内盛見が、琳聖太子を先祖としていたことがわかる。盛見はまた、応永二一年（一四一四）には、「府中

表1　防長における琳聖太子伝説の展開

行政区画	村名	寺名・神社名	伝説を持つモノ・寺社の由来	伝説の内容*
岩国領	横山	永興寺	《解説》*	当寺開基ハ延慶二年〈寛保二年迄四百三十五年〉大内十五代周防権介弘幸建立して延請仏国国師開山とす，琳聖太子齎来の不動尊像を安置して本尊とす，故に不動山と云〈此尊像今妙福寺ニ在〉，
大島宰判	屋代村	宮之坊	琳聖太子一幅	一，五大尊一幅， 一，愛染明王一幅， 一，琳聖太子一幅，但，三幅共ニ琳聖太子の御筆と申伝候事，
上関宰判	伊保庄	無動寺	本尊	琳聖大子百済国より御承来の不動毘須躅摩の御作と并金迦羅・制多迦の二童子同作，
熊毛宰判	岩田村	大日坊	《解説》	熊毛郡岩田村真言宗仏母山花蔵院大日坊正覚寺，林聖太子の御建立古跡の地ニて往古寺門坊中七ヶ寺……
熊毛宰判	塩田村	神護寺	縁起伝書	……人王第十四代仲哀天王百済国聖明王と相親て琳聖太子をこふて太子来朝の時，百済国より彼仏菩薩の像を従来し，防州山口に鎮座砌，国内臨幸の序，当山ニ駕し，古国百済国の石城山ニ不異言て，件の釈迦・普賢・文殊の三尊を当山ニ移し，三社大権現と祝し給ふより已来……
徳山領	河内村	鷲頭寺	上宮・本尊虚空蔵	御長壱尺三寸，琳聖太子御情来也，
徳山領	河内村	鷲頭寺	中宮・中尊妙見尊木像	御長壱尺五寸，琳聖太子御情来，
徳山領	河内村	鷲頭寺	中宮・千手観音尊像金仏	御長壱尺壱寸，右同断（琳聖太子御情来），
徳山領	河内村	鷲頭寺	琳聖太子木像	御長九寸五歩，
徳山領	西豊井村	泉処寺	《解説》	一，当寺開基聖徳太子，伝云，人皇三十六代推古天皇御宇妙見星影向の時聖徳太子御開基と云伝，妙見影向の図像琳聖太子自筆有之，妙見星，松樹ニ下リ給フカ故ニ此ヨリ此浦ヲ下松と云伝……
徳山領	西豊井村	泉処寺	妙見の像	一，宝物 　妙見の像，琳聖太子筆，
都濃宰判	浅江村	賀茂大明神宮	当社古キ御証文写の事	……宮崎賀茂大明神，従百済国至周防国飛遷，神密事大日国之人王三十三代御宇用命天王之王子聖徳大子治世定居弐年壬申歳，百済国聖明王第三之王子琳聖大子日域有御来朝，其根源者……
山口宰判	矢田村	厳島大明神	《解説》	当社の鎮座ハ大内琳聖太子御勧請の通，先祖代々申伝候，
山口宰判	御堀村	興隆寺真光院	《解説》	……草創願主大内元祖琳聖太子也……
山口宰判	御堀村	興隆寺真光院	不動尊像一体	琳聖太子御随身の不動ニて百済国より御持来，大内家代々の持尊仏也，盛見二階の持仏堂ニ被安置，よって二階不動と号す，今護摩堂に安置仕候，

行政区画	村名	寺名・神社名	伝説を持つモノ・寺社の由来	伝説の内容
山口宰判	御堀村	乗福寺	《解説》	当山者大内元祖百済国聖明王第三之王子琳聖太子遺廟之地也，太子木像并九重之石塔于今有之〈太子伝記別ニ有之〉……
山口宰判	御堀村	乗福寺	琳聖太子木像	但，御長二尺彩色，作者不知，
山口宰判	御堀村	乗福寺	琳聖太子御陵	但，門外ニ有之，九重ノ石塔，廻リ惣錬塀也，
山口宰判	七房村	宮野禅宗法明院抱 十一面観世音	十一面観世音	……此観音の儀ハ琳聖大子御持渡の霊仏ニて，多々良家信仰不少，弘貞公熊坂村ニ日輪山大照寺と申祈願所伽藍寺を御建立本尊と成給……
山口宰判	恒富村	願成寺	《解説》	……高倉山三宝荒神の尊像は琳聖太子御来朝の節，被備船中之守護神ニ，定居元年〈辛未〉三月二日佐波之郡多々良之浜え御着船被成，追て同郡高倉ノ床ニ御安置被成，其後五穀成熟国家安全のため，当高倉山頂上ニ本社御建立ニて御安置被成候所ニ，右太子渡海の海上往来仕船無礼ニしてハ必破船仕候ニ付，山八分海上不見所え御安置被成，則本社拝殿諸堂末社等数ヶ所寺等迄御建立被仰付，和朝無双の尊像と奉仰候事……
山口宰判	恒富村	高倉三宝荒神	《解説》	同上
山口宰判	山口町	永長山性乾院	古仏正観音	伝聞琳聖太子来朝の後，観音尊像十体を百済王ニ請給，其内の一体也，
山口宰判	山口町	医王寺	医王寺縁起覚	大内ノ元祖琳聖太子百済国馬韓皇帝斉明王第三ノ皇子也，常ニ医王山ノ薬師如来ヲ信心マシマシテ，願ハ吾肉身ノ如来ニ逢ヒ奉ン事ヲ祈リ給フ，奇哉，或夜新ニ薬師ノ霊夢ニ正身ノ仏ニ奉ラント逢ヒラハ日本エ渡リ聖徳大子対面有ルヘシ，彼大子ハ観音ノ化身ニシテ衆生済渡シ，則肉身ノ如来也ト告玉フ……
山口宰判	山口町	道祖神	略縁起写	抑防州吉鋪郡山口の郷道祖町道祖神と申奉るは，其昔大内御初流林聖大子百済国より御渡船あつて後，当山口御住居の折節，ある九月廿八日の夜の御夢に，白髪の霊人白毛の駒に打またかり漠然とあらハれ出，我ハ是当所に年久しく住居する道祖神なり，足下此度百済国より遠路のはとふ無滞我か国へ来れるを道ひき，従是して，当国代々の領主山河海陸堅固に守護するものなりとそ，よつて臣下鈴泉何某へ命して一社を造栄し御供物料とあつて辺りなる田畠壱トほのきの土地，社守何某へ御除地被仰付，従夫引続大内御代々海陸安全御祈禱守護神なり……
山口宰判	山口町	黒地蔵	《解説》	右黒地蔵菩薩は琳聖太子来潮の時御持参の守護仏ニて，大内御代々御崇敬被成，四面四間の堂御建立有之……

行政区画	村名	寺名・神社名	伝説を持つモノ・寺社の由来	伝説の内容
山口宰判	上宇野令	平蓮寺	客殿本尊観世音坐像	御長壱尺弐寸，但，琳聖太子百済国より御持来の尊像,
三田尻宰判	下右田村	法雲寺	右田獄観音堂一宇	……村翁申伝候は昔大内の御先祖琳聖大子百済国より日本え御渡被成候節，当国多々良浜え御着船被成，其御子孫永ク当国ニ御住居被成候，然ニ右大内家は代々仏神ニ御信心深ク，観音ハ別てナリ，其子細は琳聖太子観音の化身と申事ニ御座候故，大内家ニは観音尊崇不斜候，依之右田嶽一宇御建立，観音安置開基と成と申伝候……
小郡宰判	嘉川村	住吉大明神	《解説》	右，往古琳聖太子御勧請被成候由申伝候,
小郡宰判	佐山村	正法寺	《解説》	岡屋村只今の寺敷ハ，往古琳聖太子御建立の伽濫地ニて御座候処ニ……
小郡宰判	陶村	顕孝院	金剛山岩屋寺縁起	……夫此山の観世音と申奉るは，本当郡陶村何村崎山にあつて聖徳太子一刀三礼して作せ給ひし御長一尺五寸十壱面の薩埵也，推古天皇十九年百済国の王子琳聖太子，日の本へ渡らせ給ひ，深く観音大士を御信心まし〳〵て，聖徳太子より手つから授け給ひ，大内世々伝来し崇奉りき……
小郡宰判	佐山村	正法寺	聖観音金仏立像壱体	右，琳聖太子御守り観音と申候事,
小郡宰判	佐山村	正法寺	御墓壱ツ	但，琳聖太子の御墓と申伝候事,
小郡宰判	佐山村	正法寺	往古の縁起写	……百済国余章王第三皇子琳聖太子，来朝雖有御思念，万里海上無恙哉思召，仏像渡朝海路有著岸哉，御祈願不浅，皇子至誠之御心徹仏心（中略）無幾程，九州筑前国松浦浜御著船也，従夫当国吉敷郡山口御居城，爰霊像為御安置，大伽藍有御草創……
舟木宰判	末信村	広福寺	《解説》	一，厚狭郡中山村明王山広福寺本堂本尊観音也，往古抑仁王三拾四代推古帝の御時，琳聖大子御来朝の時節，従百済御所持の聖観音なり……
舟木宰判	棚井村	浄名寺	聖徳太子（像）	御長弐尺余，右，南無仏の像．淋聖太子被成御所持，御尊敬ニて，後代当寺え被遊安置候，尤御自作の由，申伝候,
舟木宰判	棚井村	浄名寺	如意輪観音	是は淋聖太子守本尊，作知レ不申候,
舟木宰判	棚井村	浄念寺	《解説》	当寺儀は往古禅宗ニて琳聖太子御建立の古跡の由申伝候，拙僧先祖吉見将堅と申，大内家随身の者ニて罷有候節，上京仕，真宗ニ致帰依本願寺八代目蓮如上人剃刀頂戴仕，法名勝願と申，帰国仕，右の古跡を文明十四年ニ真宗浄念寺と相改，当寺初代ニ罷成候事,
舟木宰判	棯小野村	法泉寺	金仏	一，金仏　壱軀, 右琳聖太子御来朝の節，御持渡被成たる唐仏ニて船中安穏の御仏と申伝候,

行政区画	村名	寺名・神社名	伝説を持つモノ・寺社の由来	伝説の内容
吉田宰判	厚狭村	鴨大明神社	《解説》	右，当社ハ百済聖明王の皇后琳聖太子の御母后なり，於厚狭市御落命故，大内氏洛北の賀茂大明神御勧請被成一所ニ御崇敬被成候事， 附り，皇后琳聖太子の御跡を慕ひ厚狭郡梶浦え御着岸被成候ニ付，其所を宮崎と申候，夫より厚狭市え御越，河辺の石に御休候故，其石を皇后石と申伝，祭礼の節は右の所に御幸相成来候事， 附り，后，百済国より御持来の聖観音，今ニ当社に御座候事，
美祢宰判	秋吉村	八幡宮	《解説》	右当社の儀は百済国帝王来朝，私先社供奉仕，大津郡野波瀬の浦へ御着岸，九月十三日秋吉郷え御幸相成，岩屋と申所ニて崩御シ給ふ，其神霊を一村の奉称惣氏神と候，其後宇佐より八幡宮勧請仕，右神霊会合祭り候の由， （中略） 一，大宮司世代の事， 右百済国帝王供奉の元祖佐々木好信と申，嘉祥元戊辰三月十一日相果，嫡好房・嫡孫好利と申三代相続，永徳の頃名字変仕，阿座上兵庫之助と名乗，其子甚左衛門申由候得とも……
前大津宰判	俵山村	正福寺	《解説》	長門国大津郡俵山郷温泉山正福寺ハ応永年中同郡深川庄瑞雲山大寧寺第三世定庵和尚，俵山ノ温泉開闢ノ時，右ニ薬師ノ尊像を〈行基作〉安置シ，左ニ一宇を創建して金像の如意輪観音を〈琳聖大子持尊仏，従大内家寄進〉安し，寺を温泉山正福寺と号し，附弟を住職とし温泉ノ事を掌しめ，又熊野権現を勧請し仏神の擁護に因て温泉永く繁栄ならしめんとす……
前大津宰判	俵山村	正福寺	当寺本尊如意輪金像観世音	長ヶ七寸座像厨子入，琳聖太子持尊仏，従大内家寄進の由申伝候事，
奥阿武宰判	高佐村	三岳寺	釈迦文殊普賢画像壱幅	……釈迦文殊普賢画像壱幅有之，開山時代琳聖太子持来の三尊と申来候，往古当寺炎焼の時分，焼灰の中ニ尊像厳然として在す由，依之上巻炎に焦ケ今時修幅難成候……
長府領	江良村	神上寺	観音堂	但し琳聖太子御将来，七十二代白河院御宇輔長卿子息豊田御領大和大路堂より安置，当山有之，

注：*《解説》は，各寺社を紹介する地の文．伝来した縁起類ではなく，寺社由来作成時に付せられたもの．
*本文中の〈　〉は割注を示す．

車塚堀」の築造を行なわせている㉔。車塚とは、琳聖太子が乗ってきた車を埋めたところという伝説を持つ古墳で㉕、そのほとりには「多々良宮」という妙見社が祀られていた。家臣を督励し、国衙領にも賦課してなされたこの築造は、大内氏の先祖伝承の地の整備・充実策であり㉖、「大内氏＝琳聖太子子孫」説の領国内に向けての主張と位置づけうるであろう㉗。すなわち、大内氏が朝鮮系の一族であるという説は、大内氏自身によって、日本国内に向けて、一五世紀初頭には、すでに唱えられていたのである。

大内氏が百済王子の琳聖太子を先祖としていたことについては、いくつか先学による研究があり、それ自体は事実ではないことが指摘されている㉘。大内氏の先祖伝承は中世大内氏の発展に伴って唱えられだしたものであり㉙、義弘から政弘に至る五代約一〇〇年の間に素朴・曖昧な段階から具体的かつ確定的なものへと展開したのだとされてきた㉚。百済王子琳聖太子が先祖であるという説が事実ではなく、かつ次第に形成されてきたものであるならば、それは中世大内氏の自己認識としての「先祖観」ととらえることができよう。朝鮮における一五世紀後半以降の同系意識の強まりとその対朝交渉上持った意味を考慮すれば、この先祖観としての百済王子孫説が対朝関係の展開のなかでいかなる経緯をたどって形成されていくのかを検討することは、大内氏の対朝関係の内実を考える上でも、大内氏自身の政治権力としての性格を考える上でも重要な論点となろう。

二　先祖観成立の画期

『朝鮮王朝実録』に則して検討していくと、大内氏の先祖観の形成には、三つの画期が指摘できるように思う。すなわち一三九九年の義弘の家系・出自を示す文書と「土田」要求、一四五三年の教弘の「琳聖太子入日本之記」要求、一四八五年の政弘の「国史」要求である。以下、順を追って検討していきたい。

（1）第一期――一三九九年（大内義弘期）

一段階目は、一三九九年に大内義弘が家系・出自を示す文書と「土田」を要求したことである。これはよく知られている事件であるが、とりあえずその概要を確認しておこう。

［史料13］『朝鮮王朝実録』定宗元年（一三九九）七月戊寅条

日本左京大夫六州牧義弘、伐二九州一克レ之、遣レ使来二献方物一、且言二其功一、(a)上欲レ賜二義弘土田一、以二簽書中枢院事権近及諫官之議一、乃止、(b)義弘請云「我是百済之後也、日本国人不レ知二吾之世系与二吾姓氏一、請具書賜レ之、又請二百済土田一」、下二都評議使司一、(c)考二其家世世一、遠無レ徴、仮以二百済始祖温祚高氏之後一、議給二土田三百結一、（中略、権近らによる反対意見の記述）上亦不レ従曰「(d)義弘向二吾国一、推レ誠破レ賊、其所レ求惟此事、況本非レ要二土地一、乃要レ推二明本系一也、是乃行二虚恵一、而獲二実報一也、何不可之有、設有二後変一、臨機応レ之、又何難乎」、事下二戸曹給田司一曰「(e)日本国六州牧左京大夫義弘、本百済始祖温祚王高氏之後、其先避レ難、徙二於日本一、世世相承、至二于六州牧一、尤為二貴顕一、比年以来、対馬等三島頑民、召二聚兇徒一、侵二擾我彊〔疆〕一、虜二掠人民一、以阻二隣好一、頃者、大相国、以レ義発レ兵、身自督戦、殄二殲其衆一、而辺境人民、得以二寧靖一、使二生民除一レ害、而両国修好、予嘉二乃功一曰、篤不レ忘レ思、有二以報一レ之、(f)惟爾戸曹給田司、其考先祖之田之在二完山一者、依レ旧折給、以為二采地一、用旌二殊勲一」、

（後略）

応永六年（一三九九）、当時の大内氏の当主であった義弘は、朝鮮に対して自分の倭寇禁圧の功を主張した上で、「私は百済の後胤」であるのに、「日本国人は私の家系と出自を知らない」と述べ、自らが百済王系であることを詳しく書いたものと「土田」の賜与を願った（傍線b）。当時の朝鮮国王定宗は、戸曹給田司に「大内氏は百済始祖温祚王

高氏の後であるから完山に土地を賜え」、と指令した（傍線e・f）。ただし、この「百済始祖温祚王高氏の後である」という百済王子孫説を、朝鮮側が明白な根拠を以て真実であると認識していたわけではないことは、「考二其家世一、遠無レ徴、仮以二百済始祖温祚高氏之後一」という表現から明らかである（傍線c）。つまり、大内氏が百済王の子孫であるかないかは、遠い昔のことなので証拠がないが、とりあえず百済始祖温祚高氏の後胤としたというのである。これは、「義弘向二吾国一、推レ誠破レ賊、其所レ求惟此事」という定宗の言葉に示されるように、義弘の倭寇禁圧の功を重んじるゆえの政治的判断であったと考えられる（傍線d）。この家系・出自を証明する文書と「土田」の下賜は、結局、諸臣の大反対にあって沙汰止みとなり（傍線a）、またこの年の末、当の義弘が応永の乱により敗死してしまうので、うやむやのままになってしまった。

ただ、朝鮮王朝内には、大内氏は百済始祖温祚王高氏の後胤であるとする説は残った。これ以後の『朝鮮王朝実録』には「日本大内殿自称百済王温祚之後」[31]のように、大内氏は温祚の後胤と自称しているという認識が散見されるようになり、また大内義弘のことを「高義弘」と表記した例もある[32]。

以上が、一三九九年の事件のあらましであるが、次に、この時期に義弘がなぜこのような要求をしたのかについて、考えてみたい。

すでに第一章において述べたように、応永二年（一三九五）、九州探題今川了俊が召還された後、それまで了俊によって独占されていた感のある対朝通交は活発化し、通交者が増加する。義弘も倭寇の取締りの約束・被虜人送還を軸として活発な通交を行ない、一三九七年に朝鮮側から、「大相国と相談して倭寇の取締りをせよ」と要請されたのを契機として、室町政権と朝鮮王朝との国家間外交の成立を媒介し、日本国王と朝鮮国王を「取次」ぐ役割を果たすようになる。このことは、足利義満が室町政権の九州広域統治機関である探題ではなく、一守護である大内氏を自身の通交の媒介者として選択したと解釈しうる状況である。

このような、九州探題を差し置いて日本国王と朝鮮国王との取次役を務め、今川了俊召還後の日朝関係に主導的な地位を占めているという特殊な立場の説明として、義弘が持ち出してきたのが、自分は百済の末裔であるとする、出自の特殊性だったのではないだろうか。この時期、九州探題渋川満頼も対朝通交を行なっており、九州探題に通交する力がなかったわけではない。また、九州探題に実際に通交する力がなかったにせよ、義弘は、職制上にはその根拠を見出しえない自らの特殊な地位を、九州探題ならびに自分と同様の立場（＝守護）にある少弐氏や島津氏・大友氏などに示す必要があったはずである。そのことは、義弘が「我是百済之後也、日本国人不レ知三吾之世系与二吾姓氏一」と言い、私は百済の後裔であるのに、日本国人はそれを知らないから、それを示すものが欲しいのだと主張した事実に端的に示されていると思う。すなわち義弘にとってこの要求は、正式に朝鮮から朝鮮系の一族であることを証明してもらうことで、自らの地位を競合する勢力に説明し納得させ（ようとす）るという意義を有していたのである。

（2）第二期——一四五三年（大内教弘期）

大内義弘の「土田」等要求の約半世紀後、大内教弘は使者有栄を派遣して、以下のように述べた。

[史料14]『朝鮮王朝実録』端宗元年（一四五三）六月己酉条

日本国大内殿使者有栄、呈二書于礼曹一曰「多多良氏入二日本国一、其故則日本、曾大連等起レ兵、欲レ滅二仏法一、我国王子聖徳太子、崇二敬仏法一、故交戦、此時百済国王、勅二太子琳聖一、討二大連等一、琳聖則大内公也、以レ故聖徳太子、賞二其功一而賜二州郡一、爾来称二都居之地一、号二大内公一、朝鮮今有二大内裔種一否、定有二耆老博洽君子一詳二其譜系一也、大連等起兵時、日本国鏡当四年也、当二隋開皇元年一也、自二鏡当四年一至二景泰四年一、凡八百七十三年、貴国必有下琳聖太子入二日本一之記上也、大内公食邑之地、世因二兵火一而失二本記一矣、今所レ記、則我邦之遺老、口述相伝而已」、（後略）

すなわち、かいつまんで言えば、「かつて大連らが仏法を滅亡させようとして挙兵し聖徳太子がこれと交戦したとき、百済王は太子琳聖に命じて大連を討たせた、この琳聖がすなわち大内公である、聖徳太子は琳聖の功を賞して州郡を賜り、以来、代々その地にちなんで大内公を称している」と自己の先祖について説明し、このことは我国では遺老が口述相伝しているに過ぎず、本記は兵火によって失われてしまっている、朝鮮には『琳聖太子入日本之記』があるはずだから貰いたい、というのである。この「大連」は物部守屋を想定しているのであろう。物部守屋は南北朝期に、大内氏によって長門を逐われた厚東氏が先祖としていた人物である。

これに対して当時の朝鮮国王端宗は、春秋館集賢殿に命じて調べさせ、「古籍書」を調査してこれを与えた。注目したいのは、この「古籍書」に引かれる「古書」の内容（史料15）が、一三九九年に義弘が「土田」などを要求した際に、定宗が戸曹給田司に下した指令（史料16）とよく似ていることである。

〔史料15〕『朝鮮王朝実録』端宗元年（一四五三）六月己酉条

古書有云、日本六州牧左京大夫、百済温祚王高氏之後、其先避レ乱、仕二於日本一、世世相承、至二于六州牧一、尤為二貴顕一、比年以来、対馬等三島、嘯二聚兇徒一、侵二擾我彊一、虜二掠人民一、以阻二隣好一、頃者、大相国、以レ義発レ兵、六州牧、身自督戦、殄二殲其衆一、由レ是辺境寧靖、生民安業、而両国修好、

〔史料16〕『朝鮮王朝実録』定宗元年（一三九九）七月戊寅条

日本国六州牧左京大夫義弘、本百済始祖温祚王高氏之後、其先避レ難、徙二於日本一、世世相承、至二于六州牧一、尤為二貴顕一、比年以来、対馬等三島頑民、召二聚兇徒一、侵二擾我彊〔疆〕一、虜二掠人民一、以阻二隣好一、頃者、大相国、以レ義発レ兵、身自督戦、殄二殲其衆一、而辺境人民、得以二寧靖一、使二生民除レ害、而両国修好、

ところどころ字句の移動は見られるが、ほぼ同文である。おそらくここでいう「古書」とは、定宗が戸曹給田司に下した指令のことを指しているのであろう。一三九九年に書かれたものが、一四五三年に「古書」として引用されてい

るという関係が見て取れる。

ここで注目したいのは、ひとつは一三九九年段階では、大内氏は漠然と自分は百済の後胤だと主張したに過ぎなかったのに対し、この段階では、自己の先祖として「百済国王の太子琳聖」なる具体的な人名を挙げ、彼が日本に来た由来として、聖徳太子信仰とも関わる物語を語っている点である。先に触れたように大内氏は、一三九九年には朝鮮王朝から「百済温祚王高氏之後」とされ、応永一一年（一四〇四）には自分の先祖は「百済国琳聖太子」だと述べた願文を作成するに至っている。その半世紀後には、以上のような琳聖太子日本渡来譚が形成され、朝鮮側に披露されたことになる。

もうひとつは、証拠はないが仮にそういうことにしておくと意識された上で、「大内氏は百済始祖温祚高氏の後であるので完山に土地を賜え」とした定宗の戸曹への指令が、そのような留保をつけないまま、大内氏の先祖について語る古書として引用されたことである。このことは、大内氏は百済王の後胤であるという言説が、朝鮮王朝のなかで真実として広まっていくひとつの契機となったであろう。本章第一節で、一五世紀後半には、朝鮮王朝の大内氏に対する認識は同系を理由とする信頼が基調となっていくことを指摘したが、この事実はこのことと符合している。

さらに注目すべきは、大内殿使有栄が『琳聖太子入日本之記』を要求した一ヵ月後の七月に、通信符が鋳造されていることである。大内氏の通信符が、ほかの倭人に与えられていた図書とは、まったく形状・使用法の異なるものであり、したがって一般の通交者と大内氏を差異化するのに役立つものであったことは、第一章で明らかにしたとおりである。この通信符の存在と併せ考えるならば、教弘の『琳聖太子入日本之記』要求は、結果として同系であることをアピールすることにより朝鮮国内に親和感をもたらし、優遇された貿易上の地位を示す象徴としての通信符の獲得という成果をもたらしたと評価することができよう。

（3）　第三期―一四八五年（大内政弘期）

三番目の画期は、一四八五年の大内政弘の「国史」要求である。

［史料17］『朝鮮王朝実録』成宗一六年（一四八五）一〇月甲申条

礼曹正郎鄭光世、将二大内殿使僧元粛書簡数幅一来啓、其一曰「温祖百済国王余璋第三子、日本国来朝、隋大業七年辛未歳也、自来九百余年矣、于今綿綿不レ絶焉、琳聖父曰余璋、璋父曰余瑁、瑁父曰余慶、自レ此以上、王代名号不二記知一、以下其身在二日本国一而契二継図於百済国昔年一之故上、不レ可レ不レ知二其温祖之事業一、殿下定可レ有二国史一、余慶以上王代之名号命写賜レ之、僧元粛謹言」、（中略）伝曰「百済温祚之後世系、令二弘文館略書一賜レ之」、

すなわち、一四八五年に朝鮮に来航した政弘の使者が、琳聖太子の曾祖父以上の名前や事績が伝わらないことを述べ、「国史」の賜与を願ったのに対し、朝鮮国王成宗は弘文館に「略記してこれを賜え」と命じたのであった。

ところで、大内氏の氏寺である興隆寺には、以下のような文書が伝わっていた。

［史料18］「文明一八年一〇月二七日大内氏家譜写」（『大内氏実録土代』一六、東京大学史料編纂所架蔵謄写本(33)）

推古天皇十七年己巳、有二大星一、周防国都濃郡鷲頭庄青柳浦在二松樹上一、七昼夜赫々不レ絶、国人奇レ之時、神託二巫人一曰、異邦太子将二来朝一、故北辰下臨以鎮護之云々、因改二地名一曰下松浦、尊二称其星一曰妙見尊星王大菩薩、立レ社以祭レ之、居経二三年一、辛未歳、百済国琳聖太子来朝（以上a）、始扶余王金蛙得二女子於大白山南一、問レ之曰、我河伯之子、有レ罪讁二于此一、蛙異レ之、幽二於室中一、遂見レ日有レ身、生二一卵一、蛙棄二之於野一、犬豕牛馬皆避而不レ傷、有二一男子破レ㲉〔殻〕而出一、骨相英奇、年甫七歳、自作二弓矢一射レ之、発莫レ不レ中、名レ之曰二朱蒙一、蓋国俗云二善射者一為二朱蒙一也、蛙七子技能皆不レ及二朱蒙一、以レ故乞レ父早除レ之、朱蒙覚二必不一レ免、遂去レ之、至二淹滮水一無レ梁、追者将レ急、於レ是祝曰、我是天帝之子、河伯外甥、今日事急、何不レ相二救少一焉、魚鼈為レ梁、朱蒙得レ渡則解、至二卒本扶余一、沸流水上都焉、自立為二王国一、号二高句麗一、実漢建昭二年也、朱蒙薨、謚曰二東明一、子類利嗣為二高

句麗王一、其弟温祖《ママ》避レ之、朝二於河南慰礼城一、以二十臣一為二輔国一、故国号十済、後改二百済一、自二温祖王一世々相二承於百済一、以至二聖明王一、琳聖太子乃聖明第三子（以上b）、生平有下欲レ奉レ拝二肉親如来一之誓上、不レ棄二昼夜一、忘二於寝食一、企レ之者年久、一夜白髪沙門来二告于夢一曰、前仏已去、後仏未レ興、於二其中間一、刻レ木画レ像、以準二真仏一、雖レ不二持戒一、而以二剃髪染衣一、比二之聖老一、澆季末法之世、固難レ遭二如来之教法一、雖レ然、汝懇念無二一、以レ故相諭、去比東海有レ国曰二日本一、其国皇子曰二聖徳太子一、乃過去正法明如来入二重玄門一猶レ居二菩薩地一、今降二誕于日本一、興二隆仏法一、済二度衆生一、観世音薩《ママ》是也、琳聖太子歓喜無レ極、遂装レ船而渡二溟海一、抵二周防国多々良浜一、琳聖既謁二聖徳太子於荒陵一（以上c）、乃以二周防大内県一為二采邑一、賜二姓多々良氏一、其後胤相継綿々不レ絶（以上d）、（中略）

今茲春、因レ有二夢瑞一、奏二請当山之篇署及　勅願寺一、於レ
朝尋有レ　詔、使三侍従中納言実隆卿尋二当山之致一、因以二此一巻一備二
叡覧一、於レ是当山之篇署被レ染二
宸翰一、拝二　勅願寺　宣旨一所二下賜一如レ斯、

文明十八年丙午十月二十七日　　従四位下多々良朝臣政弘

此一巻者、依二氷上山当住真光院権僧正法印行海所望一、染二禿毫一者也、

天和三年八月十四日　　天台座主二品堯恕親王書

この史料は、文明一八年（一四八六）、政弘が興隆寺を勅願寺にする際に、後土御門天皇から興隆寺の概観を尋ねられて作成した文書を、天和三年（一六八三）、興隆寺真光院の行海に請われて天台座主が書写したものの写である。天台座主の書写ではないが、やはり文明一八年一〇月二七日の年記を持つ、これとよく似た内容を持つものが、「別本

大内系図」の前書に掲げられている。この「別本大内系図」は奥書によれば、周防龍福寺で書写されたものである。また周防常栄寺で筆写した旨が見える、「別本大内系図」の前書と同文のものが、「大内多々良氏譜牒」と題されて、多賀社文庫に残されている。(34) 龍福寺は大内義隆の菩提寺であり、周防常栄寺は大内盛見の菩提寺である周防国清寺の後身である。つまり、この文明一八年の年記を持つ史料は、大内氏ゆかりの寺々に伝わったものなのである。

『実隆公記』・『お湯殿の上の日記』を参照してみると、文明一八年（一四八六）段階において確かに、政弘が興隆寺を勅願寺にするために動いていることがわかる。

[史料19]『実隆公記』（続群書類従完成会）文明一八年七月四・五・二〇日条

四日、（中略）在重来、周防国氷上山勅□事大内申請之旨相談之、（後略）

五日、（中略）抑氷上山額事、経二奏聞一処、御思案追而可レ被二仰下一之由也、（後略）

廿日、（中略）抑氷上山勅額幷勅願所事、不レ可レ有二子細一之由被二仰下一、祝着畏之由申入了、

[史料20]『お湯殿の上の日記』（『続群書類従』補遺三）文明一八年八月一六日条

十六日、つくしの《（筑紫、ママ）》みかみ《（氷上）》山のかく《（額）》とておうち《（大内）》申よし、侍従中納言とり申さるゝ、御すみつけていたさるゝ、（後略）

すなわち、文明一八年の夏、大内政弘は、侍従中納言三条西実隆を通じて興隆寺を勅願寺にすることを申請し、八月に許可された。そして一〇月にこの史料を作成し、おそらく後土御門天皇に提出し、また一部を手元に残したのであろう。(35)

この史料は、前半は大内氏の由緒について語り、後半（中略部分）は興隆寺の寺観について語っている。興隆寺の寺観を尋ねられて作成したとしているが、実際は大内氏の家系を述べることに主眼が置かれている。いわば、家譜という性格を持つ文書なのである。

前半部の内容を検討してみよう。（（ ）アルファベットは史料内に付した（ ）アルファベットに対応。）

（a）推古天皇一七年、周防国都濃郡鷲頭庄の松の上に、異国王子の来朝を保護するために大星が下りてきた。土地の人はこれを「妙見尊星大菩薩」と尊称した。その三年後、百済国琳聖太子が来朝した。

（b）扶余王は太白山の南で、河伯の娘であると名乗る女を得た。女は日光に照らされて妊娠し、卵を生んだ。卵の中から生まれたのが朱蒙で、これが扶余から逃れて建てたのが高句麗である。朱蒙の子温祚が高句麗を逃れて建てたのが百済で、温祚より代々受け継いで聖明王に至った。この聖明王の第三子が琳聖太子である。

（c）生身の菩薩を見たいと念願していた琳聖太子は、お告げによって日本に渡り、まず周防国多々良浜についた。そして荒陵で観世音菩薩の生まれ変わりである聖徳太子と面会した。

（d）琳聖太子は周防国大内県を采邑として賜り多々良氏という姓を賜った。その後胤は代々続いている。

大内氏が妙見を氏神としていることは、すでに指摘があるが、[36]（a）において、その妙見信仰がまず示される。次いで（b）では高句麗・百済の建国神話が語られる。（c）には聖徳太子信仰の影響が認められる。すなわち、この「家譜」における大内氏の先祖観は、妙見信仰と高句麗・百済の建国神話と、聖徳太子信仰の混合という特徴を有するのである。[37]

ところで、ここで語られる高句麗・百済の建国神話は、『三国史記』の記述と酷似しており、その抜粋要約のような形になっている。やや長いが、『三国史記』の該当部を以下に引用してみよう。

［史料21］『三国史記』巻一三「高句麗本紀第一 始祖東明聖王 琉璃王」

始祖東明聖王、姓高氏、諱朱蒙、（中略）金蛙嗣レ位、於レ是時、得二女子於太白山南優渤水一、問レ之曰、我是河伯之女、名柳花、与二諸弟一出遊、時有二一男子一、自言二天帝子解慕漱一、誘レ我於二熊心山下鴨淥辺室中一私レ之、即往不レ返、父母責二我無レ媒而従レ人、遂謫二居優渤水一、金蛙異レ之、幽二閉於室中一、為二日所レ炤、引レ身避レ之、日影又逐而炤レ之、因而有レ孕、生二一卵一、大如二五升許一、王棄レ之与二犬豕一、皆不レ食、又棄二之路中一、牛馬避レ之、後棄二之野一、鳥覆翼レ之、王欲レ剖レ之、不レ能レ破、遂還二其母一、其母以レ物裹レ之、置二於暖処一、有二一男子破レ殻而出一、骨表英奇、年甫七歳、嶷然異常、自作二弓矢一射レ之、百発百中、扶余俗語善射為二朱蒙一、故以名云、金蛙有二七子一、常与二朱蒙一遊戯、其伎能皆不レ及二朱蒙一、其長子帯素言二於王一曰、朱蒙非二人所生一、其為レ人也勇、若不二早図一、恐有二後患一、請除レ之、王不レ聴、（中略）王子及諸臣又謀二殺之一、（中略、朱蒙は、）行至二淹淲水一一名蓋斯水、在今鴨淥東北、欲レ渡無レ梁、恐レ為二追兵所一レ迫、告レ水曰、我是天帝子、河伯外孫、今日逃走、追者垂及如何、於レ是魚鼈浮出成レ橋、朱蒙得レ渡、魚鼈乃解、追騎不レ得レ渡、（中略）至二卒本川魏書云至、紇升骨城一、観二其土壌肥美山河険固一、遂欲レ都レ焉、而未レ遑レ作二宮室一、但結二廬於沸流水上一居レ之、国号高句麗、因以レ高為レ氏、（中略）十九年夏四月、王子類利、自二扶余一与二其母一逃帰、王喜レ之、立為二太子一、秋九月、王昇遐、時年四十歳、葬二龍山一、号二東明聖王一、

瑠璃明王立、諱類利、（後略）

［史料22］『三国史記』巻二三「百済本紀第一　始祖温祚王　多婁王　已婁王　蓋婁王　肖古王」

百済始祖温祚王、其父鄒牟、或云朱蒙、自二北扶余一逃レ難、至二卒本扶余一、扶余王無レ子、只有二三女子一、見二朱蒙一知二非常人一、以二第二女一妻レ之、未レ幾扶余王薨、朱蒙嗣レ位、生二二子一、長曰沸流、次曰温祚或云朱蒙到卒本娶、越郡女、生二子、及下朱蒙在二北扶余一所生子来為中太子上、沸流・温祚恐レ為二太子所一レ不レ容、遂与二烏干・馬黎等十臣一南行、（中略）温祚都二於河南慰礼城一、以二十臣一為二輔翼一、国号十済、（中略）改号二百済一、其世系与二高句麗一同出二扶余一、故以二扶余一為レ氏、（後略）

この高句麗・百済の建国神話の部分は、大内氏が百済琳聖太子の子孫を称する初見として福尾猛市郎氏が指摘している、盛見の時期の「興隆寺本堂供養願文」・「興隆寺本堂供養日記」の記述や、教弘の『琳聖太子入日本之記』要求の

際の主張には見られない。ここに、先述した一四八五年の「国史」要求の記事が、想起される。

すなわち、一四八五年の「国史」要求とその賜与が、この「家譜」作成の前年だったことを考慮するならば、「国史」要求は、「家譜」作成のために必要とされて、なされたものであったと言えよう。そして、その「家譜」が、『三国史記』に酷似していることに注目するならば、このとき賜与された弘文館が略記したものとは、『三国史記』もしくはその抜粋であった、と言えるだろう。つまり、政弘は自己の家譜の作成のために、朝鮮に「国史」を要求し、それに応えて朝鮮は、「国史」＝『三国史記』もしくはその抜粋を与えたのであった。(38)

しかし、それではなぜこのとき、政弘は興隆寺を勅願寺とし、それに際してなぜ、自己の系譜をアピールするような文書を作成する、という行動に出るのであろうか。次節ではこの点について考えてみたい。

三　先祖観の肥大化と室町政権

(1)　文明一八年（一四八六）の政弘の行動

前節で指摘したように、文明一八年（一四八六）に大内政弘は自らの氏寺を勅願寺とすることに成功し、前年に朝鮮から貰ってきた史料をもとに、「家譜」を作成した。政弘のこのような行為の意義を探るために、まず文明一八年の政弘の行動をたどってみることにする。

興隆寺の勅願寺化申請が行なわれる以前の六月、政弘の父教弘への贈三位が行なわれている。(39) これは近衛政家の口入によるものである。次いで七月には、三条西実隆を通じて、興隆寺の勅願寺化を申請した。勅願寺化の許可が下りたのは、八月である。九月には、家臣に対し、大内重弘・弘幸・弘世・義弘・盛見・持世・教弘の各菩提寺に年忌ごとに出仕するよう定めている[40]。一〇月二七日には京都から下された勅額を前年新築した興隆寺の門に掲げた[41]。ちなみに「家譜」の作成日付も一〇月二七日になっており、勅額を掲げた日と一致する。

三位贈位獲得は、大内一族のなかで、とび抜けた地位を教弘に与えることであり、したがってその子である政弘の地位を同時に高めるものである。序章に掲げた系図（一四頁）に示したように、教弘以前の大内氏は従四位下あるいは従四位上で、教弘自身も生前の位階は従四位下にすぎなかった。政家が日記に、「於彼家者、上階今度之儀始云々[42]」と記すように、大内氏にとって三位という位は確かに破格であったのである。文明一一年（一四七九）段階で足利義政が、「武家が三位になった例はない」（後述）としていることからも、従三位という位が大内氏にとってのみならず、ほかの守護に比しても破格であったと言えるであろう[43]。

また、父祖の年忌出仕の強要には、政弘に至る大内歴代当主を整理し確定するという意味があった。大内氏はこれ以前、たびたび内紛を経ており、歴代の当主の変遷は、必ずしも明らかではなかったからである[44]。

一方、興隆寺は大内氏にとって、領国結集という意味を有する寺であった。すでに第三章で詳述したように、応永一一年（一四〇四）二月、大内盛見は興隆寺本堂供養を盛大に執り行なった。この供養に際しては、京都から願文が取り寄せられ、また儀式の場では、大内弘茂に味方して盛見に敵対した満世が、盛見の次席を占めるなど、応永の乱およびその後の大内一族の家督をめぐる内紛が、盛見の優位という結果をともなって終結し、平和が回復したことが、視覚的に示されるような工夫がなされていた[45]。すなわち盛見は、興隆寺を舞台として領国の秩序回復を計ったのである。このような場所として機能する興隆寺を勅願寺化することは、大内氏自身が室町政権の有力な一員であることを家臣団に示すことになる。

そしてその勅願寺化を視覚的に示す勅額の掲示がなされた、まさにその日に合わせて後土御門天皇に提出するためという形式で、家譜が完成される。家譜を整えることは自身の先祖観を明示することであるが、政弘は、朝鮮王朝から賜与された「国史」に基づいて百済王の系譜をたどり、義弘・教弘の二段階を経て肥大化してきた大内氏の百済王子孫説をそれに接合させることで、より説得な形で自らが百済王の系譜に連なることを示したのである。

つまり、文明一八年（一四八六）の政弘の行動は、父親を朝廷の位階で荘厳し、大内歴代当主の整理確定を行ない、さらに氏寺を勅願寺化してそれを視覚的に示すとともに、朝鮮王朝からわざわざ史料を取り寄せてそれに基づいた百済王系を示す家譜を整える、という動きであったとまとめることができる。文明一八年の政弘の行動は、大内氏当主としての自らの存在を正統化し権威化するものであったと評価できよう。この場合の「権威」とは、一方では、父親への三位贈位の獲得と興隆寺の勅願寺化に示されるように、室町政権に由来し、もう一方では、遠く扶余の時代まで遡って正統なる百済王系である、とアピールしたことに示されるように、朝鮮に由来する。政弘は自らの存在を、室町政権・朝鮮の、二つの「権威」を使って荘厳したのである。

この政弘によって選択され、演出された二つの「権威」は、一体どこに向けて機能することが期待されるものであったのか、このような「権威」が、権威として機能しうるような状況は、一体どのようなものであるのか、検討すべき課題は多い。しかしここではまず、前者を考える一助として、政弘が、自分が大内氏の正統な当主であり、室町政権内に高い地位を占める存在であり、百済に出自を持つのだ、と主張しなければならない必然性について、教弘死去前後の状況まで遡って、考えてみることにする。

（2）大内政弘の行動の背景

寛正六年（一四六五）九月、出陣中だった大内教弘は伊予興居島で病死した[46]。この出陣は、そもそもは、幕府の命に応じて河野通春を攻めるためのものであったが、教弘は密かに河野通春と通じ、次いで公然と味方するに至り、その直後に死去したのである。細川勝元は、これを評して天罰だと言っている[47]。教弘について出陣していた政弘は、引き続き河野通春に味方して幕府軍を攻めた。そこで足利義政は、政弘追討の命を下した(48)。応仁元年（一四六七）、応仁文明の乱がはじまると、政弘は、山名氏の要請に応じて京都に出兵し、西軍方となった(49)。これに対して義政は、応仁二年（一四六八）、政弘とその与力の輩の分国を攻略するよう、九州諸勢力に対して命を下した(50)。

さらに義政は、文明二年（一四七〇）二月四日以前、教弘の兄で政弘の伯父にあたる大内道頓（教幸）に命じて、山名・大内領国を攻略させている(51)。これは道頓を大内氏当主として認めた上でのものであったらしく、これを受けて同年二月九日には、杉・内藤などといった大内氏の主だった家臣が、道頓およびその嫡子嘉々丸を推戴する旨の起請文を提出し(52)、軍事行動を開始した。これにともない、政弘が京都に率いていった軍勢にも動揺が起こり、東軍に参じ、次いで領国に下って、道頓に与する者も出た(53)。

文明二年（一四七〇）から三年にかけて、周防・長門・石見・安芸において、道頓方と、政弘方の陶弘護との間で戦闘が行なわれ(54)、その結果、道頓は文明三年（一四七一）、陶弘護に敗れて豊前に逃れた(55)。この時期、九州では、大友氏・菊地氏が反大内氏的な行動をとり、また、文明元年（一四六九）より、筑前国は少弐氏のおさえるところとなっていた(56)。政弘は、このような九州情勢を懸念して、降を乞い、帰国しようとまでした(57)。

文明九年（一四七七）一〇月、前年からの和平交渉が実り、政弘は東軍方＝義政方へ参り、従四位下左京大夫の官位と防長豊筑の四ヵ国および諸処の所領を安堵されて、一一月、帰国した。この政弘の帰国と前後して西軍方諸将は国に帰り、応仁文明の乱は終わりを告げた(58)。

以上の経過から明らかなように、政弘は当初、室町政権から追討される権力として出発し、応仁文明の乱では西軍に属していた。文明二年（一四七〇）段階では、義政は大内氏の当主として道頓を認め、それに呼応して道頓を推戴する家臣団の動きもかなり見られた。教弘の後継者としての政弘の立場は、極めて危ういものであったのである。

しかも道頓は、独自に朝鮮と通交を行なっていた（表2参照）。それは、この動きに先立つ一四五四年から見られる、[59]一年一隻の定約を結んで来航しているもので、[60]「巨酋使」としての大内氏の通交に比べればささやかなものではあった。しかし、「巨酋使」としての大内氏とは別に、独自に朝鮮通交を行なっていたことは注目に値しよう。それが大内氏の長い対朝関係のなかで、例外的に偽使が発生した時期であることを考えればなおさらである。第一章で述べたように三回の偽使のうち、少なくとも二回は、大内氏の内情に詳しい者の関与を想定できるのである。この偽使派遣に道頓が関与していたとする明確な史料は、今のところ見出せていないが、この偽使発生と大内氏一族の内紛との関係は検討する余地があるように思う。

こうした情勢のなか、帰国して領国秩序の自己のもとへの再編成に取り組んだ政弘としては、まず、自らの地位の正統化のため、自らの系統を大内一族のなかでも超越したものにする必要があった。より具体的に言えば、応仁文明の乱の終結まで、室町殿の公認権力として存在していた道頓を、[61]自らの下位にある簒奪者として位置づける必要があったのである。

この必要を満たすための方法として、政弘がまず行なったのは、自らの父親の教弘の位階を引き上げることであった。

文明九年（一四七七）一一月に帰国した政弘は、翌文明一〇年（一四七八）の夏から秋にかけて筑前に出兵し、少弐氏と戦って、博多を回復した。[62]同年、一条兼良に口入を頼み、教弘の三位贈位の実現を図り、文明一一年（一四七九）六月には、使者を京都に派遣して、小槻晴富を通じてその催促をしている。[63]同年九月、一条兼良は贈位について執奏したが、後土御門天皇は、贈位のことは武家執奏によるべきで直に勅許はなりがたい、と返答した。[64]兼良は、久しく不知行化していた家領の周防国屋代荘が近年大内氏から返されてきたが、この贈位申請の取次が不首尾に終われば、再び横領されてしまうであろう、どうか所領を一ヵ所わたくしに下さると思って、この贈位申請をかなえてやってく

表 2　大内教幸の朝鮮通交一覧

年月	和年号	通交者	同行者	通交理由
1454. 9	享徳 3	筑後州野部荘寓居大内進亮多多良朝臣	—	献土物
1456. 正	康正 2	大内進亮多多良朝臣教之	—	献土物
1459. 8	長禄 3	関西道周坊州多多良別駕教行	—	献土物
1463. 7	寛正 4	西海道周防州大内進亮多多良別駕教之	宗盛家・宗盛弘・小早川持平	献土物
1464. 8	寛正 5	西海道防州山口居住大内進亮多多良朝臣教之	（少弐）教頼・（島津）盛久・島津持久・源高ら	献土物
1465. 5	寛正 6	西海路周防州山口居住大内進亮多多良朝臣教之	宗盛直ら	献土物
1466. 8	文正 元	西海路周防州住大内進亮多多良朝臣教之	宗成職・宗貞秀ら	献土物
1470. 6	文明 2	周防州山口居住大内進亮教之	宗貞国・宗盛家・宗盛弘・宗盛俊・市来国久	献土宜
1471. 5	文明 3	周防州山口居住大内進亮教之	宗貞国・宗貞秀・源吉ほか	献土宜
1472. 6	文明 4	周防州大内進亮教之	—	献土宜
1474. ⑥	文明 6	周防州山口居住大内進亮教之	源納・源盛・島津持久・源経・宗盛俊	献土宜
1476. 10	文明 8	周防州大内進亮教之	源義	献土宜
1478. 5	文明 10	周防州大内進亮教之	源義・藤原職家・崇睦	献土宜
1480. 11	文明 12	周防州山口居住大内進亮教之	—	献土宜
1482. ⑧	文明 13	周防州山口居住大内進亮教之	源永氏・教信・藤原貞成・源茂・宗貞国・宗貞秀・藤原職家・宗盛俊・宗国吉	献土宜
1485. 11	文明 17	西海路周防州大内進亮教之	源実次・源祐位・教信・源義・宗貞国・崇統	献土宜
1488. 2	長享 2	周防州山口居住大内進亮教之	宗貞国	献土宜
1488. 11	長享 2	周防州山口居住大内進亮教之	大友親繁・菊池為幸・宗貞国	献土宜
1489. 8	長享 3	周防州山口居住大内進亮教之	源納・宗茂家	献土宜
1490. 4	延徳 2	周防州山口居住大内進亮教之	宗貞国・宗盛俊・宗貞秀	献土宜
1491. 4	延徳 3	西海路周防州山口居住大内進亮多多良教之	源納・那久野頼永・源永・源満・小早川持平・宗貞国・宗盛俊・宗茂勝・宗職家	献土宜
1492. 4	延徳 4	周防州山口居住大内進亮教之	源勝・那久野頼永・藤信重・宗貞秀・宗茂勝	献土宜
1493. 7	明応 2	周防州山口居住大内進亮教之	源納・本城源一・宗盛弘	献土宜
1495. 2	明応 4	西海路周防州山口居住大内進亮多多郎朝臣教之	宗貞秀・源弘・宗茂勝・源納・源満	献土宜
1499. 11	明応 8	西海路周防州山口居位大内進亮多多良臣朝臣教之	—	献土宜
1502. 正	文亀 2	西海路周防州山口居住大内進亮多多良朝臣教之	千葉元胤・源武ら	献土宜

備考：1455 年 7 月，朝鮮が倭人に日本事情を問うたなかに「多多良朝臣とは何者か」とあり，「大内殿の兄で大友殿の地に寓居しその半ばを治めている」という返答を得ている記事が『朝鮮王朝実録』内にある．
1474 年 11 月，朝鮮が宗貞国への書のなかで，大内教之は毎年 1 船と定められた者なのに前倒しという形で 1 年に 2 度送ってくるのは奸計であると非難している記事が『朝鮮王朝実録』内にある．

れと哀訴したが[65]、後土御門天皇を説得することはできなかったらしい。そこで大内氏の在京雑掌である東周興文は、翌閏九月、改めて日野富子に贈位要請をした[66]。富子は、義政にその旨を直に取り次いだが、義政は「武家者三位事不レ可レ有二先規一」、武家が三位になるのは先例がないと拒否した[67]。このことに抗議する意味もあってか、政弘は隠居すると言い出し、止められていることが確認できるが[68]、結局、このときの贈位申請は失敗に終わった。しかし、このことから明らかなように、政弘は、教弘への贈位を、応仁文明の乱後の領国内における自己の地位を全うするために、緊急に必要であると考えていたのである[69]。

（3）文明年間における「大内氏＝百済王系」をめぐる言説の検討

ところで、大内政弘が自己の家系を百済王系として明示したいという欲求を持っていたことは、これ以前より確認できる。

[史料23]『大乗院寺社雑事記』（増補続史料大成）文明四年（一四七二）五月二七日条

一、成就院ニ参申、故大内影讃申入之、金少々、北絹進二上之一云々、大内者本来非二日本人一、蒙古国者也、或又高麗人云々、其船寄二来于多々羅浜一之間、則以二其所之号一、為二多々羅氏一、於二中国九州一一族数輩在レ之、希有事也、（後略）

[史料24]『大乗院寺社雑事記』文明七年（一四七五）八月一四日条

一、大内従四位下左京大夫政弘卅、氏ハ多々羅朝臣也、百済国聖明王末也云々、先祖来二日本国一之時、著二岸多々ラ浜一之故、則末流称二多々ラ氏一、大内郡ニ住故、号二大内一也、代々為二周坊助〔防介〕一、建武以来、補二長門・周坊〔防〕両国之守護一、依二尊氏将軍之命一也、義弘来為二左京大夫一云々、

[史料25]『新撰姓氏録』（『群書類従』第二五輯「雑部」所収）奥書

天下衆庶之姓氏録者、宮中古今之肝心抄也、大内左京兆令二一覧一給、被二写置一レ之、而依二彼尊命一、加二此奥書一矣、

文明七年乙未十月日

造東大寺次官正四位下左大史小槻宿禰判

すなわち政弘は、文明四年（一四七二）、尋尊をつうじて一条兼良に「故大内影讃」＝教弘の肖像画の讃を求めた。その結果、尋尊には「大内氏は、蒙古か高麗の子孫であるらしい、九州・中国に一族が何人かいる、珍しいことだ」という認識が生まれた（史料23）。

文明七年（一四七五）には『新撰姓氏録』を写している[70]。これは、自分の先祖を明らかにしようという政弘の欲求を如実に示している（史料25）。

同年の『大乗院寺社雑事記』の記述は、前後の脈絡がはっきりせず、尋尊が何のためにこのように書きとめたのかはわからない。しかし、三年前の文明四年、「大内氏は蒙古か高麗の子孫であるらしい」という程度だった尋尊の認識は、この段階で、「大内氏は百済聖明王の子孫である」というように、具体化されていることは確認できよう（史料24）。したがってこの時期、大内氏が何らかの形で、自己が百済王系であることを京都において宣伝していたのではないかと想定できる。

また文明九年（一四七七）二月には、政弘は、京内の自陣の良方に妙見菩薩を勧請している[71]。このときの勧請告文を清書したのは、聖護院准后道興である。道興は近衛房嗣の子で、近衛政家とは兄弟になる。また、室町殿とも密接な関係を有していた[72]。このような人物に「此霊神妙見大菩薩波推古天皇十九年辛未、周防国下松尓照降百済国聖明王第三皇子琳聖太子来朝乎為二守護一下降云々、曩祖琳聖嫡子正恒多々良姓於賜布[73]」と書かせることは、大内氏が百済王系であることを室町政権内に宣伝することとなろう。つまり、百済王系としての家譜を整え、それをアピールしようという志向は、応仁文明の乱中にはすでに芽生えていたのである。

文明一一年(一四七九)、大内政弘は自らの家督の地位確定と、応仁文明の乱後の領国秩序の再編成のための手段として、父親に対する贈位要求を行なった。これが、応仁文明の乱中から芽生えていた、家譜を整えようという志向と結びついて、政弘の自らの存在を荘厳する一連の動きの一環として実現したのが、文明一八年(一四八六)のことであった。文明一八年の一連の行動の意義を集約的に表しているのは、「家譜」であるが、その作成のための重要な史料となったのは、朝鮮から貰ってきた「国史」だったのである。

おわりに

以上、本章では、朝鮮における大内氏への同系意識と、日本における琳聖太子伝説の流布の両方に注目して、その内容を検討し、さらに大内氏の先祖観としての百済王子孫説の形成過程を対朝関係の展開上に追い、画期を析出するとともに、その背景を考察した。

第一章で検討したように大内氏の対朝関係は五期に時期区分することができ、開始→直接通交の途絶→直接通交の再開→偽使の通交→請負通交の展開、という推移をたどった。大内氏の先祖観はこの対朝関係の推移と密接に関係しながら、大内氏のその時期固有の必要に基づく三段階の画期を経て肥大化した。この大内氏の先祖観の形成過程は、朝鮮の大内氏認識にも大きな影響を与え、その結果確立した同系意識は、本章第一節で詳細に見たように対朝関係を有利・円滑に運営する外交修辞として大いに活用された。

しかしながら大内氏にとって、自らが百済の出自であると主張し、その確認を朝鮮に求め、その精度を高めることは、対朝関係上の意義のみにとどまるものではなかった。自らの出自を朝鮮に求め、朝鮮王朝からそれを確認してもらうことは、「日本国内」においても現実的な意味を持ちうるものであった。少なくとも、大内氏はそう判断していた。興隆寺の勅願寺化に際して、後土御門天皇の叡覧に備えるという形式で作られた「家譜」や、文明年間（一四六九—八七）における京都での大内氏の行動、ならびに大内氏の先祖観をめぐる言説とは、明らかに百済出自をアピールすることが、領国支配の上でも、対「国内」外交の上でも、プラスになると、大内氏に判断させる状況があったことを示すものである。この点を考慮すれば、大内氏が先祖観を披露する相手の意識もまた、「朝鮮蔑視観」のみではなかったと言えよう(74)。大内氏の先祖観が日本「国内」に広く浸透していたさまは、近世、旧大内氏領国において、琳聖太子伝説が色濃く分布していることからもうかがうことができる。また、天文二一年（一五五二）、自害した大内義隆に代わって、大内氏当主として迎えられた大内義長は、豊後から船で周防多々良浜に上陸し、そこから大内氏の館があった山口に入っている(75)。これは明らかに琳聖太子の故事を踏まえたもので、百済王に系譜を求める大内氏の先祖観が、大友氏出身の義長を、大内氏当主として正統化する装置として機能する、と判断される程度に、中国西部・九州北部に受容されていたことが読み取れる。

さらに注目したいのは、大内氏は、百済王系を掲げるのと同時に、朝廷の位階を求め、氏寺の勅願寺化を図っていたという点である。このことは、中世大内氏が単に朝鮮だけを権威として選択したのでもなかったことをはっきり示しており、「朝鮮蔑視観」・「朝鮮大国観」という言葉では割り切れない中世大内氏の国際意識あるいは権威意識の複雑なあり方の一面をうかがわせる(76)。と同時に、室町政権・朝鮮王朝双方との関係を、権力形成と維持に不可欠なものとして存立していた中世大内氏の特質を象徴的に示している。

（1）『海東諸国紀』（田中健夫訳注、岩波書店、一九九一年）。
（2）『朝鮮王朝実録』成宗二一年（一四九〇）九月丁卯条。

（3）『続善隣国宝記』（田中健夫編『善隣国宝記・新訂続善隣国宝記』集英社、一九九五年所収）一七号「永正庚午（一五一〇）大内義興書」。
（4）『朝鮮王朝実録』成宗二五年（一四九四）一一月己丑条所収大内政弘書。
（5）『続善隣国宝記』一九号「明応六年（一四九七）大内義興書」。
（6）『朝鮮王朝実録』世宗二五年（一四四三）二月丁未条。
（7）『朝鮮王朝実録』世祖五年（一四五九）八月壬申条。
（8）『朝鮮王朝実録』成宗一六年（一四八五）九月甲子条。
（9）『朝鮮王朝実録』成宗一六年（一四八五）九月庚午条。
（10）『朝鮮王朝実録』成宗一六年（一四八五）一〇月乙酉条。
（11）『朝鮮王朝実録』成宗一六年（一四八五）一〇月乙酉条。
（12）『朝鮮王朝実録』成宗二四年（一四九三）八月癸酉条・一〇月甲子条。
（13）近年深化を見せている偽使研究の成果を踏まえれば、以上挙げた事例に大内氏の意向で派遣されたのではない使者が含まれ、大内氏の意向が反映されていない書契が含まれている可能性は否定できない。その可能性を重視すれば、大内氏が朝鮮から出た一族であること、ならびにそのことの対朝関係における有用性は、当事者である大内氏のみならず、偽使創出の元締ともいうべき対馬にも共有された認識であったと解釈することができよう。
（14）『朝鮮王朝実録』世宗二三年（一四四一）六月己丑条。
（15）『朝鮮王朝実録』世宗二六年（一四四四）六月庚辰条。
（16）『朝鮮王朝実録』世祖一一年（一四六五）三月乙卯条。
（17）松尾弘毅「中世日朝関係における後期受職人の性格」（『日本歴史』六六三、二〇〇三年）。
（18）『大内義隆記』（『群書類従』第二一輯「合戦部」）。
（19）『防長寺社由来』（山口県文書館編・発行、一九八二年）。
（20）二宮啓任「防長の琳聖太子伝説」（『南都仏教』二七、一九七一年）。
（21）『氷上山秘奥記』（山口県文書館多賀社文庫所収）。『山口市史』史料編大内文化、三五五―五六頁。
（22）すでに福尾猛市郎氏がその旨を指摘されている（同著『大内義隆』吉川弘文館、一九五九年）。

(23)「興隆寺本堂供養日記」(『興隆寺文書』、『山口県史』史料編中世三所収)。
(24)「応永二三年一一月一〇日大内氏奉行人連署奉書案」・「応永二五年正月二二日大内氏奉行人連署奉書案」(『阿弥陀寺文書』、『防府市史』史料編Ⅰ所収)。
(25)『防長風土注進案』(山口県文書館編、山口県立山口図書館、一九六〇年)「三田尻宰判三田尻村車塚」項「岸津妙見社縁記に昔琳聖太子遊幸之時御車止りて動かす、無拠捨玉ふを村民埋め申候、塚を車塚と言」。
(26)田中倫子「大内氏支配の進展と防府市域」(防府市史編纂委員会編『防府市史』通史Ⅰ、二〇〇四年)。
(27)前掲注24史料では、ことさらに先祖琳聖太子ゆかりの遺跡であるから整備するのだとは述べられていない。しかし「車塚」を整備するという特殊な行動の背景として、以上のように想定することは許されるのではないかと思う。
(28)佐伯有清『新撰姓氏録の研究　考証篇第五』(吉川弘文館、一九八三年)三三三―三四頁。
(29)福尾猛市郎『大内義隆』(前掲)。
(30)森茂暁「周防大内氏の渡来伝承について」(『政治経済史学』三六三、一九九六年)・「大内氏の興隆と始祖伝承」(『山口県史研究』一一、二〇〇三年)。
(31)『朝鮮王朝実録』世宗二〇年(一四三八)六月壬戌条。
(32)『朝鮮王朝実録』定宗元年(一三九九)一一月甲戌条。
(33)『氷上山興隆寺文書』(『防長史学』付録一～三―一、一九三〇―三一年)にも「氷上山興隆寺縁起」として同文のものが翻刻されているが、この縁起は山口県文書館所蔵の興隆寺文書には含まれておらず、現在、所在不明である。
(34)「別本大内系図」(『続群書類従』第七輯下「系図部」所収)。「大内多々良氏譜牒」(山口県文書館多賀社文庫一三六所収)。
(35)この史料自体は後土御門天皇の叡覧に備えたと言っているが、実際に提出されたかどうかは『実隆公記』・『お湯殿の上の日記』などに記述がなく確認できない。しかし提出されなかったという積極的な根拠もないので、このように考えておく。
(36)太田順三「大内氏の氷上山二月会神事と徳政」(『九州中世社会の研究』渡辺澄夫先生古稀記念事業会、一九八一年)、金谷匡人「大内氏における妙見信仰の断片」(『山口県文書館研究紀要』一九、一九九二年)、平瀬直樹「興隆寺の天台密教と氏神＝妙見の変質」(『山口県史研究』二、一九九四年)など。
(37)「別本大内系図」・「大内多々良氏譜牒」(前掲注34)では百済の建国神話の部分が簡略化され、かわりに東明王(朱蒙)から琳聖の父とされる聖明王に至るまでの王名が連ねられている。いずれにしろ琳聖太子以前の世代の記述が見られるという点では共通している。おそらくもとは「別本大内系図」系と「家譜」系の二つを併せたものであっただろう。

（38）田中俊明氏によれば、『三国史記』は一三九四年慶尚道で板刻され、一五一二年摩滅により新たに板刻された、現行のテキストはこのときの版本の影印本であるという（田中俊明「『三国史記』の板刻と流通」『東洋史研究』三九―一、一九八〇年）。つまり、朝鮮王朝は、『三国史記』を保持し刊行していたのであり、したがって、大内氏に与えることも可能であった。なお日本における『三国史記』の流通については、文化一三年（一八一六）のものと判断できる「氷上山伝記奥之考」（『氷上山秘奥記』）に、「三国史記ヲ考ルニ」という語があるところから、江戸期には日本に伝わってきていることが確認できる。それ以前のことは不明であるが、おそらく文明年間（一四六九―八七）には日本には伝来していなかった、少なくとも大内政弘が閲覧できる範囲には存在しなかったのではないかと考えている。

（39）『後法興院記』（続史料大成）文明一八年（一四八六）六月九日条・文明一九年正月二〇日条。なお、この贈三位については、山田貴司氏が、武家官位研究の立場から再論し、『相良武任書札巻』（宮内庁書陵部所蔵）内に、まさに従三位を贈る旨を記した「文明一八年六月五日足利義政袖判後土御門天皇口宣案」が残っていることを指摘している（「中世後期地域権力の官位獲得運動」『日本歴史』六九八、二〇〇六年）。

（40）『大内氏掟書』一〇〇「御代々年忌々日事」（『中世法制史料集』第三巻所収）。

（41）『防長風土注進案』「山口宰判御堀村氷上山興隆寺真光院」項。なおこの勅額は、興隆寺に現存し、一九九八年、県指定文化財（歴史資料）となっている（山口県教育庁社会教育・文化財課「山口県の文化財」データベース）。

「氷上山額裏書」

当寺山号事

右額者、依在　□定所打之如件、

綸□別紙在之、

文明十八年（一四八六）丙午十月廿七日

大□那従四位下行□□大夫多々良朝臣政□

別当□大僧都法□大和尚位乗海

□色宝浄坊住持□少僧都有淳

奉行□禅坊住持□少都源孝

当門建立同乙巳(一四八五)七月十六日
大工　三郎□衛門賀茂□家

(42)『後法興院記』文明一九年正月二〇日条。
(43)『公卿補任』を見る限り、文明一八年(一四八六)以前に従三位に叙されているのは、室町将軍家・関東公方のみである。ただし『尊卑分脈』では斯波氏・畠山氏に三位に叙された者を確認することができる。また少し下るが、明応五年(一四九六)赤松政則が従三位に叙された際、武家は畠山氏と斯波氏のほかには上階せず、三管領のうち、細川氏はいまだ上階していないのに今度の事は不審である(『和長卿記』(東京大学史料編纂所架蔵謄写本)明応五年三月三日条)とする記事がある。これに従えば、武家のうち三位に昇りうるのは室町将軍家・関東公方・斯波氏・畠山氏となる。三位という位が武家のなかでは突出していると言えるだろう。
(44)政弘の父教弘が、持世の死後に家督を継いだ際には兄の教幸と紛争が生じている。持世が、盛見の死後に家督を継承する際には、兄弟である持盛と争い持盛を敗死させた。盛見も、応永の乱で兄義弘が死んだ後、室町政権の公認を得た兄弟である弘茂を倒して実力で家督を継いだ。義弘もまた、弟満弘と家督をめぐって戦っている。
(45)「興隆寺本堂供養日記」(『興隆寺文書』)。
(46)『親元日記』(増補続史料大成)寛正六年(一四六五)九月三日条。
(47)「(寛正六年)一〇月一〇日細川勝元書状」(『大日本古文書　毛利家文書』一一八号)。
(48)「寛正六年一〇月二六日室町幕府管領奉書」(『大日本古文書　吉川家文書』四八号)。
(49)『大乗院日記目録』(増補続史料大成)応仁元年(一四六七)七月二〇日条、『経覚私要鈔』(東京大学史料編纂所架蔵写本)応仁元年七月三日条など。
(50)「(応仁二年)八月六日足利義政御内書案」・「応仁二年一〇月二八日室町幕府管領奉書案」(『黒岡帯刀氏所蔵文書』、東京大学史料編纂所架蔵影写本)。
(51)「(文明二年)二月四日足利義政御内書」(『大日本古文書　益田家文書』一二五号)。
(52)『大乗院寺社雑事記』(増補続史料大成)文明二年(一四七〇)五月二二日条。
一、大内伯父道頓二自二公方一給二安堵一、依レ之一門以下御請進レ之、世間流風書写之、
当家事、可レ致二忠節一之由被二仰下一候、管領様御書被二頂戴申一候、道頓事者年罷寄候、嘉々丸事、自今以後可レ

令レ致二奉公一之旨、一味同心申定候、御内書・御教書事、早速被二成下一候者可二畏存一候、以二此旨一管領様中御沙汰候者、可二目出一候、恐々謹言、

九月九日

内藤中務丞　武盛
豊田大和入道　元秀
杉三河守　重隆
杉豊後守　広重
二保加賀守　武安
問田備中守　弘縄
陶五郎　弘護

吉見殿

(53) たとえば、仁保弘名は、父仁保盛安が、道頓方についたこともあり、京都で義政方の陣に参向して後、西国に下った（『大乗院寺社雑事記』文明二年四月晦日・六月一三日条）。のち、政弘が大宰府を回復した際に梟首されている（『正任記』（『山口県史』史料編中世一所収）文明一〇年一〇月三日条）。

(54) 「（文明三年）一二月七日陶弘護他六名連署注進状案」（『史料集益田兼堯とその時代』益田市教育委員会、一九九六年所収）など。

(55) 「文明一六年一一月二七日陶弘護肖像賛」（『大日本史料』文明一四年五月二七日条所収）。

(56) 佐伯弘次「大内氏の筑前国支配」（『九州中世史研究』一、文献出版、一九七八年）。

(57) 『大乗院寺社雑事記』文明六年（一四七四）九月一九日・二〇日条。

(58) 『兼顕卿記』（東京大学史料編纂所架蔵写真帳）文明九年（一四七七）九月二四―二六日・一一月一一日条、『長興宿禰記』（史料纂集）文明九年一一月六日条など。なお、以上の道頓の動向の詳細についての詳細は、本章補論を参照。

(59) 『朝鮮王朝実録』端宗二年（一四五四）九月庚戌条。この後、一五〇二年に至るまで二六回の通交が確認できる。これらの記事では、「教幸」であるべきところが「教之」または「教行」となっており、また道頓が一五〇二年まで生きていたとは考えにくい。したがって、この「教之」名義の使者が偽使である可能性を否定することはできない。しかし、

①「之」・「行」は「幸」に訓通するから、日本側で表記する際に「幸」が「之」や「行」に揺れる可能性は絶無とは言え

ない、
②筑後州寓居から周防州への名乗りの変化は実態を反映している可能性が高い、
③護軍藤九郎が朝鮮王朝の問いに答えて日本の各氏について語ったなかに、多々良朝臣とは誰かと聞かれて、大内殿の兄、と答えている記載がある（『朝鮮王朝実録』世祖元年（一四五五）七月丁酉条）、
④一四七六年の対馬島宣慰使金自貞馳啓所引の対馬島主使者国長の言に、東軍方に忠実な者として「内（大、脱カ）道頓教之」が挙げられている（『朝鮮王朝実録』成宗七年（一四七六）七月丁卯条）、

以上の理由から、筆者は、「教之（行）」＝「教幸」と考え、「教之」名義の使者が、はじめから道頓とはまったく無関係の偽使であった、とは考えなかった。この時期の政治情勢を考慮すれば、道頓が通交していたとみなしたほうが整合的に理解できる事項が多いと判断している。ただ道頓の死後、あるいは勢力としての動きが見えなくなる文明九年（一四七七）以後、何らかの形でこの名義が偽使派遣勢力の手に渡った可能性はあると思う。

なお橋本雄氏は「教之」名義について、現実の教幸とはまったく関係のない偽使とし、拙論を批判されている（『中世日本の国際関係』（吉川弘文館、二〇〇五年）終章注6）。批判の対象となっている原論文で、「教之」名義を当初から偽使であったとは考えない理由として、①・④しか挙げなかったのは不十分であり、ことに①に関して訓通を音通と書き誤ったのは筆者のミスである。ただ、「教之」使が当初から偽使であったとする橋本氏の説には、「大内教之」使は、教「幸」であるべきところが、教「之」となっているから、名前の一字をあえて変えて架空名義を創出する方法で編み出された偽使であるという結論を導き出されているにもかかわらず、その架空名義自体が「教之」と「教行」という形で、表記にぶれが生じている点については不問に付している点に、疑問を覚える。

橋本氏は「之」と「幸」は訓通ではあるが音通ではなく、したがって朝鮮王朝側で「幸」が「之」に置き換わるというミスがあったとは考えられない、「教幸」が「教之」に置き換わったのは日本側で、それは、架空名義を作らんがための意図的なものであるとされる。だが、意図的であるとすれば何ゆえに表記がぶれるのだろうか。「幸」は「之」に音通でないが、「之」と「行」も音通でない。とすれば、この置き換えも日本側で起こったと考えられるが、名前の一字を変えて、もっともらしい架空名義を作るという手の込んだことをするのであれば、名義の表記ミスは致命的ではないのか。また、対馬の人間が、意図的にわざわざ、実在の「教幸」を架空の「教之」に置き換えて名義を作成していたのであれば、その対馬の人間が、現実の教幸の法名である「道頓」と「教之」を同一人物として表現するようなミスをするであろうか。

筆者は「教幸」「教行」「教之」は、「のりゆき」という訓読みにおいては同様であり、しばしば音が正しければ、漢字にこだわらない表記がなされがちな当時の社会にあっては、書状作成者が（意図せずに）誤記したものとみなすのが一番妥当なのではないかと考えている。年に一度しか船を派遣しない程度の通交者達が、自前で船と使節を調達し、外交文書を書くなど、すべての朝鮮通交実務を自力で行なうとは考えがたく、実在の教幸のある程度の関与のもとで、書状作成を含めた実務を対馬宗氏が請け負っていたのだとすれば、教之・教行といった表記のずれは、実際の運用上での誤記として処理される程度のものとみなすこともできよう。そして実務を対馬宗氏が請け負っていたことこそが、教幸の最終的な没落後、対馬宗氏のもとに「教之」名義の通交権が落ち着くことになった理由なのではないか。

そもそも大内氏のように、頻繁に朝鮮と通交している一族の名前の一字を変えて架空名義で通交すれば、当の大内氏に発覚する可能性が高い。そのような危ない橋を渡らなくとも歳遣船一船の契約のとれる、もう少し安全な架空名義はいくらでも作りようがあるのではないか。大友氏・少弐氏と教幸との関係（本章補論参照）、少弐氏と宗氏の密接な関係を考慮するならば、教弘と対立して大友領国にいたころの教幸と対馬宗氏との間に交流があり、対馬宗氏の協力を頼んでの教幸の対朝通交が行なわれたとするほうが、「幸」と「之」の違いから「教之」の対朝通交を対馬宗氏が作り上げたまったくの架空名義による偽使とするよりも、筆者には自然に思える。ただ以上はまったくの推測であって、結論が出るような問題ではないことは理解している。

(60)『海東諸国紀』「周防州・教之」項。
　甲戌年（一四五四）、遣使来朝、書称二周防州大内進亮多多良別駕教之一、大内殿政弘叔父、約二歳遣一舡一、
(61)「文明八年八月一九日室町幕府奉行人連署奉書写」・「文明九年三月二六日室町幕府奉行人連署奉書写」（『大友家文書録』三六五号・三八九号、『大分県史料』三一所収）。
(62)『蜷川親元日記』（東京大学史料編纂所架蔵謄写本）文明一〇年（一四七八）一〇月二四日条、「文明一六年一一月二七日陶弘護肖像賛」（『大日本史料』文明一四年五月二七日条所収）など。
(63)『晴富宿禰記』文明一一年（一四七九）七月二日条。
(64)『晴富宿禰記』文明一一年九月二九日条。
(65)「一条兼良消息」（『北白川宮旧蔵手鑑零存』東京大学史料編纂所蔵。末柄豊「『宣秀卿御教書案』にみる武家の官位について」（同編『室町・戦国期の符案に関する基礎的研究』科研報告書、二〇〇六年）に解釈つきで紹介されている）。

たひ〳〵申入候、大内のさきやうの大夫のそみ申候、ち〻かそう位の事、ふけの時きをは〻かりおほしめされ候よし、おほせ下され候、それさる事にて候へとも、これふんさいの事、さのみはなにと申され候へきにて候、わたくしの事は、すわうの国のやしろのしやうと申候所、としひさしくふちきやうにて候を、ちかころ返したひて候、さやうのちなみにつき候て、この事を申たひ候、もし申さたし候はすは、けつちやう又おさへ候へきと、あんないしや申候ほとに、めいわくにて候、さ候ほとに、一所てうをんに下され候と、おほしめされ候て、ちよくきよ候へかしと、申入候にて候、さしたるほうこうは申候はねとも、きみと人とのみちは、をやこよりも猶さりかたき事に、むかしのせいしゆはおほしめされたる事にて候、いまたみえ候はぬふけのとかめや申され候はんすらんとおほせ事候て、たちまちにけりやうを一所うしなひ候事を、あはれみおほしめされ候はては、いか〻候へき、万に一もふけよりとかめ申され候事候は〻、かやうに申入候ふんとおほせいたされ候は〻、ちからなくその時申ひらき候へきにて候、そう位のふんさゐ候、けんにんにはかはり候事にて候、た〻ついせんはかりの事にて候、さしててうかのかきんにもなり候ましき事にて候、あはれ御さたも候へかし、返〳〵らうせききはまりなく候へとも、御わたくしまて申入候よし、よく〳〵御心え候へく候、あなかしく、

（切封ウハ書）「勾当内侍とのへ」

(66) この贈位要求については、小林健彦氏が、大内氏の在京雑掌について論じるなかで、在京雑掌の性格を示す事例のひとつとして挙げている（「室町禅林における大名家在京雑掌の活動」『中央史学』一三、一九九〇年）。

(67) 『晴富宿禰記』文明一一年閏九月八日条。

(68) 「（文明一一年）閏九月二〇日足利義政御内書写」（『萩藩閥閲録』第九九ノ二「内藤小源太」項）。

(69) 文明一一年（一四七九）段階で拒否された贈位要求が、文明一八年（一四八六）段階では許可された事情についてははっきりしない。山田貴司氏はこれを、幕府側が大内氏に提示した、文明一五年度遣明船の円滑な帰洛を実現するための取引材料とする（山田貴司前掲注39論文）。文明一五年度船は、いったんは大内氏の経営になることが決定されながら覆された経緯があり、文明一八年にこの遣明船が帰国した際、大内氏は五島の松浦氏と組んで帰洛を妨害した様子が見られる。ただこれが、贈位要求を認める直接の契機になったことを明示する史料はない。遣明船の帰洛妨害が贈位要求のためのみになされたとも考えがたく、逆に贈位要求を許可する理由が、遣明船の円滑な帰洛のためというのも小さすぎるようにも思われ、それぞれにいくつかある要因のひとつであろうと考える。

(70)『新撰姓氏録』には、多々良氏は任那王系の一族、とある。政弘がこれを採用せず、あくまでも百済王系にこだわって「国史」を要求するに至るのは、日本中世における「百済」観を考えるひとつの素材となろう。

(71)「大内陳氏方妙見勧請告文草遺之清書聖護院准后道興」(『続左丞抄』第二、国史大系)。本史料は、金谷匡人氏が前掲注36論文で紹介している。

(72)『国史大辞典』「道興」項(武覚超氏執筆)。

(73)「大内陳良方妙見勧請告文草遺之清書聖護院准后道興」(『続左丞抄』第二)。

(74)中世の国際意識、特に、室町期の対朝鮮観をめぐっては、一九八〇年代に行なわれた村井・高橋論争がよく知られている。高橋公明氏は、宗氏・大内氏が朝鮮に対して腰を低くしたこと、一五世紀半ば、朝鮮に出現した瑞兆に対して西日本地域の多数の人々が朝鮮に慶賀の使節を送ったことを根拠に、それらの人々が朝鮮を権威として受け取っていたと主張し、中世における「朝鮮大国観」の存在を提示した。これに対して村井章介氏は、経済上の利益を求めるために政治的従属形式をとっているからと言って、それが即、彼らが「朝鮮大国観」を持っていたことにはならないと批判した。そして中世日本人の国際意識を決定づけるわくぐみとして「顕密主義の国際認識」を提示し、中世支配者層のなかに神国思想に基づく「朝鮮蔑視観」が存在し、かつそれが民衆へ浸透していた側面を指摘した。これに対して、高橋氏は、「朝鮮蔑視観」が存在していたとしても現実の外交関係を規制するほど強固なものではなかったのだ、と反論し、それに対して村井氏は一五世紀の幕府内部に朝鮮を一段低く見る意識が存在したことを再度立証した(村井章介「中世人の朝鮮観をめぐる論争」(『アジアのなかの中世日本』校倉書房、一九八八年、初出『歴史学研究』五七六、一九八八年)・「中世日本の国際意識・序説」(同書、初出『歴史学研究会大会別冊特集』、一九八二年)。高橋公明「外交儀礼より見た室町時代の日朝関係」(『史学雑誌』九一—八、一九八二年)・「村井報告批判」(『歴史学研究』五一〇、一九八二年))。

この論争で注意しなければならないのは、村井氏は「朝鮮蔑視観」をともなうような「顕密主義の国際認識」のわくぐみからはずれた意識の存在を否定しているわけではなく、高橋氏もまた「朝鮮蔑視観」の存在自体は否定してはいないという点である。一九九三年、田中健夫氏は、「史料に遺された対外認識はすべて部分的な認識、個人的な認識の集積にすぎないことを自覚することから、集団や地域の共通の対外認識の解明が始まる」のであり、国際意識の問題は「認識主体がどの地域の、どの社会層の、どのような歴史を経験し、どのような意図を有する人物かということを特定」した上で検討する必要を改めて強調した(「相互認識と情報」、荒野泰典・石井正敏・村井章介編『アジアのなかの日本史』V、東京大学出版会、一九九三年。のち同著『東アジア通交圏と国際認識』吉川弘文館、一九九七年所収）。以後の研究においては、中世の国際意識が、地域・階層等によって多様であり、とりわけ西日本の通交者が抱くそれが多彩なものであることは、共通認識として存在してきたように思う。そして関周一氏が、高橋氏の所論について「日本」という国家への帰属意識が極めて薄い西日本の人々の認識を解明しようとした点に意義があったと指摘したことに示されるように（「中世「対外関係史」研究の動向と課題」『史境』二八、一九九四年）、西日本の通交者が、村井氏が一五世紀の幕府内部に見出したような「朝鮮蔑視観」ではない、あるいはそれだけでない朝鮮観を持っていた可能性も想定されてきた。本章で明らかにした大内氏の朝鮮観はこれを具体的に示すものである。

(75)　『中国治乱記』（『群書類従』第二一輯「合戦部」所収）・『多々良盛衰記』（『山口県史』史料編中世一所収）など。

(76)　金光哲氏は、「朝鮮観形成は古代より「連綿たる伝統」として追求して、はじめて明らかにすることができる」という立場から史料を博捜され、神功皇后説話に関わる豊富な言説を抽出して、「南北朝および室町期は、鎌倉末期に集大成された「新神功皇后」譚が日本のすみずみにまで浸透し、定着をみた時期」であり、「この「神功皇后的朝鮮観」の定着こそがこの時代の思想の中心内容であり思想的核心である」と評価している（『中近世における朝鮮観の創出』校倉書房、一九九九年）。金光哲氏が室町期における「新神功皇后譚」の広範な展開を検出したことは、貴重な成果である。しかし神功皇后的朝鮮観＝朝鮮蔑視観が「連綿たる伝統」として、日本のすみずみまで、広がっていたとする評価には疑問が残る。少なくとも本章で検討した大内氏の先祖観は、それが大内氏の自己の権威づけと密接に関わって形成されたことからも明らかなように、「連綿たる伝統」としての神功皇后的朝鮮観＝朝鮮蔑視観とは異質なものであり、国際意識の問題は歴史的な文脈のなかで個別にとらえられるべきであることを示している。

［付記］

本章は二〇〇二年に『歴史学研究』に発表した「室町期における大内氏の対朝関係と先祖観の形成」（以下A論文）の第二章・第三章に、二〇〇六年に『中世の対外交流』に発表した「大内氏の対朝関係の展開と琳聖太子伝説」（以下B論文）を加えて再構成したものである。二〇〇八年、伊藤幸司氏は「中世西国諸氏の系譜認識」という論文を発表し、「大内氏の主張する琳聖太子後胤説話」について検討を加え、拙論を批判した（九州史学会編『境界のアイデンティティ』岩田書院、二〇〇八年）。その要点は、次のとおりである。①大内義弘が百済後胤を主張し土田などを求めたのは、「新たに朝鮮通交貿易の場に進出しようとする足利義満への暗黙の主張であり牽制であった」。②「琳聖太子後胤説話」が発展する契機は大内盛見と大内政弘のときである。彼らにとって「始祖言説整備は、領国支配に活用することを第一義とする」のであり、「琳聖太子後胤説話は本来的には朝鮮国に対してよりもむしろ日本国内を意識して創出されたもの」である。③「大内氏は朝鮮国に対して言説構築を補完するようなソースを求めていたに過ぎず、朝鮮国の権威の活用まで求めていたのかとなるとむしろ疑問」であり、「大内氏が日本国内の中央的権威を領国支配秩序に導入していることは明白であり、この権威意識のあり方を朝鮮国にまで当てはめることはできない」。本章の論旨に密接に関係する批判なので、以下、順を追ってできる限りの回答を試みたい。

①について。『朝鮮王朝実録』内の文言「日本国人」を誰と想定するかという問題であるので、義満と解釈する見解にも首肯する。室町政権―朝鮮王朝間の外交関係成立は、義満と協調路線をとりつつ義弘が推し進めた結果であり、それによってもたらされた室町殿と朝鮮国王との取次役としての突出した地位を、九州探題以下の朝鮮と通交を行なっているような西国の権力に説明するために百済後胤を持ち出した、とするのが筆者の意見であるが、と同時に足利義満自身をも牽制した（あるいは義満に対してもその地位にあることの妥当性を主張した）、ととらえる余地は確かにあろう。伊藤氏が言うように、百済後胤を主張し土田などを求めた義弘の使者が義満の使者と同行していたことを考えれば、その可能性は高い。ただ伊藤氏は、当該期の朝鮮通交は「イニシアティブは朝鮮側にあった」ので「大内氏が朝鮮系の一族であることを彼ら（九州有力諸氏）に主張した所で彼らへの抑止になったとは思えない」として拙論を批判する。しかし拙論の主眼は、室町殿の外交の取次という重要な役割を、室町政権の西国の出先機関である九州探題ではなく、なぜ一守護たる大内氏が負うのかを「国内」的に説明するために、百済後胤という出自の特殊性を持ち出したのではないか、という点にある。つまり日本「国内」において「国内」の政治的地位をどう説明するかの問題として取り扱っているのであって、この場合、そのことを朝鮮王朝がどう判断しどう対処するかは問題ではない。また伊藤氏のような論理でいくならば、足利義満に対しても同様に「牽制」になったとは思えない。

②について。権力が分裂の危機に瀕したときに、再統合の手段として先祖観を構築し自分の正統性を主張するというのは、ごくありふれた反応である。しかし構築された先祖観が、異国を出自とするものであり、構築にあたって異国から材料を得てくるのは、特異なことではないか。そうした特異なことが行なわれたのが、大内氏の対朝関係の展開のなかに三回あった。この事実は、構築された先祖観が国内向けのものであった、ということとは必ずしも矛盾しない。むしろ、単純に考えれば朝鮮王朝に向けてのパフォーマンスとしてのみとらえてしまいそうな、自分は朝鮮王朝と同系だとする主張が、実は国内的な必然性から行なわれ、国内に向けて主張されたこともあったということを最初に論証したのがＡ論文である。そして、Ａ論文では当たり前のこととみなしてし

まって、きちんと論じなかった「朝鮮王朝に向けてのパフォーマンス」の側面も付け加えて論じなおしたのが、B論文である。

また、対朝関係の展開のなかに見出される大内氏の先祖観が肥大化する画期と、日本「国内」における先祖観構築の画期がずれることはありうることであり、前者を論じた拙論と後者を論じた伊藤論文とで、画期の置き方がずれるのは、事実認識の差というより行論上の問題の立て方の差によるものと認識する。伊藤論文の成果は、対朝関係との連関から大内氏の先祖観の形成を読み解いていった拙論に対し、「国内」に視座を据えて大内氏の先祖観の形成過程を通観・整理し、従来から指摘されていた盛見の活動をより明快に意義づけ、また歴代大内氏が徐々に琳聖太子子孫説を肥大化させていった「国内」的な過程を跡づけたことにあると考える。対朝関係の文脈を離れ、大内氏による先祖観の「国内」的な展開過程に焦点を据えれば、日本国内における大内氏琳聖太子子孫説の構築の画期が盛見にあるというのは、そのとおりであろう。しかし対朝関係の文脈から読み解くならば、義弘・教弘の要求が大内氏の先祖観の形成と展開にとってひとつの画期となったのは事実であって、そのこと自体は、伊藤論文によっても特に否定されるものではないと考える。

③について。自己の先祖を選択するときに百済、すなわち朝鮮半島にあった国を選択する、そしてその言説を朝鮮王朝に直接求めて得た知識で補強する、そして実際に披露したときにそれが自己の正統性を保証し、自己を荘厳するものとなりうる、つまり「権威」として使える、と判断するという事実は、室町期社会に守護として存立していた権力のあり方としては、特徴的であると考えている。A論文では、大内氏当主としての自己の正統性を主張するときに、「三位贈位の獲得」「氏寺の勅願寺化」といった室町期社会に守護として存立していた権力の選択としてはよく見られる、室町政権由来の「権威」のほかに、こうした意味での朝鮮由来の「権威」をも同時に選択していたことを指摘したのである。領国支配にあたって、たとえば朝鮮由来の官職をもとに、家臣団序列を構築したというような実態的な話をしたのではないし、まして両者に優劣をつけてはいない。筆者の使用する「権威」と伊藤氏の使用する「権威」の語の内容には相当隔たりがあるように感じられる。大内氏は「日本国内の中央的権威」を使って領国内の家臣団序列を構築しているのであり、こういう権威意識と同列には扱えないという批判は、そこに持ち出される「日本国内の中央的権威」なるものの内実、あるいは使われる場が、筆者の論じているものとは違う次元の話である以上、成立しえないと考える。

第四章補論　大内教幸考

第四章においては、大内教幸、法名道頓の存在を、一五世紀半ばから後半にかけての大内教弘・政弘の政治的動向を左右する重要人物として描いた。しかし大内政弘の朝鮮王朝への「国史」要求という特異な事件の背景と意義を読み解くなかでの論及であったために、大内教幸自身の動向に関しては限定的・断片的にしか述べられなかった。そこで以下、この大内教幸の人物像について、もっぱら大内氏領国における位置に絞って簡単にまとめ、第四章の補足としたい。

(1) 出　自

まず出自について簡単に触れておこう。すでにたびたび述べているように、教幸は大内教弘の兄にあたる。このことは、文明一六年（一四八四）一一月二七日付の以参周省筆「陶弘護肖像賛」に「太守伯父道頓」とあることから確認される[1]。道頓は教幸の法名である。文明一六年当時の大内氏当主は政弘であり、政弘は教弘の子であるから、政弘の伯父は教弘の兄にあたる。以参周省は教弘の子である。

この教幸・教弘兄弟は、大内盛見の子とするのが通説である。教弘の孫にあたる大内義興が、益田宗兼に与えた書状のなかで「永享三年筑前国深江合戦之時、於二曾祖父徳雄一所一、兼理討死候」と述べ[2]、盛見を曾祖父と呼んでいるのが、その根拠に挙げられる。徳雄は盛見の法名である。

しかしながら、近世に作成された諸系図では、教幸・教弘兄弟を大内持盛の子とするものも多い[3]。また教弘について、隣国韓国の同時代記録である『海東諸国紀』・『朝鮮王朝実録』は、持世の「姪」・「堂姪」と記している。[4] 持盛・持世は兄弟だから、教幸・教弘を持盛の子とすると合う。また教幸は孫太郎と称されるが、この名乗りは弘世・義弘・持盛と共通している。義弘は弘世の子、持盛は義弘の子で、持盛は、盛見の時期には新介と称され、盛見の次期家督継承者として目されていたから、「孫太郎」はある時期まで、弘世流の大内氏の家督継承（予定）者の呼号であった可能性もある。教幸・教弘兄弟が、持盛の子である可能性も依然として残されていると言うべきであろう。ただ教幸・教弘を持盛の子とした場合、教弘の孫の義興にとって、盛見は血縁上の「曾祖父」ではなくなる。血縁上ではなく歴代順としてとらえても、政弘期に完成した歴代大内氏当主の数え方の順（義弘―盛見―持世―教弘―政弘―義興）に従えば、盛見は義興から見て高祖父にあたり、曾祖父にはあたらない。あるいは持盛の子とする認識が擬制的なのかもしれない。ともあれ教幸・教弘兄弟の系譜は現段階では厳密には確定することができないのである。当該期の一族関係は、以上のとおり、室町政権有数の有力守護たる大内氏レベルであっても、明確に把握するのは難しい。これは偽使問題を考える上で留意しておかねばならない点であろう。

（2） 嘉吉年間（一四四一―四四）の動向

大内教幸が史料上にはじめて登場するのは、嘉吉の乱の直後である。

嘉吉元年（一四四一）六月に勃発した嘉吉の乱において、赤松邸を足利義教とともに訪れていた大内持世は重傷を負い、七月末、京都六条の宿所で死亡した。九月には赤松追討のため、国許にあった大内教弘が、軍勢を率いて安芸までやってきたことが確認される。[5] しかしその月の末には白幡城は落ちて赤松満祐以下は誅戮され、将軍が殺害されるという未曾有の事態は一応の決着を見た。結局、教弘は赤松攻めに参加せずに終わったようである。

翌閏九月、代わって九州では、応永末年以来の対立構造に、教幸・教弘兄弟の家督争いが絡む形での争乱が本格化する。それを示すのは次の史料である。

［史料1］「嘉吉元年閏九月二六日室町幕府管領奉書」（『佐々木文書』[6]）

筑前国所々・豊前国事、大内孫太郎（教幸）以下残党、号レ帯二御教書一、相二語太宰少弐（少弐教頼）一、致二乱入一、追二放被官人等一云々、甚不レ可レ然、不日令レ合二力教弘一、可レ被レ抽二忠節一之由、所レ被二仰下一也、仍執達如レ件、

嘉吉元年閏九月廿六日　右京大夫（細川持之）（花押）

北高来一揆中

応永末年以来、大内盛見、次いで大内持世は、室町政権の支持を受けつつ、筑前国をめぐって少弐氏と争い、それを支援する大友氏らを相手に合戦を繰り広げていた。永享三年（一四三一）に盛見が戦死したのちは、持世・持盛兄弟の家督争いのなかで、室町政権からの支持を得られなかった大内持盛が少弐・大友方につき、持世に対抗するなど泥沼の様相を呈した。この紛争は、永享五年（一四三三）、持盛が戦死し、永享一二年、持世の斡旋により、少弐嘉頼が室町政権に帰参を許されて、いったんの収束を見た。しかし嘉吉の乱発生にともなって持世の後継者とされていた教弘が上京したのを契機に、大内教幸らが少弐教頼（嘉頼弟、嘉頼は帰参後まもなく死亡）らを語らって筑前・豊前に攻め入ったことにより再燃したのである[7]。

これに対し、室町政権は一貫して教弘支持の方針をとった。史料1は肥前の北高来一揆中に教弘への合力を命じたものであるが、同様の文書、あるいは教弘支持の勢力への合力を賞したものはほかにも見られる[8]。さらに教弘には治罰御教書も下された。

［史料2］「（嘉吉元年）一〇月一四日室町幕府奉行人飯尾貞連書状案」（『大日本古文書　蜷川家文書』二八号）

太宰少弐（少弐教頼）事、被レ成二治罰御教書一候、目出度候、次御旗事、定以前可レ有二御所持一候哉、然者無用候、仍大友持直・道瑛（大友親著）・親重（大友親繁）・菊池元朝・千葉胤鎮並孫太郎（大内教幸）等事、度々御治罰之旨、被二仰下一之間、是又今度不レ被レ成二御教書一

候、内々可レ得二其意一候、恐々謹言、
嘉吉元 十月十四日　性通（飯尾貞連）在判
大内新介（教弘）殿

注目したいのは傍線部である。すなわち少弐教頼については治罰御教書を下したが、大友持直・大友親繁・菊池元朝・千葉胤鎮・大内教幸らについては、以前から何度も治罰御教書を下しているから、今回は特に下さないと言うのである。管見の限り、永享年間（一四二九―四一）の紛争の過程に教幸の名は見えないが、先の史料1で「大内孫太郎以下残党」と称されていることといい、このことといい、教幸はこれ以前の永享年間からすでに、少弐・大友方にあって持世・教弘とは対抗する立場にあったのではないかと推測される。

さて、この合戦は室町政権の支持を有利に利用した教弘が教幸を圧倒していくことになった。嘉吉二年（一四四二）には、没落した少弐教頼・大友持直・大内教幸の捜索を命じる以下のような管領奉書が残っている。

［史料3］「嘉吉二年一二月一五日室町幕府管領奉書」（『志賀文書』、『熊本県史料』二所収）

太宰少弐教頼・大友中務大輔持直・大内孫太郎教幸等事、相二尋落所一、不日可レ被レ加二治罰一之由、所レ被二仰下一也、仍執達如件、
嘉吉二年十二月十五日　沙弥（畠山持国）（花押）
志賀民部大輔（親賀）殿

その後の教幸の消息ははっきりしないが、『佐田文書』には次のような文書がある。

［史料4］「（年未詳）五月一六日大内教弘書状」（『佐田文書』、『熊本県史料』二所収）

就二道頓遁世事一承候、既黒衣事候間、兼日不レ能二談合一候、抑先日御上令二悦喜一候、其後閣筆候、慮外候、宇佐宮事尚以可レ然之様、可レ被二相計一候、一向奉レ憑候、恐々謹言、

五月十六日　　　　　　　　　　　　　　教弘（花押）

佐田入道殿（盛景、昌佐）

宛所の佐田入道は佐田盛景である。盛景は文安元年（一四四四）までは佐田因幡守を称し、康正元年（一四五五）には入道していることが確認される。したがって本文書は文安元年以降のものと考えられる。はっきり年代比定することはできないが、一四四四年以降のある段階において教幸は出家し、佐田盛景の目の届く範囲内にいたことがうかがえる。

（3）大内亀童の後見としての活動

出家して道頓と名乗った大内教幸が再び史料に現れるのは、寛正三年（一四六二）ころのことである。すなわち寛正三年のものと比定しうる「大内氏奉行人連署奉書」に、「既屋形昨日未明に下向候、人夫事遅々候、員数事卅人被仰付候之由承候、不及御返事候、先勢対陣候者、大殿様・亀童殿則可有進発候、」とあるのが、それである。(9)「屋形」は、このときの大内氏当主である大内教弘に比定できる。「亀童」は、教弘の嫡子政弘の幼名である。これに先立つ長禄三年（一四五九）、教弘は、氏社である妙見社上宮に亀童が参拝する行事を大々的に組織し、亀童が自分の後継者であることを家臣団に広く知らしめていた。(10)「大殿」は道頓と推定される。時代は下がるが、文明一〇年（一四七八）に出された軍忠を書き連ねた文書に、「文明二年阿武郡渡川御陣之時、大殿様石見より阿武郡御出張候て生雲におひて御合戦処」とある。(11)この「大殿様」の行動は文明三年（一四七一）時の道頓の行動と一致しており、寛正―文明初年（一四六〇年代）の大内氏領国において道頓が「大殿様」と呼ばれていたことがわかる。

和田秀作氏がすでに明らかにしていることであるが、康正三年（一四五七）―寛正四年（一四六三）ころ、教弘と室町政権の間は円滑さを欠き、室町政権の側はもっぱら大内亀童を大内氏の当主として扱っていた。大殿はこの亀童を補佐するような形で動いていることが読み取れる。

ここから、遅くとも寛正三年（一四六二）までには、道頓は大内氏領国に戻り大殿様と呼ばれ、亀童、のちの政弘の後見的立場として領国内で一定の地位を築いていたであろうことが想定される。

（4）応仁文明の乱での行動

寛正六年（一四六五）九月の大内教弘病死後も、道頓はそうした立場を堅持していた。応仁文明の乱が勃発し、大内政弘が西軍方として上洛してのちは、国元に残って留守を預かり、政弘を支える活動をしている。小早川氏が安芸瀬戸城を能美氏が横領した旨を訴えたのに対しては、「京都一途静謐候者、政弘可二申談一候、」となだめ[12]、あるいは肥後の相良氏に対しては「猶々対二政弘一一段御懇切候、本望候、」と協力を要請するなどしている[13]。

それが崩れるのは、文明二年（一四七〇）、義政が、政弘に代わって道頓を大内氏家督として認め、中国・九州の平定を命じたときからである。

[史料5]「（文明二年）二月四日足利義政御内書」（『大日本古文書　益田家文書』一二五号）

備後・安芸・周防三箇国凶賊対治事、被レ仰二付大内左京入道々頓一畢、然者不レ移二時日一相二談道頓一、励二軍功一者、尤可レ為二神妙一候也、

二月四日　（足利義政）（花押）

益田左馬助（兼堯）とのへ

同趣旨の文書が大友氏などにも出されている。二月九日には大内氏の主だった家臣が道頓およびその嫡子嘉々丸を推戴する旨の起請文を提出した。それにともなって政弘が京都に率いていった軍勢にも動揺が起こり、東軍に参じ、ついで領国に下って道頓に与するものも出たことは本章で述べたとおりである。道頓自身も各地に書状を送り、自分

が足利義政から大内氏家督と認められ、嫡子嘉々丸に守護職が安堵されたことを宣伝していた。

[史料6]①「（文明二年）七月六日大内道頓書状」（『大日本古文書　相良家文書』二一四号）

春之比預二御音書一候、則御返事可レ申候之処、御使上洛候之間、下向相待計候、仍当家事、忝被二仰出一之旨候之間、任二　上意一候、弥九州弓箭事、一味申談、対二申　公方様一、無二緩怠一可レ抽二忠節一候、其境事憑存候、探題幷菊池方甚深被二仰通一候、肝要候、可レ然之様可レ被二仰合一候、猶々御音信承悦候、委細盛安（仁保）可申候、恐々謹言、

（文明二年）七月六日　　道頓（花押）

相良殿

[史料6]②「（文明二年）七月六日仁保盛安書状」（『相良家文書』二一五号）

京都御音信、尤目出候、御弓矢時宜延々候、当家事、　上意忝被二仰出一候間、政弘養子嘉々丸致二奉公一候、仍国安堵　御判頂戴候、弥九州弓矢事、毎事可レ被二申談一候、無二御等閑一候者畏入候、京都　公方様御申事候者、当方へ蒙レ仰候て、涯分可レ被レ致二奔走一候、筑後弓矢事、肥州御談合候て、彼御方被レ遂二御本意一候者、則各々可レ為二御名誉一候、大友（親繁）方今程振舞不二尋常一候、御朦気乍レ恐奉レ察候、道頓以レ状被レ申候、其境事奉レ憑候、探題様無二御等閑一被二仰談一候者、殊目出存候、愚息十郎（仁保弘名）、　公方様懸二御目一候、被レ任二新左衛門尉一候、筑前事、代官職永可二相拘一之由　御内書頂戴候て罷下候、是又大内家名誉候、連々奉レ憑候、恐々謹言、

（文明二年）七月六日　　盛安（仁保）（花押）

相良殿御館へまいる

進覧之候、

史料6は相良氏に対し、道頓および仁保盛安が送った書状だが、盛安の書状には、政弘養子嘉々丸に「国の安堵」がなされた旨が記されるとともに、盛安の息子弘名が義政に拝謁し、筑前代官として九州に下ったことが記される。このことは『大乗院寺社雑事記』にも見え（文明二年四月晦日・六月一三日条）、当時かなり衝撃的な事件として受け止め

られたことがうかがえる。

しかしながら戦局自体は道頓方に有利には展開せず、この年の暮れ、周防の玖珂で陶弘護に破れた道頓は、安芸で仁保盛安と合流して、石見経由で長門に向かい、再び陶軍と対峙した。翌三年九月から一二月、長門国阿武郡賀年城を拠点として合戦が行なわれ、敗れた道頓は豊前に没落した(14)。

ところで道頓の死没年については文明三年説を筆頭に文明元―四年まで諸説ある。『大日本史料』は、文明三年一二月二六日に「大内教幸、陶弘護と戦ふ、是日教幸敗亡す、尋で豊前に走り、馬岳城に入りて自殺す、弘護筑前に入りて、少弐頼忠を太宰府に攻む、」という綱文を立てており、また佐伯弘次氏も文明三年末死亡説をとられたために(15)、これが通説となっている。しかしながらこの文明三年死亡説は妥当ではない。この点は、かつて間接的に言及したことがあるし、またすでに和田秀作氏・山田貴司氏も言及しているが(16)、改めて関連史料を提示し、これを確認しておく。『大日本史料』のこの綱文の根拠となっているのは、①「陶弘護肖像賛」にある「翌年（文明三年）亦屯軍挑戦、南栄（道頓）従卒逃亡者十有八九焉、南栄遂逃二豊之前州一也」、②「正月二日陶弘護書状」（『益田家什書』、注14「陶弘護書状」と同）の「一、道頓事、旧冬廿六日没落候」、③『歴代鎮西要略』の「冬（文明元年）十二月、陶尾張守弘護・吉見三河守政頼及益田・三隅・紀井・長野其兵部〔都〕二万余騎、攻二大内道頓一、囲二馬嶽城一、進戦而不レ退、討取二鳰加賀守一、而撃二破城郭一、城兵逃亡、中国勢乱入矣、於レ是大内掃部頭入道南栄軒道頓殺二妻子一自殲矣」という記述、その他軍記物、諸系図などである。

しかしながら、①は、豊前に逃げたとあるのみで死んだとは言っていない、②は、つづけて安芸に向かうという情報が書かれていることからして文明二年の年末の話である、③は、同時代史料ではなく、また道頓の自殺を文明元年としている。つまり道頓が文明初年ころに死亡したという説に、明確な根拠はないのである。

一方、文明七年（一四七五）一二月一九日付で大内左京大夫入道宛に筑前国粥田荘十三箇郷内堺郷につき、金剛三昧院雑掌に渡し付すべき事を命じた室町幕府奉行人連署奉書が残っている。

［史料7］「文明七年一二月一九日室町幕府奉行人連署奉書写」（『金剛三昧院文書』一七六号、『高野山文書』五所収）

高野山金剛三昧院雑掌申筑前国粥田荘十三箇郷内堺郷事、押領云々、太不レ可レ然、所詮速止二違乱一、如レ元被レ渡二付彼雑掌一、可レ被レ執二進請取一之由、所下被二仰下一候上也、仍執達如レ件、

文明七年十二月十九日　　美濃守《（飯尾貞有）》在判

大和守《（飯尾元連）》在判

大内左京大夫入道殿

この大内左京大夫入道は、政弘ではなく道頓と判断される。政弘は、文明六年（一四七四）一一月一三日に従四位下に叙されるとともに、左京大夫に任じられていることが、『大乗院日記目録』からわかるが、文明八年（一四七六）段階ではまだ入道していない。政弘の出家は明応三年（一四九四）一二月のことであり、このことは『晴富宿禰記』明応四年二月二四日条に「競秀軒文《（秀文）》首座来臨、条々閑談、大内左京大夫政弘朝臣母儀大谷大夫入道姉正月一日逝去云々、左京兆者、十二月十七日得度云々」とあることから確認される。なお競秀軒秀文は、大内氏の在京雑掌であり、確度の高い情報と言える。一方、道頓は史料5に見られるように文明二年（一四七〇）には「左京大夫入道々頓」と呼ばれている。したがって史料7の大内左京大夫入道は道頓と考えられる。すなわち道頓は文明七年段階ではまだ生存していたのである。

さらに「文明八年八月一九日室町幕府奉行人連署奉書写」は、豊前での合戦の停戦命令であるが、これも大内左京大夫入道宛に出されている。

［史料8］「文明八年八月一九日室町幕府奉行人連署奉書写」（『大友家文書録』三六五号、『大分県史料』三一所収）

豊前国事、被官人内藤々左衛門尉与仁保加賀守《（盛安）》及二弓矢一之旨、被二聞召《食之》一条、太不レ可レ然、所詮早令二和睦一、可レ致二忠節一、若猶為二同篇一者、一段可レ有二御成敗一〇《之》趣、堅可レ被レ加二下知一之由、所レ被二仰下一也、仍執達如レ件、

文明八年八月十九日

大和守（飯尾元連）在判

弾正忠（布施英基）在判

大内左京大夫入道殿

すなわち道頓は、文明八年段階においてもまだ、九州に一定の勢力を持つ存在として足利義政の東幕府に認識され、その命を受ける存在であったのである。

史料9は、政弘を赦免したのに、道頓以下が周防・長門に渡海しようとしていることについて義政が遺憾の意を表したものである。

［史料9］「文明九年三月二六日室町幕府奉行人連署奉書写」（『大友家文書録』三八九号）

世上無為ｏ《之》事、去年一段被レ仰二合大内左京大夫政弘一候処《候之》、以二先年御下知之通一、道頓入道以下可レ渡二海周防・長門両国一ｏ《之》旨、ｏ《一牧軒》道譚僧号二上使一、近日猶触二廻所々一云云、都鄙相違之条、不レ可レ然、所詮於二道譚一者、不日可レ有二上洛一之旨令二下知一、此等之趣、可レ被レ申二聞便宜輩一之由、所レ被二仰下一也、仍執達如レ件、

文明九年三月廿六日

大和守（飯尾元連）在判

弾正忠（布施英基）在判

大友豊前守（政親）殿

義政は本文書と同時に、石見・安芸の諸勢力（吉見・三隅・周布・福屋・益田・佐波・高橋・厳島・小早川・吉川・天野の各氏）に対し、大内政弘に「世上無為次第」を命じたことを伝え、周防・長門両国進発のことを止めるよう命じている。(17) この時点で、義政はそれまで東軍方として公認していた道頓に代わって、政弘を支持することを中国・九州方面に向けてはっきりと打ち出したことがうかがえる。したがって逆に、文明九年までは周防・長門からは追い出されたとはいえ、道頓は東軍方としてなお一定の影響力を中国・九州に及ぼす存在であったということができる。

文明九年（一四七七）一一月、政弘は、東幕府に正式に帰参し、防長豊筑の四ヵ国の守護職を安堵されて周防に下向した。翌年には筑前に出兵、同年九月には博多を回復する。[18] 博多称名寺の前には政弘を裏切って道頓に合流した仁保弘名の首が掲げられ、[19] 周防・長門・豊前・筑前四ヵ国は政弘のもとに一応統合された。この過程で道頓がどうなったのかについて語る史料を探しえないが、これ以降、道頓の消息は後を絶つ。

（5）まとめ

以上述べてきた大内教幸の人物像をまとめておこう。

嘉吉元年（一四四一）の大内持世の死後、大友持直らとともに大内教弘と対抗し、室町政権から追討を受けた。これが史上に登場する初見だが、あるいは永享年間から、父かもしれない持盛とともに大友らのところにいた可能性もある。嘉吉二年（一四四二）には没落し、のち出家し道頓と称した。寛正三年（一四六二）以前には周防に帰国し、「大殿」として一定の地位を得て、教弘の子亀童（政弘）を後見した。寛正六年（一四六五）教弘死去後も立場は変わらず、応仁文明の乱においては、西軍方として上京した大内政弘のために国元で留守を預かっていた。この間、子の嘉々丸は政弘の養子になっている。一族の長老として重きをなしていたと言えるだろう。文明二年（一四七〇）、東軍方につき、以降文明八年（一四七六）ころまで、東幕府の足利義政からは、政弘に代わり大内氏の家督として扱われていた。しかし防長の経営には失敗し、文明三年（一四七一）末には政弘方の陶弘護によって豊前に追い落とされた。以後、文明九年（一四七七）までは北九州において独自の活動を展開していた形跡が見えるが、政弘帰国以後の消息は不明である。

以上から明らかなとおり、教幸は、最初から最後まで教弘・政弘父子にとって常に潜在的な競合者であった。この教幸の存在こそ、文明一八年（一四八六）の一連の行事に帰結する、政弘の亡父顕彰・家系の整理と先祖観の確立などを必要とさせた直接の契機であったのである。

（1）「文明一六年一一月二七日陶弘護肖像賛」（『大日本史料』文明一四年五月二七日条所収）。
（2）「一〇月一三日大内義興書状」（『大日本古文書　益田家文書』二〇四号）
（3）「大内家譜」（宝暦八年（一七五八）、多賀社文庫一四二）・「大内家系譜並庶流系」（天保一〇・一一年（一八四一）、毛利家文庫二七諸家六）など。いずれも山口県文書館蔵。
（4）『海東諸国紀』「周防大内殿」項「至持世無子、以姪教弘為嗣」・『朝鮮王朝実録』世宗二三年一二月乙未条「大内殿堂姪」。
（5）「大内氏条書案」（『大日本古文書　蜷川家文書』五四号）・「（嘉吉元年）九月二七日室町幕府奉行人飯尾貞連書状案」（同、二八号所収）。
（6）山口隼正「佐々木文書――中世肥前国関係史料拾遺」（『九州史学』一二五、二〇〇〇年）所収。
（7）「大内氏条書案」（『蜷川家文書』五四号）。
（8）毛利熙元に宛てた「嘉吉元年一〇月一四日室町幕府管領奉書」（『大日本古文書　毛利家文書』六二号）、志賀親賀に宛てた「嘉吉元年一〇月一四日室町幕府管領奉書」（『志賀文書』、『熊本県史料』二）など。
（9）「（寛正三年）九月二一日大内氏奉行人連署奉書」（『大日本古文書　東大寺文書之七』三六巻三〇六号）。以下、本項の叙述は、もっぱら和田秀作「大内武浩及びその関係史料」（『山口県文書館研究紀要』三〇号、二〇〇三年）による。
（10）「多々良亀童丸〈大内政弘〉氷上山妙見上宮参詣目録」（『興隆寺文書』、『山口県史』史料編中世三）。
（11）「条々事書」（『黒水文書』、『大日本史料』文明一〇年正月一一日条所収）。
（12）「（応仁元年カ）一一月一九日大内道頓書状写」（『大日本古文書　小早川家文書』所収「小早川証文」三九八号）

波多見嶋瀬戸城事、思外儀候、都鄙大儀之弓箭時節候間、先被㆓捨置㆒候て尤可㆑然候、京都一途静謐候者、政弘可㆓申談㆒候、弥御堪忍肝要候、委細猶両人可㆑申候、恐々謹言、

十一月十九日　道頓（花押影）

小早川中務少輔殿

（13）「（応仁二年カ）二月九日大内道頓書状」（『大日本古文書　相良家文書』二〇二号）。

（折封上書）
「相良殿　道頓」

旧冬対二加賀守（仁保盛安）一御状之旨、祝着存候、於二摂州一年内幷至二去月一数カ度《所》両度合戦、得二大利一候之由申下候、可レ然候、但於二已後一者、弥無為之様可二申談一之由、政弘申与候、都鄙儀定不レ可レ有二相違一候哉、猶々対二政弘一一段御懇切候、本望候、其方御計略憑存候、委曲盛安可レ申候、恐々謹言、

二月九日　道頓（花押）

相良殿（為続）

（14）「文明一六年一一月二七日陶弘護肖像賛」（『大日本史料』文明一四年五月二七日条所収）・「（文明三年）正月二日陶弘護書状」（『益田家文書』六一五号）・「条々事書」（『黒水文書』、『大日本史料』文明一〇年正月一一日条所収）・「陶弘護他六名連署注進状案」（『史料集益田兼尭とその時代』七八号）。なおこの間の戦局の推移については、久留島典子「応仁文明の乱と益田氏」（『東京大学史料編纂所研究紀要』一七、二〇〇七年）も参照。

（15）佐伯弘次「大内氏の筑前国支配」（『九州中世史研究』一、文献出版、一九七八年）。

（16）拙稿「室町期における大内氏の対朝関係と先祖観の形成」（『歴史学研究』七六一、二〇〇二年（本書第四章））。和田秀作前掲注9論文。山田貴司「中世後期地域権力の官位獲得運動」（『日本歴史』六九八、二〇〇六年）・「中世後期地域権力による武士の神格化」（『年報中世史研究』三三、二〇〇八年）。

（17）『大友家文書録』三九一号。

（18）『蜷川親元日記』（東京大学史料編纂所架蔵騰写本）文明一〇年（一四七八）一〇月二四日条。

（19）『正任記』（『山口県史』史料編中世一所収）文明一〇年一〇月三日条。

終章　総括と展望

一　総括

本書では、前近代東アジアのなかの日朝関係の実態を地域権力の視点から分析することで、現代とは異なる前近代国家のあり方、国家間外交のあり方について考えていこうという問題意識から発し、大内氏という具体的な素材を用いて、「内」と「外」との有機的な連関を見出そうと努めてきた。

大内氏が日朝関係に登場する一四世紀後半期は、東アジアの政治秩序再編の時期と言われる。日本においては、一三六三年山名氏・大内氏らが室町政権への帰属を明確にしたことにより、九州を除く地域は室町政権のもとで安定に向かい、一三七二年、九州探題今川了俊が懐良親王の征西府を大宰府から駆逐して北九州地域を確保し、以降徐々にその支配を九州全域に及ぼすようになって、鎌倉幕府滅亡以来の内乱状態は、一四世紀末にはほぼ終息するに至った。一方、中国大陸においては、一三六八年、元末の内乱状況のなかから明王朝が成立し、朝鮮半島においては、一三九二年、高麗王朝の恭譲王から禅譲を受ける形で李成桂が朝鮮王朝を創始した。一四世紀末に確立したこの東アジア政治秩序は、一五世紀を通じておおむね安定的に推移し、東アジア海域交流を規定する要因となった。

明王朝は、前代以来の民間貿易を一切禁じ、諸国の王が明皇帝に朝貢するという形式による「国家間」外交のみを認めた。この結果、明からより多くの朝貢が認められた琉球王国が、東アジア海域における明との貿易欲求を引き付けて繁栄し、また「日本国王」と認定された室町殿の遣明船派遣は、国内勢力にとって明と貿易する唯一の機会として期待が寄せられ、室町殿の求心力のひとつとなった。

一方、朝鮮王朝は倭寇対策を第一義として、多様な勢力による通交を認めたため、日朝関係は、日本国王に収斂された一元的な形態をとらず、多元的な様相を呈した。相手の方針がどうであれ、室町政権に、外交は室町殿に一元化するのだという意志と実力があれば、日朝関係も、日明関係のように室町殿に一元化された形態をとったはずである。しかし現実はそうではなかった。室町政権の外交は他律的で、通交の整序はもっぱら相手の方針に拠っていた。明に比べればはるかに通交条件の緩やかだった朝鮮王朝と、主として西国地域の地域権力との間で取り結ばれた多様な通交関係は、分権的・多元的と言われる中世社会をよりストレートに反映していると言えよう。一九八〇年代以来積み重ねられた中世対外関係史研究の実証部分の多くを担ったのが日朝関係史研究であったのは、『朝鮮王朝実録』という通交の実態を把握していく上で得がたい史料があったという条件のほかに、日朝関係のこのような性格に拠るところが大きかったであろう。本書では、この日朝関係の展開のなかに、中国西部・九州北部を勢力圏とし関門海峡を押さえていた大内氏という地域権力を置き、大内氏の対朝鮮通交の変遷をたどり、その特質を明らかにしていくことで、室町期政治史と日朝関係史の架橋を試みようとした。最後に本書で述べたことをまとめ、若干の展望を付して結びとしたい。

一四世紀内乱のなかで、足利尊氏方→足利直冬方→征西府方と変転を重ねながら、一族間競合を勝ち抜き、周防、ついで長門をおさえ急速に勢力を拡大させた大内弘世は、貞治二年（一三六三）ころ、室町政権に参加し、周防・長門守護として室町政権内に位置づけられた。そして室町政権の対九州政策に沿う形で、北九州に進出し、今川了俊が九州探題として下向すると、ともに大宰府を攻めてこれを落とした。大宰府陥落後、安芸・石見への進出を図って、室町政権の対九州政策への協力に消極的になっていった弘世に対し、その子義弘は、水島の陣後の了俊の援軍要求に応えて出兵し、これを助けた。大内氏が高麗と交渉を持ったのは、公式には義弘が初めである。

義弘は、一三七九年、高麗の倭寇禁圧要請に応える形で、高麗に兵を派遣し倭寇と戦わせた。ただしその後は、しばらく九州探題今川了俊主導の対高麗・朝鮮交渉が展開され、大内氏独自の動きは見出すことができない。大内氏の対朝関係は、了俊の失脚後、本格的に展開されることになる。

応永二年（一三九五）に了俊が京都に召還されたのち、『朝鮮王朝実録』には大内義弘による通交の記事が散見されるようになる。第一章では、こののち弘治三年（一五五七）に大内氏が滅亡するまで、一六〇年に及んだ大内氏の対朝関係について網羅的な検討を行ない、五期に時期区分して、各時期の特質を追究しつつ概観を試みた。

第一期は、一四世紀末から一五世紀初頭にかけての時期であり、大内氏当主で言えば、義弘・盛見の時期にあたる。義弘は、九州探題今川了俊召還後、いち早く朝鮮への通交を開始しており、自身の失脚が義弘の策謀によるものだという了俊の説を裏づけている。一三九八年、大内氏への回礼の使者という形で発遣された朝鮮使節朴惇之は、義弘の手配によって上京し、足利義満と会見した。これに対し義満は、義弘に告諭するという形で朝鮮へ返答し、かつ自身の使者を朴惇之ならびに大内氏の使者に同行させて朝鮮に派遣した。これが室町政権と朝鮮王朝の通交の開始であり、以後しばらく、応永の乱を挟みながらも、日本国王使と大内氏使者が同行して朝鮮王朝に通交する例が多く見られる。すなわち、大内氏は、室町政権と朝鮮王朝の通交を媒介し、取次をつとめていたのである。

第二期は通交の途絶期である。盛見の後期から持世の時期にあたり、一五世紀前半から中葉にいたる。大内氏の朝鮮通交のなかで、二〇年近くにわたって使者の派遣が見られない時期は、この時期を除いてほかになく、極めて特異な時期である。事実関係に不明な点が多く、じゅうぶんに意義づけることは難しいが、日朝関係の再編成を目指した室町殿義教の政策によるところが大きいのではないかと推定される。当該期は朝鮮使節の来日が頻繁であった時期であり、これらの使節の日本情勢報告などをもとに朝鮮王朝は、大内氏に対する評価を高めていった。

第三期は、嘉吉の乱で横死した持世への朝鮮王朝の異例の弔問をきっかけに、大内氏による通交が再開され、以後継続的に営まれた時期である。第二期の後期から朝鮮国内においては、日本側諸通交者の統制の依頼のためにも、また朝鮮使節救護の回礼のためにも、大内氏に使者を派遣するべきだとする意見がたびたび見られた。それが実現したのが、一四三九年高得宗派遣時における、赤間関での持世と高得宗との会談である。持世はこれに応えて一七年ぶりに朝鮮に使者を発するが、直後に嘉吉の乱に巻き込まれて死亡した。この情報をうけた朝鮮王朝は、足利義教の弔問の使者を発すると同時に、この使者に持世の弔問という任務も負わせた。嘉吉の乱で同様に死亡した山名熙貴・京極高数らには弔問の計画すらなく、持世への弔問は、朝鮮の大内氏への深い関心を如実に表わしている。持世の横死という混乱のなか、実力で後を継いだ教弘には、それまで蓄積されてきた対朝通交の情報が十分伝授されなかった点も見られるが、当該期の朝鮮王朝による大内氏優遇方針のもと、継続的で安定的な通交を営んだ。一四五三年に朝鮮王朝から贈与された通信符は、日朝関係における大内氏の卓越した地位をモノで象徴するものといえる。

第四期は、応仁文明の乱にともなう大内氏権力の分裂と領国の混乱を背景に、「大内政弘」の使者を名乗る偽使が発生した時期である。この偽使は、大内氏内部の手になる発遣であると推定され、大内氏内部における政治的分裂が、大内氏にあっては例外的な偽使の出現につながったものと見られる。この偽使の存在は、一四七九年、大内政弘が派遣した使者瑞興によって明らかにされた。通信符が書契に捺されていなかったことが、その決め手となった。

第五期は、一四七九年以降、通交が継続されるなかで、徐々に使者派遣にともなう実務が対馬宗氏に請け負われていくようになる時期である。ただし、請負通交が展開されていくなかにあっても書契の作成と返書の受取という最低限の実務は大内氏側に確保されていた。この結果、同時期の日本国王使のように、現実の室町殿のあずかり知らないところで、「牙符」を手に入れた権力と対馬宗氏との交渉のもとに使者が発遣されるという事態には至らなかった。

大内氏の朝鮮通交が、その滅亡まで実体を持って持続されていたことは、徐々に対馬宗氏のもとへ収斂されていく日朝関係のなかにあって、特徴的である。

一五五七年、大内氏を滅亡させて大内氏領国を引き継いだ毛利氏は、大内氏の対朝通交上の道具である通信符や牙符は引き継いだものの、対馬宗氏との交渉に失敗し、対朝通交を行なうには至らなかった。大内氏の対朝通交の遺産は対馬宗氏によって引き継がれ、一五九〇年、約一五〇年ぶりに朝鮮使節が来日するまで、対馬宗氏の権力基盤である「朝鮮通交権」のひとつとして活用されることとなる。

以上の分析から従来、遣明船貿易の代替として補助的にとらえられてきた大内氏の対朝鮮関係は、大内氏権力が中国西部・九州北部を勢力圏として確立し、室町政権内に位置づけられた初発段階から開始され、大内氏の滅亡に至るまで営々と継続された、室町期の大内氏にとって、極めて重要なものであったことが判明する。この過程で朝鮮から贈与された通信符は、大内氏が朝鮮王朝から優遇され、日朝関係において卓越した地位を占めていたことの象徴である。さらに、一四世紀末、大内義弘が朝鮮王朝と室町政権の関係の開始を導いて、両者の取次をつとめたことは、初期日朝関係、ことに国家間外交において、大内氏が特異な位置を占めていたことを端的に示している。

この国家間外交における大内氏の位置をより具体的に理解するべく、朝鮮使節護送の実態の検討を行なったのが第二章である。室町政権が、来日した外国使節の行程の安全をいかに確保し、あるいはしようとしていたかという問題は、室町政権の外交姿勢を示すばかりでなく、基幹交通をどのように掌握していたかという問題にかかわる重要な論点である。また使節を派遣する朝鮮王朝側が、使節の行程安全のために払っていた政策の内容を検討することは、朝鮮王朝の日本に対するリアルな認識を導くであろう。朝鮮使節護送における大内氏の役割を検討することは、日朝両国の視点から大内氏の日朝関係における位置を明確化することにつながるのである。

室町政権の朝鮮使節護送は、次のような形態で遂行されていた。使節来日の報告を受けて、受入が決定されると、室町殿は赤間関・兵庫に対して「入送之文」を発給し、併せて各国守護に対して護送命令を出す、これを受けて守護は守護代に、守護代は「寺社本所地頭御家人」に対し遵行命令を出すという形である。護送にかかった現地での費用は、国下用として、荘園年貢決済の際に必要経費として計上され、年貢から差し引かれた。室町政権下の朝鮮使節護送が、荘園制的な秩序のもとに整ったシステムで運営されていたことがうかがえる。なお、大内氏が朝鮮へ軍勢を派遣する際の水手の動員や、朝鮮への使節派遣・使節護送にあたって必要とした費用も、守護役として一国にかけられたことが確認できる。ときに「異国諸役」と呼ばれたこの臨時役は、大内氏が室町期の守護権力としての基盤をもとに対朝関係を展開していたことの証左である。

ところで、江戸期には、朝鮮通信使来日に際しては、まず対馬藩主が釜山まで迎えに行き、全行程を使節に同行した。釜山出発以降、対馬を経て壱岐までは対馬藩が護送を担当し、壱岐の海上で福岡藩に、赤間関の海上で萩藩に、周防灘で広島藩に、水島灘で姫路藩に、明石の海上で明石藩に交代するという形で、行程の地域を所管する大名たちが次々に引き継いで曳船・護送し、引継の報告は各大名から江戸幕府になされた。第二章で検討した室町期の使節護送システムも基本的には、近世におけるこの通信使の護送リレー方式と同様の形態をとっており、その原初的な形態ということができる。ただし、①室町殿が護送命令を出すのは赤間関からであって、対馬・壱岐・北九州の護送に関してては見られないこと、②瀬戸内海においてもところどころ、室町殿の命令が届かない場所があり、その場所の通過は、水上慣行を熟知する者の才覚に頼る面があったこと、③護送を実際に担当する者がしばしば海賊衆であって、近世家臣団に再編成された御船手組のような役人ではないため、時折不測の事態が生じたことなどを、室町期の特徴として挙げることができる。最後の点に関わって言えば、守護・守護代から遵行命令をうけて現実に護送を担当した海賊衆が、護送料を直接朝鮮使節に要求しトラブルになった事例も見られる。このことは、室町政権の基幹交通支配が、在地の実力と慣行の上に立脚し、それを編成することで成立しえていたことをよく示している。

一方、朝鮮王朝は、使者発遣ごとに、釜山から大内氏までの各地の諸勢力に対しては独自に護送を依頼し、大内氏から京都までについては大内氏に委ねるという方針を採っていた。大内氏までとは、地理的には赤間関までを指した。この結果、一五世紀後半の朝鮮王朝内には赤間関についたら大内氏と連絡をとり、日本における進退は大内氏と相談して決めるという認識が形成された。

すなわち大内氏は、一五世紀前半、朝鮮使節の来日が頻繁に見られた時期には、使節護送の要に位置し、「入国管理」とも言うべき役割を果たし、朝鮮王朝と室町政権を実質的に取次ぎ、朝鮮王朝から「日本における進退は大内氏に相談して決定」すると認識されるに至るほど大きな政治的地位を占めていたのである。第二章中で触れた、盛見が義持を宥めて朝鮮使節らを無事に入京させた朴安臣の事例や、海賊に襲われた際にとにかく赤間関を目指して大内氏の保護を得た李芸の事例などは、その認識を形成し確立させるのに貢献したことであろう。中世の赤間関は古代以来の要衝である点に加え、当該期の大内氏の政治的地位を反映して、中世後期における「入国管理地」として独特の歴史的性格を帯びるに至った。

第三章では、第二章に引き続いて大内氏の対朝関係が日朝関係に占めた現実的な地位を考察し、ならびに大内氏の対朝関係が大内氏権力にとっていかなる意味を持ったのかを追究する手段として、大内氏の大蔵経の輸入と利用の実態を追った。

大蔵経は、一五世紀に朝鮮にやってきた日本の通交者達が渇望した物品であり、執拗に繰り返された各勢力による大蔵経求請は、中世日朝関係の特色をなしている。従来、大蔵経輸入をめぐっては、朝鮮王朝と求請者の間に展開された虚々実々の駆け引きが注目され、日朝関係を構成する諸階層の重層性と多様性を示す好材料として、分析されてきた。ただ大蔵経輸入という行為が、国内的に何を意味したのかと言う点については、じゅうぶん問われてこなかったように思う。第三章では、大内氏というひとつの通交者が、どれだけの大蔵経を朝鮮王朝から贈与され、それをどのように使用したのか、贈与された大蔵経は今どこにあるのかについて、具体例を検出・蓄積することによって、大蔵経輸入が大内氏にとって持った意義を追究し、日朝関係における大内氏の地位を即物的に示そうと試みた。

大内氏が朝鮮王朝から贈与された大蔵経は、中世後期に朝鮮王朝が日本側通交者（琉球を含む）に贈与した大蔵経総数約五〇部のうち、約四分の一にあたる一二—一五部にのぼる。日本国王に贈与されたのは二五部前後と推定され、これが全体の半分を占めるから、大内氏と日本国王だけで全体の四分の三を占めることになる。残る四分の一が、対馬宗氏・琉球国王使・九州探題その他諸勢力に与えられた。日本国王たる室町殿を除き、大内氏が他勢力に比して突出して多くの大蔵経を与えられていることは明らかであり、朝鮮王朝の大内氏への優遇ぶりがうかがえる。第一章で指摘した通信符と並んで大蔵経は、大内氏の日朝関係における優遇された地位をモノで象徴するものと言えるだろう。

この輸入しえた大蔵経を、大内氏は戦略的に配置・利用していた。一五世紀前半に輸入された大蔵経の多くは大内氏の氏寺・菩提寺、あるいは大内氏が重視した防長の寺社に施入された。領国内に勧進を募ってなされた氏寺興隆寺のための大蔵経輸入は、大内氏にとって大蔵経輸入が、領国内秩序形成のための儀式の一環としての機能が期待されるものであったことを端的に示している。

一五世紀後半においては、大蔵経は「国内」外交のための道具となる。大内氏は大蔵経を輸入しうるものとして、畿内寺社の大蔵経輸入の代理行為を行ない、あるいは大蔵経を蓄積しているものとして、畿内寺社に大蔵経の寄進を申し出、また室町殿にさえ大蔵経献上を申し出るなどしている。この大内氏の行動は当該期の朝鮮との関係の深さを誇示する動向の一環をなしており、大内氏が対朝関係における自らの特異な位置を梃子として室町政権への位置づけを図っていたと見ることができる。

この一五世紀前半の領国向けの利用、一五世紀後半の対畿内外交への利用という特徴は、おそらく大内氏権力の質的変化と無関係ではないだろう。一五世紀前半に足場を固めた大内氏が一五世紀後半にさらなる飛躍を求めて、畿内政治への参加を求めていたと見ることもできる。しかしながらこの点についての実証は今後の課題とせざるを得ない。

以上の検討により、当該期日朝関係における大内氏の位置が明確となった。中国西部・九州北部を勢力圏とし関門海峡を押さえていた大内氏は、朝鮮側の倭寇禁圧要請を契機として通交を開始して継続的な通交を行ない、また室町政権と朝鮮王朝の「取次」を務めて重要な位置を占めた。このような大内氏の地位は、他の同規模の守護たちに比べ、際立って特異であるが、それを許容し、あるいは必要として成立していたのが室町政権の体制であった。

ここで視点を室町政権側に転じ、室町殿の対朝関係を概観し、そのなかでの大内氏の位置について確認しておこう。すでに繰り返し述べているように、室町政権と朝鮮王朝との外交関係の成立は、大内義弘の媒介によった。足利義満は、九州探題ではなく、義弘を自身の通交の取次とし、室町殿と大内氏の使者が同行して朝鮮王朝を訪れるという形態は、応永の乱を経てもなお継続した。

足利義持は、日明関係は断交したが、日朝関係は継続した。すでに多くの論者が指摘するように、義持期から義教期にあっては、朝鮮王朝・室町政権による国王使の派遣が繰り返され、朝鮮王朝側からすれば、敵礼関係に基づくあるべき外交が繰り広げられた。この時期の室町殿による朝鮮への使者派遣はもっぱら大蔵経求請を目的とするもので、のちの政権中枢部において、「請経使」と認識されるようなものであったが、国王同士の頻繁な使者のやりとりは、国家間外交とよぶにふさわしい外観を備えていた。

この往来のなかで大内氏が朝鮮使節護送の要の地位にあったことは、第二章で詳述したとおりである。室町政権と朝鮮王朝の取次という大内氏の特質はこの時期にあっても継続していた。ただし義持の後半期から義教期の全期にわたって大内氏の独自通交は見えなくなる。この内実は不明というほかないが、義教が義持と異なり、日明関係を復活させ、大名・寺社乗合船の形での遣明船派遣を組織したことを併せ考えるならば、義教には日朝関係においても日明関係と同様にある程度、守護権力による独自通交の欲求を整序し、自己への収斂を図る意向があったのではないだろうか。この一四二〇年代後半から一四四〇年代にかけての約二〇年間は、一三六三年の帰参以来、大内氏がもっとも室町政権に依存していた時期であることにも注意しておきたい。よく知られているように、室町政権は、応永末年から激しさを増す、筑前をめぐる少弐氏・大友氏と大内氏の戦争において、一貫して大内氏を支持していた。この支持のもとに戦争を遂行中の大内盛見・持世にとって、義教の方針に逆らうことは得策でなかっただろうし、いずれにしろ、うちつづく合戦のなかで独自通交を展開する余裕もなかったのかもしれない。

義教と持世が嘉吉の乱で没した後、持世のあとを継いだ大内教弘は、朝鮮との独自外交を再開した。これに対して、足利義勝・義政がなにか規制をかけようとした形跡はない。第三章で触れたように、一五世紀後半、足利義政の代になると朝鮮王朝への日本国王使の派遣は、大蔵経を欲する寺院が使者の選定から費用の調達まで、国書執筆以外のすべての業務を担う、請負通交の性格を強めていく。一四七四年の足利義政提案による牙符制の開始はこの傾向に決定的な影響を与えた。橋本雄氏は牙符制の導入の背景として、①前後の時期に、偽の「日本国王使」や幕府有力者名義を用いた偽の「王城大臣使」が横行していることが日朝間で露見したため、偽使の通交や実際の幕府有力者の独自な通交を押さえ込む必要があったこと、②幕府財政の崩壊が進み、明朝側の経済のダウンなどから遣明船貿易も不振となって対朝鮮貿易や対琉球貿易に依存する割合が高まったことを挙げ、牙符制の開始を、義政の通交貿易独占の意気込みによるものと評価される。[①] だが王城大臣使のほとんどが実体のない偽使であり、現実の在京守護たちが朝鮮に自己の名義で使者を派遣するという発想すらなかったとするならば、[②] そもそも独自な通交を押さえ込む政策をうちだす必要はなかったであろう。牙符制は一定度の需要を見込んだ上で、「日本国王使」創出をよりシステマティックに認可する方法であり、「日本国王使」派遣の権利を牙符という形に物権化することで、売り易くしたものであったのではないか。政弘による大蔵経献上をためらいもなく受けようとしたことに象徴されるように、義政には、室町殿外交に対抗しうるような内実を備えた大内氏の独自外交を規制し、自己のもとに対朝関係を収斂しようとする志向はなかった。符験外交体制とは、室町殿外交を物権化することによって、利権の配分を可視化し、室町殿に礼銭収入をもたらす体制であったが、体制外の利権を制御しようとする性格のものではなかったと言えよう。室町将軍家の分裂にともない、一六世紀初頭には「日本国王使」というもっとも有利な形で朝鮮貿易を行なうための道具であった牙符は、室町殿の手元から流出し、西国に散在し、やがて現実の室町殿のあずかり知らないところで行使されることとなる。大内氏も牙符を手にいれ、従来の大内殿使に加えて、日本国王使の派遣も経営した。

以上のとおり、室町殿の対朝関係は、大内氏を以て開始し、大内氏よりもずっと早くその実質を失った。ごく一時期を除いて、室町殿が大内氏の対朝関係について干渉することはなかったし、大蔵経の例に見られるように、大内氏の対朝関係が自己に対抗しうるような内実を備えていることに対しても、神経をとがらせた様子はない。こうした室町政権の対応は、桜井英治氏の言う「遠国宥和・放任策(3)」と同根のものと理解される。

一方、朝鮮王朝は、第三章で論じた大蔵経や第一章で指摘した通信符の贈与からうかがえるように、大内氏を非常に優遇していた。それは大内氏が日朝関係に占める地位と実力の反映と言える。しかしながら、大内氏を優遇する際の朝鮮王朝内での議論には、勢力の大きさや倭寇禁圧に有効な権力であるといった現実的な理由のほかに、大内氏は「我が国」、つまり朝鮮から出た一族であるからとするものが多く見られた。ことに一五世紀後半以降、朝鮮王朝内の大内氏への認識は、実力の重視よりは同系意識を基調とするものに変化していく。第四章においては、この大内氏が朝鮮出身の一族であるとする同系意識が、外交上いかに機能したのか、その実態を明らかにするとともに、大内氏は朝鮮の一族だとする日朝の認識の内容を追究し、大内氏の対朝関係の特質に言説の面から迫ってみた。

大内氏の先祖については、日本においては近世初頭、すでに百済国聖明王の第三王子琳聖太子とする説が確立・流布していた。今日、旧大内氏領国であった山口県の各所には、多くの琳聖太子伝説が存在し、大内氏の百済琳聖太子子孫説の広範な流布を物語っている。大内氏の先祖が琳聖太子であるかどうかについては、従来、事実の真偽の次元で論じられることが多く、信憑性はないとされてきた。しかしながらこの琳聖太子子孫説は、事実かどうかの問題としてではなく、中世大内氏の自己認識としての先祖観としてとらえ、そのような先祖観が形成されていく過程と背景を分析することにより、当該期大内氏権力の特質を把握する手がかりとなりうる素材である。

結論から先に述べれば、大内氏の先祖観は、対朝関係の展開と密接に関わりながら、三段階の画期を経て肥大化した。具体的には、①一三九九年義弘の家系・出自を示す文書と「土田」要求、②一四五三年教弘の『琳聖太子入日本之記』要求、③一四八六年政弘の「国史」要求、の三つである。以下、それぞれの画期の内容について簡単に再論しておこう。

一番目の画期は、一三九九年に大内義弘が家系・出自を示す文書と「土田」を要求したものである。義弘は、朝鮮に対して自分の倭寇禁圧の功を主張した上で、自分は百済の後胤であるのに、日本国人は私の家系と出自を知らないとして、このような要求をしたのである。朝鮮国王はこれを受けて、大内氏の主張を裏づける根拠は無いが、義弘の倭寇禁圧の功に鑑みて、仮に百済王温祚高氏の後胤として土地を給付するとの決定をくだした。しかしこれには大反対があり、また直後に義弘自身が応永の乱を起こして敗死するという事態のなかで、うやむやのままになってしまった。要求当時、義弘は九州探題を差し置いて日本国王と朝鮮国王との外交関係の成立を導き、九州探題今川了俊失脚後の日朝関係において主導的な地位を占めていた。それゆえ義弘がこのような要求をした背景には、職制上にはその根拠を見出しえない自らの特殊な地位を、九州探題ならびに自分と同様の立場（＝守護）にある少弐氏・島津氏・大友氏などの競合勢力に説明し納得させるために、自らの出自を朝鮮に求め、それを朝鮮から証明してもらおうという意図があったと考えられる。

二番目の画期は、一四五三年に大内教弘が、大内氏は百済王子琳聖太子の後胤であると称し、『琳聖太子入日本之記』なる書物を求めたことである。この『琳聖太子入日本之記』求請をひとつの契機として、朝鮮では、大内氏を同系と認識し、それゆえの親和感が強調されるようになっていく。この要求がなされた一ヵ月後、通信符が鋳造され、大内氏に贈られた。この通信符は、朝鮮がほかの通交者に与えていた図書とは、まったく形状・使用法の異なるものであり、一般の通交者と大内氏とを差異化するものである。教弘の『琳聖太子入日本之記』要求は、結果として、朝鮮と同系だとアピールすることにより朝鮮王朝内に親和感をもたらし、優遇された貿易上の地位を示す象徴としての通信符の獲得という成果をもたらしたのである。

三番目の画期は、一四八五年の大内政弘による「国史」要求である。これは、大内政弘の使者が、琳聖太子の曾祖父以上の名前や事績が伝わらないことを述べ、国史の賜与を願ったのに対し、当時の朝鮮国王成宗が弘文館に「略して書してこれを賜え」と命じたものである。ところで、大内氏の氏寺興隆寺には文明一八年（一四八六）、つまり「国史」要求の翌年、一〇月二七日の日付を持つ「家譜」と言うべき文書が残っている。この「家譜」には、これ以前の先祖に関わる大内氏の言説には見られない、琳聖太子以前の世系についての説明があり、『三国史記』の内容と酷似している。政弘は自己の「家譜」を整えるために朝鮮に「国史」を要求し、朝鮮は『三国史記』もしくはその抜粋を与えたと推定される。

「家譜」が作成された文明一八年における政弘の行動をたどっていくと、父親への三位贈位を実現する、特定先祖の法要への出仕を家臣に強要する、氏寺である興隆寺を勅願寺化するという一連の行動の中に、百済王系であることを示す「家譜」を整えるという事項が位置づいていることがわかる。この一連の行動は、大内氏当主が自らの存在を正統化し権威化しようとしたものと評価できよう。応仁文明の乱期、大内氏嫡流としての政弘の地位は必ずしも自明ではなく、競合者として伯父の道頓なる人物がおり、彼は乱中、室町殿の公認を受けて大内氏領国内で活動していた。したがって応仁文明の乱後、京都から領国に戻った大内政弘には、自らの家督の地位確定との領国秩序の再編成の為に、自らの系統が大内氏のなかで超越したものであり、道頓は自らの下位にある簒奪者なのだということを明示する必要があった。文明一八年の一連の行動の意義はここにあり、その集大成として作られたのが興隆寺に残る「家譜」であったと考えられる。朝鮮から貰ってきた「国史」はその作成のための重要な史料となった。

すなわち、百済王の子孫とする大内氏の先祖観は、一五世紀の対朝関係の推移のなかで三段階の画期を経て肥大化し、完成に至る。この形成過程は朝鮮の大内氏認識にも大きな影響を与え、その結果確立した同系意識は、対朝関係を有利・円滑に運営する外交修辞として大いに活用された。さらにこの百済王子孫説は大内氏領国ならびに京都に向けても発信され、大内氏権力を正統化し、荘厳するものとして期待されていた。

以上の分析から、大内氏の先祖観形成が、すぐれて「国内」における政治的要請に基づいてなされたことが読み取れる。第三章で論じた大内氏の大蔵経の輸入と利用の諸側面から見える特性を併せ考えるならば、大内氏の対朝関係は、大内氏権力の「国内」的必要性と密接不可分なものとして行なわれ、ことに室町政権下における大内氏自身の位置の形成に深く関わっていたと言える。第二章で論じたように大内氏の対朝関係はまた、室町政権自身の対朝関係と密接に関わっており、重要な位置を占めていた。ここから明らかなように、大内氏にとって当該期の日本「国家」内に自己を位置づけていく際のキーとなったのは日朝関係であった。第三章・第四章で見たように、一五世紀後半、大内氏は百済出自であることや、対朝関係において優位な地位を占める一族であることを盛んに京都で宣伝するようになるが、朝鮮蔑視観が抜きがたく存在していたはずの京都で、そのことが大内氏蔑視につながった様子はない。百済出自が自己にとって有利に働くという判断がなされたからこそ、大内氏はそれを宣伝するという行為に出たのであろう。ここに当該期における国際意識のあり方が多元的・複合的であったことがうかがえる。

本書では、大内氏が、大蔵経を欲し、朝鮮から贈与された大蔵経を一五世紀前半には領国内寺院に施入して領国秩序の安定に役立たせようとし、後半には畿内むけ外交の道具として積極的に利用した姿、あるいは、対朝関係の変遷のなかで肥大化させた、自らを百済王子孫とする先祖観を、対領国むけに、あるいは京都に宣伝し、その正統性を主張している姿を析出してきた。こうした大内氏の特性は、大内氏自身がいかなる権力であったのかを、象徴的にはよく伝えているものと思う。大内氏はその置かれた地理的環境から必然的に東アジアへの展開志向を強く持ち、実際に朝鮮王朝と深い関係を築いた。そしてその特性を誇示しつつ、室町政権内で一定の存在感を得ようとした。大内氏権力にとって日本・朝鮮それぞれの中央政権とかかわりを持つことは自然であり、必然であった。この中央政権の外交の樹立を媒介し、「入国管理」を行なう一方で、独自通交を展開し、その過程の中で朝鮮を出自とする先祖観を構築し、朝鮮外交において役立たせるのみならず、「国内」に対しても宣伝するという大内氏のあり方、そしてそれを受容し利用する中央政権のあり方は、ともに今日的な国家観からすれば著しく逸脱しているが、室町政権とはそのような一面を持ち、そのような権力を内包していた政権だったのである。

二　課題と展望

以上を踏まえて、今後の課題と展望を述べておこう。

本書で論じてきたように、大内氏は、中世後期を通じて、環シナ海地域に大きな位置を占めて、独自に朝鮮との関係を展開し、百済王に系譜を求める先祖観を肥大化させていった。こうした大内氏の動きは、川岡勉氏が想定されたような「守護公権」に依拠するものとは考え難い。しかし、大内氏にとって、「室町幕府―守護体制」論では捕捉されない、このような一面もまた、権力を構成する重要な要素であったことは、これまで述べてきたところから明らかである。

だが一方で、大内氏は、守護在京制を特質とする「室町幕府―守護体制」の外縁部に位置する守護として、室町政権に強く引きつけられていく面も確実に有していた。最後の大内義隆・義長をのぞいては、歴代大内氏当主は、期間の長短はあれ、必ず在京経験を持っていた。永享年間（一四二九—四一）の少弐・大友氏との戦争の際に治罰の御教書・御旗を請うていること（第一章）や、文明・長享年間（一四六九—八九）の畿内における活動（第三章・第四章）からも、大内氏が室町政権を必要とし、その一員であろうとする志向がうかがえる。大内氏の対朝関係自体、室町期荘園制に立脚した社会基盤をもとに営まれ（第二章）、対朝関係の成果物は、大内氏権力の各段階において必要な道具として戦略的に使われた（第三章）。繰り返しになるが、大内氏にとって対朝関係を展開しながら、室町政権に属することは相互不可分の関係にあったのである。したがって今後は、本書が対朝関係上の展開を論じるなかから析出しえた「国内」における大内氏の動向・立場を、室町政権と大内氏との通時的な関係を検討するなかであらためて位置づけていくことが、大内氏研究の立場からも、室町政権研究の立場からも必要となる。

一四世紀内乱のなかで、実効支配した周防・長門を安堵してもらう形で室町政権に参加した経緯からしても、応永の乱後、室町政権の公認を得た弘茂ではなく盛見が当主となったことを考えても、大内氏にとって室町政権は、領国に守護として存立する上で、常に不可欠な存在であったとは言いがたい面がある。勢力圏の地域性を生かし、朝鮮と独自通交を行なって日朝関係に大きな地位を占め、東アジア海域世界の重要な一員となった大内氏権力は、何を求めて京都に強く引き付けられ、室町政権に位置づけられようとしたのだろうか。守護として室町政権に参画することは大内氏権力にとっていかなる意義を持ち、あるいは持つと観念されたのだろうか。京都に引きつけられることがあたりまえではないと発想した上で、この点を問うていくことは、「室町幕府—守護体制」論の外縁部とされる大内氏ばかりではなく、現行の権力構造論である「室町幕府—守護体制」論ではじゅうぶんに把握しきれていない中国・九州守護の存在実態を理解し、中世後期の権力構造を明確していくことにつながっていくのではないか。

日朝関係における特質を踏まえて、大内氏と室町政権との関係を読み解いていこうとしたとき必要となる視点として、日明関係がある。本章冒頭でも述べたように、日明関係は、明側の外交政策により、日本国王が明皇帝に朝貢するという形式により遂行され、明との貿易は朝貢に来た時に付随的に行なうという形式でのみ許可された。日本国王の使者以外は朝貢者として認められないから、明と貿易したければ、日本国王の派遣という形式をとる遣明船に乗り込むか、あるいはその遣明船の経営自体に参加するしかなかった。「日本国王」と明に認められた室町殿が日明関係を主導しえたのはこのためである。遣明船経営がどのような形であるにしろ、明側に正式な使者と見なされるためには、日本国王に明側から支給された勘合と、日本国王から明皇帝に宛てた国書とを必要とした。日明関係における室町殿の求心性は具体的にはこの二つによって担保され、遣明船経営を熱望する権力は、偽造不能な勘合を求めて、室町殿に引きつけられることとなった。

大内氏は元来遣明船を最終的に掌握する勢力として著名であるが、日明関係の初期段階においては遣明船には参加していない。本書が日明関係を捨象し、日朝関係に着目して、大内氏の性格を説こうとしたのは、従来の研究史に反して、すでに述べてきたように日朝関係こそが、大内氏権力にとって、その初発段階から主要な位置を占めていたからである。日明貿易の代替ととらえられてきた大内氏の対朝関係は、大内氏にとって権力の存立の根幹に関わるものであり、かつ室町政権自身の対朝関係の動向と密接に連関する、日朝関係史上きわめて重要な意義を持つものであったこと、その変遷と特質の分析を通じて、室町政権の性格の一端をも垣間見ることができるものであったことは、本書で明らかにしてきたとおりである。だが周知のように、大内氏は遣明船を最終的に独占するに至るほど、日明関係に執着していたことも事実である。したがって今後は、この日明関係における大内氏の位置について、日朝関係の意義を踏まえた上で再論することが、中世後期における対外関係の展開と構造を政治史の中で正当に評価していくために不可欠な課題となる。

日明関係においては、細川氏と異なり明らかな後発勢力であった大内氏は、むしろ日朝関係における実績を誇示し、日朝関係を遂行する上で培ったノウハウと人脈を総動員しながら、日明関係への参入を果たしていった形跡が見られる。その具体像の追究は、大内氏という媒体を介して日明・日朝関係が東アジアという舞台の中で有機的な連関を持って営まれていたことを如実に示すであろう。文明・長享年間における室町政権への朝鮮との関係の密接さをアピールする数々の行動、つまり大蔵経献上・ソテツの献上・百済出自の誇示などは、その視点から今いちど、とらえ返す必要がある。また本書では言及しえなかったが、大内氏が日朝関係を遂行するにあたって用いた人材（準備に関与する者も含む）は、日明関係においても登場し、あるいは在京雑掌としても見られ、あるいは領国内の主要な寺院の住持として見られる場合がある。人材の都鄙循環ともいうべきこの状況は、日朝・日明の関係を連関させる好素材であるとともに対外関係史と国内政治史とをダイレクトに結びつけ、大内氏権力の基盤を考察する手がかりとなりうるものである。さらに、遣明船の基礎史料というべき各回の遣明使節が残した入明記の多くが、大内氏が独占派遣した遣明船の正使・副使を務めた策彦周良の筆写にかかるものとして、現在天龍寺妙智院に一括伝来している。この入明記の史料学的検討は、日明関係における故実・先例の蓄積がどのようになされ、保存されてきたか、そしてその故実・先例を、一六世紀において遣明船を独占経営するにいたる大内氏がいかに継承したのかを明らかにすることにつながり、中世後期日明関係の展開を跡づけ、その基本構造を素描しうる可能性を秘めている。

最後に、前述の課題とは若干異なる性質のものであるが、中世後期の仏教史にからむ課題として、一五世紀後半期に大内氏が仏教守護者としてふるまおうとしていたことの意味の追究を挙げておこう。

第四章で詳論したように、大内氏の先祖観の中には、本地垂迹説の影響を受けた聖徳太子伝承が重要な要素として入り込んでいる。大内氏の先祖琳聖太子は、百済聖明王の第三王子とされるが、聖明王は、仏教を日本に正式に伝えた王として名高い。また、琳聖太子の来日は、「家譜」のなかでは、生身観音である聖徳太子の礼拝のためとされていたが、一方で、一四五三年に教弘が朝鮮王朝に説明した際には、仏教を滅亡させようとした大連と戦った聖徳太子を助けるためとされていた。国内向けと朝鮮向けともいうべき言説の使いわけが見られることにも注目したいが、ここでは「大連」が、聖徳太子に滅ぼされた物部守屋を指すであろうことに注目しておきたい。それは一四世紀中葉、物部氏の後胤を称していた厚東氏を駆逐して長門国を支配するにいたった大内氏の歴史の投影でもあろうが、やはり、仏教を伝えた聖明王の息子が、仏教を日本に根付かせた聖徳太子を慕い、あるいは仏法を守るために物部守屋と戦う聖徳太子を援助するために来日し、それが我が先祖となったと主張する背景には、当時の日本の仏教界、あるいはその中心地たる京都に対する大内氏の戦略を想定しないわけにはいかない。

寛文九年（一六六九）、「野馬台詩」等の注釈のみを集めて作られた『歌行詩三部鈔』には以下のような記述が見られる。[4]

聖徳ハ贈号、諱ハ豊聡申也、物語曰、達磨・聖徳・臨照三人、在摩伽陀国相誓、達磨云「東震旦」、大乗小乗ノ気アツテ、未知教外別伝之肯《ママ》、我往彼国、説別伝之旨」、臨照曰「百済国ハ小乗有テ、大乗ナシ、彼国ニ我往テ大乗ヲ弘メン」、聖徳曰「扶桑国ハ大小乗共ニナシ、我レ彼国ニ往テ、先ツ小乗ヲ弘メン、其時日本ニ難アラハ、臨照救給ヘト」、約束アルニ依テ、大内殿百済ヨリ不動・毘沙門ヲ持テ仏法守護ノ為ニ渡ルト云云、

この大意を述べれば次のようになろう。「達磨は震旦で「教外別伝」を、臨照は百済で大乗仏教を広め、聖徳太子は日本でまず小乗仏教を広めようとした。聖徳は日本の布教に困難があったら助けて欲しいと臨照に言った。その約束に従って、大内氏は百済から不動・毘沙門を持って仏法守護のために渡来したのである」。臨照（＝りんしょう）は琳聖であろう。ここでは、仏法守護者としての大内氏像が前面に押し出され、聖徳太子信仰・三国史観に適合的な形態として、琳聖太子伝説が語られている。このような伝承が近世初頭に存在していたことは、中世後期の大内氏が仏法守護者としてふるまおうとした記憶の残存と理解するべきだろう。

本書では、先祖観の形成や大蔵経の輸入・利用の問題を、政治史の文脈で扱ったため、仏教との関係をじゅうぶん

に展開することができなかった。しかし以上を踏まえれば、大蔵経を蓄積・入手できる主体として、一五世紀後半にしきりに畿内に対してアピールする動向は、仏教守護者としてふるまおうとしていた動向としてのとらえなおしが必要であることは明白である。それが当時の社会においていかなる意味を持つのかを論じることも、中世対外関係が当該期日本社会に与えた影響をより深く把握することにつながっていくだろう。「分析視点としての」対外関係史は、中世社会のとらえ方を豊かにし、思考に柔軟さを与えてくれる可能性に満ちている。

(1) 橋本雄「対明・対朝鮮貿易と室町幕府―守護体制」(村井章介ほか編『倭寇と「日本国王」』吉川弘文館、二〇一〇年)。
(2) 橋本雄「王城大臣使の偽使問題と日朝牙符制」(同著『中世日本の国際関係』吉川弘文館、二〇〇五年、二二頁。初出一九九七年)。
(3) 桜井英治『室町人の精神』(講談社、二〇〇一年)、一四八頁。
(4) 寿岳章子氏所蔵『歌行詩三部鈔』(国文学研究資料館架蔵マイクロフィルムによる)。「野馬台詩」は、中世後期の日本において、予言書としてもてはやされ、一六世紀初頭までに大量の注釈が作られた。それらの注釈は、本文注・欄外注として「野馬台詩」に書き込まれ、さまざまな系統の「野馬台詩」注釈本を生み出しながら、流布していった。その様相は小峯和明氏の研究に詳しい(同著『「野馬台詩」の謎』岩波書店、二〇〇三年)。小峯氏は、近世初期の写とされる陽明文庫本「野馬台詩」の欄外注に、以下のような記述が見られることを紹介している。
陽明文庫所蔵『長琵野頭説』(国文学研究資料館架蔵マイクロフィルムによる。返り点・送り仮名は原文のまま)。
物語云、達磨・聖徳・臨照三人、在二摩伽陀一相誓、達磨曰「震旦、大乗小乗、未レ知二教外別伝之号一ヲ、往二彼国一、説二別伝之旨一ヲ」、照曰「百済国、小乗也、無二大乗一、謂レ弘メント二大乗一ヲ也」、聖徳「扶桑国、無二大小乗一、往テ二彼国一ニ、先弘、小乗一ヲ、日本有レ難」、臨照、可レ救之約ス、依レ之、大内百済国ヨリ不動・毘沙門ヲ持シテ来テ守二護ス之一ヲ、
小峯和明氏は「臨照」を不明とされているが、大内氏が登場することから考えても、「りんしょう」と読めることからしても、この「臨照」は「琳聖」と判断でき、本文で紹介した寿岳章子氏所蔵本と同じ内容を伝えているものと理解できる。

あとがき

本書は二〇〇七年三月、東京都立大学大学院から学位を授与された博士論文に加筆・修正したものである。博論の主査は川合康先生、副査は福田千鶴先生・木村誠先生であった。成稿にあたり、既発表論文に大幅に手を加えたので、まず、原論文と本書掲載論文との関係ならびに変更点を記しておくことにしたい。なお序章・終章は新稿である。

第一章は「室町期における大内氏の対朝関係と先祖観の成立」(『歴史学研究』七六一、二〇〇二年)の第一章をベースに大幅に加筆したものである。なお第二節は「朝鮮王朝―室町政権間外交の成立と大内氏」(佐藤信・藤田覚編『前近代の日本列島と朝鮮半島』山川出版社、二〇〇七年)を、大内氏にひきつけた形に改稿したものである。

第二章の第一節は「中世後期における赤間関の機能と大内氏」(『ヒストリア』一八九、二〇〇四年)の第一章を加筆修正したものである。なお、原論文では続けて第二章で遣明船と赤間関の関係を、第三章で主として遣明船関係を題材にとって赤間関の地下人の特性について述べた。自分としては愛着のあるものではあるが、日朝関係を扱う本書の主題とは、ずれるため省いた。その代わり第二節として、「中世後期の赤間関」(松尾葦江編『海王宮』三弥井書店、二〇〇五年)を改稿して収録し、大内氏膝下の港湾としての赤間関の特質が明確になるよう配慮した。

第三章は「中世後期における大内氏の大蔵経輸入」(『年報中世史研究』三二、二〇〇七年)を収録した。「はじめに」をさしかえ、また紙幅の都合で省略していた史料などを加筆し、必要な体裁の統一をはかった。

第四章は、第一節については、「大内氏の対朝関係の展開と琳聖太子伝説」(小野正敏・五味文彦・萩原三雄編『中世の対外交流』高志書院、二〇〇六年）第三章・第四章をベースに加筆修正を施し、第二節・第三節については「室町期における大内氏の対朝関係と先祖観の成立」（『歴史学研究』七六一、二〇〇二年）の第二章・第三章を加筆修正して、新たに構成した。後者は筆者の初めての活字論文であり、何人かの方に目をとめていただいたこともあって、できれば原論文のまま収録したかったが、中世の国際意識の一事例として論じる構成であるため、本書にそのまま収録するのはなじまないと判断し、以上のような構成とした。補論は二〇〇九年度史学会大会の個別報告の前半部を成稿したものである。

第一章から第四章までのいずれも、各既発表論文の実証内容に大きな変更はないが、本書の主題に合うように、適宜、論旨の整理を行なっている。そのため、原論文とかけ離れてしまったものもあることをお断りしておく。本書を以て現段階の筆者の見解とするが、研究史としては各既発表論文に拠られたい。

＊　＊　＊

歴史に興味を持ったのはいつからかは覚えていない。中学のころにはすでに社会歴史研究部に入り、史跡歩きや、展覧会に連れて行ってもらったりして、歴史の勉強っぽいことに憧れていた。元祖歴女のようなものだったのだろう。そのころの茫漠とした疑問に、なぜ北海道から沖縄までが日本なのだろう、いつから日本人は自分が日本人だと思うようになったのだろうというものがあった（もっともっと茫漠としたものだったが）。私が対外関係史研究に向かったのは、大学一年のアジア史のゼミで小谷汪之先生に薦められた『アジアのなかの日本史』シリーズが面白かったこと、そのとき隣に配架されていたので、たまたま手に取った村井章介著『アジアのなかの中世日本』の世界にすっかりはまったのが直接のきっかけであるが、根っこにはこのころのおさない疑問があるような気がする。

学部から大学院まで九年半を過ごした東京都立大学の史学科は、日本史・東洋史・西洋史・考古学の各専攻が学生院生の区別なく、同じ研究室を利用していた。空間を共有するだけでなく、ゼミも前後左右に出なさいと奨励されていた。前後とは中世史なら古代史・近世史、左右とは日本史なら西洋史・東洋史の謂いである。前後はまだしも左右にはなかなか手が回らなかったが、それでも在籍する学生院生とは顔なじみであった。そんなわけで、『朝鮮王朝実録』の読めない箇所にぶつかるたびに解読してくれたのは中国史・朝鮮史の先輩たちであったし、地図や図版を作る必要に迫られるたびに綺麗に作成してくれたのは考古学の同期であった。学科図書室の蔵書は豊かとは言いがたかったが、『四庫全書』『朝鮮王朝実録』『大日本史料』は同じ部屋にあった。私が日本史・中国史・朝鮮史といった学問上の枠をあまり意識せずに研究してこられたのは、このごった煮の環境によるところが大きい。そんな学問の場だった東京都立大学もこの三月には廃学となる。二〇〇三年に始まる一連の騒動は、博士課程在籍期間に相当し、正直いちばん大事な時期を潰されたという思いが強い。もはや思い出したくもないが、大学が学問する場であること、その学問のなかに歴史学が存在すること、ともに自明に思われた前提があっさり否定され、しかもそれを論破することすらできなかったという悔しさと虚しさはいまも自分の中にある。自分自身にも自分を取り巻く何もかもにも、ほとほと嫌気がさしていた二〇〇五年秋、史料編纂所に採用された。あのタイミングで拾っていただかなかったら、私は勉強をつづけていたかどうかわからない。日々自由な研究生活を許していただいていることも含め、職場には深く感謝している。

公権力による大学の破壊という滅多にない（今後も滅多にない事態であることを祈るが）憂き目にはあったが、そのほかの面では、私は実に恵まれた環境で勉強をつづけて来られた。学部四年のころから参加させていただいた「朝鮮王朝実録を読む会」「前近代対外関係史研究会」「成尋の会（現・入明記の会）」では、田中健夫先生・北島万次先生・村井章介先生・木村直也氏・鶴田啓氏・関周一氏・米谷均氏・橋本雄氏・伊川健二氏・榎本渉氏をはじめ、錚々たる方々に直に鍛えていただいた。修士にあがる年の春から始まった「倭寇の会合宿」は藤田明良氏・山内晋次氏・伊藤幸司氏をはじめ、全国の対外関係史・海域史研究者が、一年に一度古い港町に集って一晩中語り合うという得がたい機会であり、豊かな耳学問とたくさんの刺激を受けた。そのほか歴史学研究会日本中世史部会や中世史サマーセミナー、考古学と中世史のシンポなど、さまざまな機会と場所で多くの方々からご教示を賜わった。学習院大学の家永遵嗣先生には大学院時代、ゼミへの参加をお許しいただき、室町時代研究に必要な多くのことを学ばせていただいた。見も知らない院生から送りつけられた抜刷を丁寧に読んで返信を下さり、励ましてくださった方々の学恩も忘れることはできない。昨年亡くなられた田中健夫先生は、対外関係史研究会をたちあげるにあたり「国籍・年齢・性別・大学の別なく、意志ある人に開かれた」というのをモットーに掲げられたそうだが、まさしく私はそのような環境で育てられてきたのだと痛感する。

学部以来一貫してお世話になった川合康先生のゼミでは、戸田芳実氏の「歩く歴史学」の伝統を受けついで、よく歴史の現場を歩いた。そんな環境で育った私は、論文を書くにあたっては、できる限り現地に行って風景を確認する癖がついた。大学入学以来いろいろなところを訪れ、行く先々で多くの人にお世話になった。関東に生まれ育ち、両親ともに関東出身の私には、瀬戸内海や九州は行ったことすらない地域であったが、初めて瀬戸内の島を訪れたとき、不思議となつかしい気持ちになったのを覚えている。父方の母方のルーツがその島にあったことはあとで知った。父祖が呼んだのかとちょっと神妙な気持ちになった。本書の主題たる大内氏が本拠を置いた山口県に、初めて足を踏み入れたのは、卒論執筆中の秋のことであった。そのときお世話になった山口県文書館の和田秀作氏には、大内氏について基礎から懇切丁寧に教えていただき、以来、常に惜しみないご教示をいただいている。

＊　＊　＊

本書はこれまで受けてきた、たくさんの方々からのたくさんのご厚意・ご教示に比して、誠にささやかな成果と言わざるを得ないが、しかし今の自分にとって精一杯の成果でもある。これまで支えてくださったすべての方々に深甚の謝意を捧げるとともに、本書を基礎にさらに精進することを誓ってとりあえず擱筆することにしたい。末筆ながら本書出版にあたりご配慮いただいた五味文彦先生・村井章介先生、万事不器用かつ遅い筆者を辛抱強く見守り、きめ細やかに面倒をみてくださった東京大学出版会の山本徹氏に深謝申し上げる。

二〇一〇年一二月

須田牧子

本書刊行にあたっては、二〇一〇年度科学研究費補助金（研究成果公開促進費）の交付を受けた。また本書は特別研究員（DC2）奨励費（二〇〇四―〇五）・若手研究スタートアップ（二〇〇六―〇七）・若手研究B（二〇〇八―一〇）の研究成果の一部である。

著者略歴

1977 年　神奈川県に生まれる
2000 年　東京都立大学人文学部卒業
2005 年　東京都立大学大学院人文科学研究科博士課程単位取得退学
2005 年　東京大学史料編纂所助手
2007 年　博士（史学，東京都立大学）号取得
現　在　東京大学史料編纂所助教

主要著書・論文

『笑雲入明記――日本僧の見た明代中国』（共編著，平凡社東洋文庫，2010 年）
「朝鮮使節・漂流民の日本・琉球観察」（村井章介ほか編『倭寇と「日本国王」』吉川弘文館，2010 年）
「加賀の大内氏について」（『山口県地方史研究』99，2008 年）

中世日朝関係と大内氏

2011 年 2 月 18 日　初　版

［検印廃止］

著　者　須田牧子《すだまきこ》

発行所　財団法人　東京大学出版会

代 表 者　長谷川寿一

113-8654 東京都文京区本郷 7-3-1 東大構内
http://www.utp.or.jp/
電話 03-3811-8814　Fax 03-3812-6958
振替 00160-6-59964

印刷所　株式会社三陽社
製本所　誠製本株式会社

ISBN 978-4-13-026227-9　Printed in Japan

研究者索引

人名索引

事項索引

さ　行